国家社会科学基金一般项目"福利彩票公益金的社会责任研究"(结项编号:20210079)部分成果

福利彩票公益金的社会责任与指南

邵祥东 著

中国财经出版传媒集团
中国财政经济出版社

图书在版编目（CIP）数据

福利彩票公益金的社会责任与指南 /邵祥东著. --北京：中国财政经济出版社，2023.2
ISBN 978-7-5095-5481-4

Ⅰ.①福… Ⅱ.①邵… Ⅲ.①社会福利-彩票-公益金-社会责任-研究-中国 Ⅳ.①F832.5

中国版本图书馆 CIP 数据核字（2022）第 246109 号

责任编辑：刘五书　　　　责任印制：张　健
封面设计：楠竹文化

福利彩票公益金的社会责任与指南
FULI CAIPIAO GONGYIJIN DE SHEHUI ZEREN YU ZHINAN

中国财政经济出版社 出版

URL：http：//www.cfeph.cn
E-mail：cfeph@cfeph.cn

（版权所有　翻印必究）

社址：北京市海淀区阜成路甲 28 号　邮政编码：100142
营销中心电话：010-88191522
天猫网店：中国财政经济出版社旗舰店
网址：https：//zgczjjcbs.tmall.com
北京财经印刷厂印刷　各地新华书店经销
成品尺寸：170mm×240mm　16 开　20.25 印张　321 000 字
2023 年 2 月第 1 版　2023 年 2 月北京第 1 次印刷
定价：78.00 元
ISBN 978-7-5095-5481-4
（图书出现印装问题，本社负责调换，电话：010-88190548）
本社质量投诉电话：010-88190744
打击盗版举报热线：010-88191661　QQ：2242791300

前　言

福利彩票公益金社会责任既是福利彩票公益金的社会使命和本质属性，也是福利彩票的生存根基和立业根本[①]。福利彩票公益金社会责任理念既是福利彩票事业发展的坚实思想基础与核心价值观，也是推动社会福利事业和社会公益事业健康发展的内在动力。从 1987 年 7 月到 2022 年 12 月，全国累计筹集福利彩票公益金超过了 7800 亿元。这些福利彩票公益金被全国各级各地区福利彩票公益金使用管理单位依法依规用于资助扶老、助残、救孤、济困、赈灾、社会公益六大类项目，在促进社会福利事业、社会救助事业、社会公益事业和社会稳定发展等方面发挥了重要作用。

福利彩票公益金是财政专项资金。大量福利彩票公益金究竟去了哪儿？它们是怎样被使用和管理的？社会效益怎样？这些问题长期以来备受社会各界普遍关注。多年来，学术界围绕福利彩票公益金分配和使用管理，从不同角度开展了相关研究。2010 年以来，学术界围绕福利彩票社会责任和责任福利彩票开展了一系列专题研究。这些研究虽取得了一些颇有价值的科研成果，但对福利彩票公益金社会责任体系建设仍缺乏深入讨论。

自 1987 年我国发行首张福利彩票以来，各级各地区福利彩

[①] 我国从 1987 年 7 月 27 日开始发行福利彩票，当时的名称为中国社会福利有奖募捐券。1993 年 2 月 25 日，中国社会福利有奖募捐券更名为"中国社会福利奖券"。1994 年 12 月 2 日，中国社会福利奖券更名为"中国福利彩票"。本书对 1987 年至今的三个名称不作区分，统称为"福利彩票"。

票公益金使用管理单位依法依规使用管理福利彩票公益金，充分履行社会责任。然而，由于极少数福利彩票公益金使用管理单位违法违规使用福利彩票公益金，损害了福利彩票公信力和社会形象。加之个别地区福利彩票发行机构负责人贪污腐败案件曝光，社会各界批评之声越来越强烈，要求福利彩票公益金监管部门和使用管理单位公示资金使用管理信息，增强透明度。财政部、民政部、中国福利彩票发行管理中心压力很大。

2011年12月，湖北省福利彩票发行中心编制发布了全国首份省本级福利彩票社会责任报告，探索福利彩票社会责任建设。2012年2月份，民政部首次提出，各级各地区福利彩票机构要充分履行福利彩票社会责任。2014年，我国福利彩票社会责任体系建设进入发展元年，中国福利彩票发行管理中心和浙江省福利彩票发行中心均编制发布了本级福利彩票社会责任报告。尽管如此，社会各界的质疑和批评之声仍不绝于耳。2014年11月至12月，国家审计署按照党中央要求、国务院工作部署，对2012年到2014年间全国范围内彩票公益金资助项目开展专项审计，审计对象包括财政部、民政部、中国福利彩票发行管理中心，以及地方18个省（自治区、直辖市）的财政厅、民政厅等部门和地方228个省市级彩票机构，覆盖项目总数4965个。本次审计共抽查彩票资金658.15亿元，占同期全国总额18.02%[①]。审计结果显示，被审计部门存在虚报套取、挤占挪用、违规采购、违规购建楼堂馆所和发放津贴补贴等违法违规问题，金额合计169.32亿元，占抽查资金总额25.73%；涉及彩票公益金资助项目854个，占抽查项目数17.2%；违法违规名目之多、手法之奇、范围之广，令人震惊。由于国家审计署

---

① 中央集中的福利彩票公益金和体育彩票公益金合并使用，无法分清哪些是福利彩票公益金，哪些是体育彩票公益金，用词为"彩票公益金"。本书在论述中央专项彩票公益金、中央集中的彩票公益金拨入全国社会保障基金的彩票公益金、其他单位使用的中央专项彩票公益金、民政部本级彩票公益金时用词为"彩票公益金"。在论述地方本级留成福利彩票公益金和能明确彩票公益金为福利彩票公益金时，用词为"福利彩票公益金"。

在审计公告中以附件形式公示了《彩票资金审计发现的主要问题明细表》，详细列出了全国各地区违法违规单位名称、违法违规项目、存在的问题、违法违规金额、整改情况。社会公众凭此"明细"有理有据地开展批评与监督，期望福利彩票公益金使用管理部门和监管部门积极践行社会责任，提高福利彩票公益金使用透明度和项目绩效。本次审计是国家审计署自我国发行福利彩票以来首次开展的全国性大规模彩票公益金审计工作，是福利彩票公益金使用管理发展历史进程中重大标志性事件，是推动福利彩票公益金合法合规、高效使用以及促进福利彩票发行管理机构加强福利彩票公益金社会责任体系建设的重要力量。

在本次审计"风暴"大力推动下，民政部和中国福利彩票发行管理中心出台一系列具体措施健全福利彩票公益金社会责任体系建设。2015年以来，福利彩票发行管理机构积极开展本级福利彩票社会责任建设工作，福利彩票公益金社会责任体系建设也取得了一些成效，一个主要标志是中国福利彩票发行管理中心和很多地方福利彩票发行管理机构编制发布本级福利彩票社会责任报告。

然而，在福利彩票公益金社会责任基础理论研究和政策研究中出现了很多问题，有些问题还是决定福利彩票业能否可持续健康发展的重大问题。例如，有些学者偏重引用国外企业社会责任理论解释我国福利彩票公益金社会责任，分不清福利彩票公益金法定责任与社会责任的区别。有些地区福利彩票发行管理机构用福利彩票社会责任替代福利彩票公益金社会责任，用责任彩票替代福利彩票社会责任。大多数福利彩票发行管理机构偏重参照以企业社会责任为主的福利彩票行业外指南、标准编制发布本级福利彩票社会责任报告和建设本级福利彩票公益金社会责任体系，导致福利彩票公益金社会责任建设大方向出现偏差。这些问题至今仍然未被全面修正。

在上述较为复杂的大背景下，全国各级各地区福利彩票公益金使用管理单位开展的福利彩票公益金社会责任体系建设进入了一个初见成效与突出问题并存的新阶段。然而，时至今日，福利彩票公益金社会责任体系建设中仍存在一些亟需研究解决的关键问题。

本书系统阐释了福利彩票公益金社会责任内涵，论述了福利彩票公益金社会责任的学理渊源、偏误与修正对策，分析了福利彩票公益金的扶老、助残、救孤、济困、赈灾、社会公益六大类社会责任。大跨度研究了地方本级留成福利彩票公益金社会责任，通过分析地方本级留成福利彩票公益金资助项目的空间结构特征、发展趋势、社会责任融入，有针对性提出了项目资助、调整和退出的政策建议。论述了福利彩票公益金社会责任建设中存在的主要问题、原因和对策。

本书重点吸纳了近年来国内外彩票社会责任制度建设和学术研究成果，以帮助读者深入了解福利彩票公益金社会责任理论、政策和实务。本书淡化计量分析色彩，编制了《福利彩票公益金社会责任指南》，可为福利彩票业务工作者提供借鉴。

本书的出版得到了中国财政经济出版社刘五书主任和编辑同志的大力支持和帮助，得到了《国家彩票》杂志社副社长马妍女士的热情相助。在拙著的编写过程中，硕士研究生刘佳宁、赵娜、刘秀梅、王立新、刘勇、金淑玉、高宇航参与了脚注文献和参考文献的收集与核对工作，在此致以衷心感谢。本书在编写过程中，参考了国内外学者的有关论著及教材，未能一一标注，敬请谅解并致以谢意。本书虽经过多次审核、修改和征求意见，但因编写人员水平所限，不足之处在所难免，敬请批评指正。

目　录

第一章　福利彩票公益金社会责任含义 …………………（ 1 ）

第一节　福利彩票公益金社会责任概念界定 …………（ 1 ）
第二节　福利彩票公益金社会责任内涵解析 …………（ 2 ）

第二章　福利彩票公益金扶老社会责任 …………………（ 7 ）

第一节　中央集中的彩票公益金扶老社会责任 ………（ 8 ）
第二节　地方留成福利彩票公益金扶老社会责任 ……（ 22 ）
第三节　福利彩票公益金扶老项目社会效益 …………（ 41 ）

第三章　福利彩票公益金助残社会责任 …………………（ 54 ）

第一节　中央集中的彩票公益金助残社会责任 ………（ 55 ）
第二节　地方留成福利彩票公益金助残社会责任 ……（ 65 ）
第三节　福利彩票公益金助残项目社会效益 …………（ 79 ）

第四章　福利彩票公益金救孤社会责任 …………………（ 90 ）

第一节　中央集中专项彩票公益金救孤社会责任 ……（ 90 ）
第二节　地方留成福利彩票公益金救孤社会责任 ……（ 99 ）
第三节　福利彩票公益金救孤项目社会效益 …………（112）

第五章 福利彩票公益金济困社会责任 (122)

第一节 中央专项彩票公益金医疗救助责任 (122)

第二节 中央专项彩票公益金法律援助责任 (125)

第三节 中央专项彩票公益金"两癌救助"责任 (127)

第四节 中央专项彩票公益金扶贫救助责任 (129)

第五节 地方留成福利彩票公益金济困责任 (132)

第六节 福利彩票公益金济困项目社会效益 (146)

第六章 福利彩票公益金赈灾社会责任 (157)

第一节 彩票公益金赈灾履责概况 (157)

第二节 彩票公益金赈灾履责主要特征和社会效益 (162)

第三节 赈灾项目实践发展中存在的主要问题 (168)

第七章 福利彩票公益金公益社会责任 (172)

第一节 中央专项彩票公益金资助的社会公益项目责任 (172)

第二节 地方留成福利彩票公益金社会公益责任 (199)

第三节 福利彩票公益金资助的公益项目社会效益 (217)

第八章 福利彩票公益金社会责任建设中存在的主要问题和原因 (226)

第一节 民政部门社会责任建设中存在的主要问题和原因 (227)

第二节 彩票公益金监管部门和其他使用部门社会责任建设问题 (242)

第三节 理论研究对福利彩票公益金社会责任建设支持力度不够 (246)

第四节 地方政府本级留成福利彩票公益金社会责任体系不健全 (256)

第九章　福利彩票公益金社会责任体系建设对策 (258)

第一节　制定福利彩票公益金社会责任发展战略规划 (259)

第二节　健全福利彩票公益金社会责任公示制度体系 (260)

第三节　健全福利彩票公益金社会责任法律法规和
新技术监管措施 (263)

第四节　健全福利彩票公益金资助项目分类标准体系 (265)

第五节　加大福利彩票公益金科学研究和社会效益
宣传力度 (270)

第十章　福利彩票公益金社会责任指南 (272)

第一节　福利彩票公益金社会责任指南编制依据概述 (272)

第二节　社会责任指南全文 (278)

参考文献 (309)

第一章

福利彩票公益金社会责任含义

福利彩票公益金社会责任概念界定和含义阐释是讨论福利彩票公益金社会责任的理论基础。本章首先阐释福利彩票公益金社会责任概念。其次阐述福利彩票公益金社会责任内涵，从福利彩票公益金的使用方向和覆盖范围、福利彩票公益金分配与使用管理应遵循法律法规与发行宗旨、福利彩票公益金资助项目次序、福利彩票公益金社会责任融入、福利彩票公益金社会责任体现和社会效益、福利彩票公益金社会责任范围界定、福利彩票公益金社会责任可持续发展七个方面概要分析福利彩票公益金社会责任内涵。

第一节
福利彩票公益金社会责任概念界定

迄今为止，我国学术界并未对福利彩票公益金社会责任概念及含义给出清晰表述。已有研究对福利彩票社会责任概念初步形成了较为规范的定义，所定义的福利彩票社会责任概念主要源于国内外理论界定义的企业社会责任概念、国际组织定义的社会责任概念和中国国家标准化管理委员会定义的社会责任概念。这些概念为本书定义福利彩票公益金社会责任概念提供了支撑。本书参考《社会责任指南》（GB/T36000—2015）国家标准定义的社会责任概念，对福利彩票公益金社会责任作出如下界定：

福利彩票公益金社会责任是指福利彩票公益金分配、使用管理单位通过透明和合乎道德的行为为其决策、活动对社会、环境的影响而承担的综合性责任。本概念至少包括但并不限于以下五层含义：第一层含义是致力于社会福利和社会公益事业可持续发展；第二层含义是考虑并回应利益相关方的期望；第三层含义是遵守法律法规；第四层含义是资金使用透明且道德，对决策、活动和影响负责；第五层含义是将社会责任融入组织行为全过程各环节。

第二节
福利彩票公益金社会责任内涵解析

福利彩票公益金是财政专项资金，福利彩票公益金社会责任研究主要分析福利彩票公益金使用方向和覆盖范围、合法性与合则性、分配与使用管理行为的过程、社会责任融入、所产生的结果及社会效益、信息披露与社会回应。福利彩票公益金社会责任内涵如下：

一、福利彩票公益金的使用方向和覆盖范围

福利彩票公益金使用方向和覆盖范围旨在分析福利彩票公益金具体用在哪些领域内、用在哪些项目上、怎样使用和管理的。福利彩票公益金应依法依规用于资助社会福利事业和社会公益事业。本书将福利彩票公益金使用方向和覆盖范围确定在资助扶老项目、助残项目、救孤项目、济困项目、赈灾项目、社会公益项目等6大类项目范围内。在具体分析过程中，将扶老项目、助残项目、救孤项目、济困项目、赈灾项目、社会公益项目等六大类项目进一步细分为148种项目类别：扶老22种、助残23种、救孤26种、济困29种、赈灾16种、社会公益32种。围绕着148种项目类别论述中央集中的彩票公益金、民政部本级彩票公益金和地方政府留成福

利彩票公益金的具体使用方向和覆盖范围。

二、福利彩票公益金使用管理应遵循法律法规与发行宗旨

这一点主要考察福利彩票公益金是否按照我国相关法律法规、政策文件规定和福利彩票发行宗旨等制度分配与使用管理。

(一) 合法性

合法性指福利彩票公益金分配、使用管理必须遵守法律法规和政策文件。《彩票管理条例》《彩票管理条例实施细则》《彩票公益金管理办法》以及民政部在2019年12月31日实施的六项部门规章对福利彩票公益金使用管理、项目立项与评审、项目督查、信息公开等作出了具体规定(见表1-1)。这些具体规定符合《社会责任指南》(GB/T36000—2015)中国国家标准和《社会责任指南》(ISO26000—2010)国际标准提出的组织应遵守法律法规的核心思想。

表1-1　　　福利彩票公益金法规和文件对合法性的表述

法规文件	部门	要点	时间
彩票管理条例	国务院	使用方向和范围、收支制度、分配、监督、信息公示	2009年
彩票管理条例实施细则	国务院	使用方向和范围、收支制度、分配、监督、信息公示	2012年
彩票公益金管理办法	财政部	收缴管理、分配和使用、宣传公告、监督检查	2012年
彩票公益金使用管理办法	民政部	使用方向、范围和原则、分配和预算、信息公示、绩效管理和监督检查	2019年
彩票公益金民政部项目立项和评审办法	民政部	资助项目范围、申报条件、材料审核、评审程序、专家管理措施	2019年
彩票公益金项目督查办法(已废止)	民政部	督查项目范围、督查形式、第三方审计、投诉举报、抽查、处罚	2018年
彩票公益金使用管理信息公开办法	民政部	信息公开原则、责任主体、公示内容、公开方式和程序、时间节点、监督	2019年
彩票公益金服务和其他类项目管理办法	民政部	项目范围、申报材料内容和审核、评审程序、公示内容、绩效自评、监督	2019年
彩票公益金培训项目管理办法	民政部	项目范围、申报材料内容和审核、实施方案、监督、绩效评估、公示	2019年
民政部彩票公益金预算操作规程	民政部	一上、一下、二上、二下预算申报、预算批复和执行	2019年

（二）合则性

合则性是指福利彩票公益金分配、使用管理要符合福利彩票发行宗旨和公益原则。这是因为民政部门从 1987 年以来一直遵循福利彩票发行宗旨分配、使用管理福利彩票公益金，而财政部门则是遵循公益性原则分配支付福利彩票公益金（见表 1-2）。合则性旨在考察民政部门和财政部门是否按各自遵循的原则分配、使用管理福利彩票公益金，履行责任和义务。

表 1-2 福利彩票公益金法规和文件对合则性的表述

法规文件	部门	要点	时间
彩票管理条例	国务院	彩票公益金专项用于社会福利等社会公益事业（第二十三条）	2009 年
彩票管理条例实施细则	国务院	彩票公益金专项用于社会福利等社会公益事业（第五十五条）	2012 年
彩票公益金管理办法	财政部	专项用于社会福利、公益事业（第二条）。中央彩票公益金用于社会福利事、补充全国社会保障基金和国务院批准的其他专项公益事业（第九条）	2012 年
彩票公益金使用管理办法	民政部	公益金使用应遵循扶老、助残、救孤、济困发行宗旨，主要资助老年人、残疾人、儿童和其他基本生活特别困难人员等特殊群体社会福利项目，以及符合宗旨的其他社会公益项目（第三条）	2018 年
彩票公益金民政部项目立项和评审办法	民政部	符合扶老、助残、救孤、济困发行宗旨，为老年人、残疾人、儿童和其他基本生活特别困难人员等特殊群体提供服务和支持项目（第三条）	2018 年
彩票公益金服务和其他类项目管理办法	民政部	为老年人、残疾人、儿童和其他基本生活特别困难人员提供服务和支持的项目（第二条）	2018 年
彩票公益金培训项目管理办法	民政部	符合扶老、助残、救孤、济困发行宗旨，为老年人、残疾人、儿童和其他基本生活特别困难人员等提供服务和支持的项目（第三条）	2018 年
中央专项彩票公益金资金分配	财政部	社会公益、禁毒、留守儿童、"两癌救助"、法律援助、残疾人、文化、扶贫、养老公共服务、教育助学和大学生"双创"、乡村少年宫、未成年人校外教育	各年

三、福利彩票公益金资助项目次序

研究福利彩票公益金资助项目次序旨在考察怎样将有限的福利彩票公益金优先用于资助那些亟需资金的项目（活动），确定福利彩票公益金使用的轻重缓急顺序。目前，福利彩票公益金使用次序和依据不统一。福利彩票发行管理机构依据"扶老、助残、救孤、济困"发行宗旨，财政部门依据公益原则，慈善机构依据《中华人民共和国慈善法》（以下简称《慈善法》）第三条，社会救助部门依据《社会救助暂行办法》，福利彩票公益金究竟应该按照怎样的先后次序使用仍需深入研究。

四、福利彩票公益金社会责任融入

福利彩票公益金社会责任融入是指福利彩票公益金社会责任思想理念应贯穿战略规划、项目立项、资金审批与拨付、公共产品或服务产出、项目绩效、使用管理水平等全流程。《社会责任指南》（GB/T36000—2015）中国国家标准和《社会责任指南》（ISO26000—2010）国际标准提出，组织的社会责任应被融入整个组织并在组织行为中实施。本书从全国31个省份福利彩票发行管理机构采集了7870条扶老项目、助残项目、救孤项目、济困项目、赈灾项目、社会公益项目等六大类项目数据，考察地方政府本级留成福利彩票公益金社会责任融入。本书还考察中央集中的彩票公益金和民政部本级彩票公益金社会责任融入。不过，分析的社会责任融入要素少于地方政府本级留成福利彩票公益金社会责任融入要素，复杂性也弱于后者。

五、福利彩票公益金社会责任体现和社会效益

福利彩票公益金社会责任体现和社会效益旨在考察福利彩票公益金社会责任具体体现和项目实际成效。它既是考察福利彩票公益金使用管理质量的主要指标，也是考察回应利益相关方期望程度的主要指标之一。研究福利彩票公益金社会责任需考察各级各地区福利彩票公益金资助的项目绩效。本书考察中央集中的彩票公益金、民政部本级彩票公益金和地方政府本级留成福利彩票资助的各类项目绩效，评估社会效益。

六、福利彩票公益金社会责任范围界定

本书将福利彩票公益金社会责任确定为包括法定责任和社会责任的综

合性社会责任。目前，国内学术界关于福利彩票公益金社会责任范围界定存在分歧，争议观点可归纳为"法定责任论"和"社会责任论"。"法定责任论"认为，法定责任（有的学者称法律责任）不同于社会责任，福利彩票公益金社会责任不应包括法定责任，理由是福利彩票公益金使用管理单位使用福利彩票公益金资助社会福利项目和社会公益项目是履行其法定职责，是其应尽义务，不具有"社会性"。"社会责任论"认为，福利彩票公益金社会责任应包括"法定责任"（还强调伦理责任和道德责任），理由是福利彩票公益金是财政资金，财政部门拨付福利彩票公益金资助社会福利项目和社会公益项目是政府行为，是履行法定责任的行为，也是履行"社会性"责任的行为。这与"法定责任论"依据企业社会责任得出的结论不同，毕竟企业第一目的是营利，履行社会责任是其自愿承担的责任。然而，政府不是以营利为第一目的组织。本书认为，福利彩票公益金资助社会福利项目和社会公益项目既是履行法定责任，又是履行社会责任。福利彩票公益金使用管理单位违法违规使用福利彩票公益金的行为，既是有违法定职责的行为，同时也是有违社会责任的行为。现行彩票公益金法规和政策文件没有明确规定什么是福利彩票公益金法定责任，什么是福利彩票公益金社会责任。因此，本书将由刑事责任、行政责任、民事责任构成的法定责任纳入福利彩票公益金社会责任研究范围之内。

七、福利彩票公益金社会责任可持续发展

《社会责任指南》（ISO26000—2010）《世界彩票协会负责任游戏框架》《可持续发展报告指南 G4》等指南、标准都提出，组织开展社会责任建设应考虑可持续发展原则。为此，本书构建线性回归模型和 VAR 模型，通过长期均衡弹性检验、格兰杰因果决定关系检验、脉冲响应检验和方差分解检验，考察彩票公益金社会责任长期稳定贡献度。具体体现在：分析 2009～2020 年民政部本级彩票公益金对资助的老年人社会福利项目、残疾人社会福利项目、儿童社会福利项目、社会公益项目的长期趋势是否稳定和贡献率大小，依此考察民政部本级彩票公益金社会责任长期稳定性和贡献程度。

以上基于《社会责任指南》（GB/T36000—2015）国家标准和《社会责任指南》（ISO26000—2010）国际标准提出的要求，并考虑我国福利彩票发行宗旨，使用管理规章制度，项目运行实践等因素，从七个方面阐释了福利彩票公益金社会责任的内涵。本书将围绕这些内涵开展研究。

第二章

福利彩票公益金扶老社会责任

在福利彩票公益金资助的扶老、助残、救孤、济困、赈灾和社会公益六类项目中，扶老类项目使用的福利彩票公益金数额最多，占比最高。2006年至今，中央集中的年度彩票公益金一直按财政部在2006年发布的《关于调整彩票公益金分配政策的通知》规定的60%比例拨入全国社会保障基金。2013年以来，各级民政部门本级彩票公益金用于老年人社会福利项目的比例均未低于预算总额的50%。2019年4月16日，国务院发布的《关于推进养老服务发展的意见》提出，到2022年民政部本级彩票公益金和地方本级留成福利彩票公益金用于资助养老服务项目的比例不得低于预算总额的55%。2021年12月30日，国务院印发的《"十四五"国家老龄事业发展和养老服务体系规划》提出，自2022年起将不低于55%的彩票公益金用于支持发展养老服务。由此可知，国家对使用福利彩票公益金资助老年人社会保障项目、社会福利项目和养老公共服务项目高度重视。

为了全面考察中央集中的彩票公益金、民政部本级彩票公益金和地方本级留成福利彩票公益金的扶老责任。本章分三节展开论述。第一节分析中央集中的彩票公益金补充全国社会保障基金、中央专项彩票公益金与民政部本级彩票公益金资助的扶老项目资金额、特征、发展趋势和工作机制等内容。第二节分析地方本级留成福利彩票公益金扶老责任，主要考察各省本级福利彩票公益金扶老项目支出额、特征、发展趋势、工作机制、社会责任融入、社会责任体系建设实践中面临的主要问题等内容。第三节分析彩票公益金扶老项目社会效益。

第一节
中央集中的彩票公益金扶老社会责任

中央集中的彩票公益金是中央从每年全国筹集的彩票公益金中提取50%形成的中央本级彩票公益金。中央集中的彩票公益金资助的扶老项目分为三类：全国社会保障基金战略养老项目（养老储备基金）、中央专项彩票公益金扶老项目、民政部本级彩票公益金扶老项目。在三大类项目中，全国社会保障基金战略养老项目使用的彩票公益金最多，为中央集中的彩票公益金总额60%；中央专项彩票公益金扶老项目使用的资金次之，约为中央集中彩票公益金总额5%；民政部本级彩票公益金扶老项目使用的资金最少，约占中央集中彩票公益金总额2.5%。本部分首先分析2011~2020年中央集中的彩票公益金拨入全国社会保障基金的彩票公益金数额、特征及增长趋势。其次，考察2010~2019年中央专项彩票公益金使用方向和覆盖范围。最后，分析民政部本级彩票公益金资助的扶老项目使用金额、特征、发展趋势和工作机制等内容。

一、全国社会保障基金战略养老保障责任

（一）彩票公益金分配和使用管理主体履行法定责任
1. 依法披露彩票公益金使用管理信息

全国社会保障基金理事会履行信息披露法定责任。《彩票管理条例》规定，彩票公益金使用和管理单位应在每年向社会公告上一年度彩票公益金的使用情况。2013~2020年，全国社会保障基金理事会每年都公告上一年度彩票公益金财政性拨入金额。按照财政部彩票公益金相关管理办法规定，使用和管理彩票公益金的国家部委应在每年8月底之前向社会公告

上一年度彩票公益金使用管理情况。2013~2020年，全国社会保障基金理事会公告时间都在8月底之前，时间最晚一次是7月31日（2017年），时间最早一次是5月29日（2014年）。

财政部履行信息披露时间法定责任。2013~2019年，财政部每年都在8月底之前向社会公告上一年度全国彩票公益金筹集分配情况和中央集中的彩票公益金安排使用情况，详细公告财政性拨入全国社会保障基金的彩票公益金数额。2020年公告受疫情等因素影响虽推迟到9月初，但公告时间合情合理。

2. 依规履行养老保障项目优先使用彩票公益金原则

为了应对不断加剧的人口老龄化趋势下养老保障资金支付压力不断增大问题，国家规定彩票公益金使用要向养老保障倾斜。从2006年开始，中央集中的彩票公益金每年财政性拨入全国社会保障基金的比例固定为60%，是分配给中央专项彩票公益金的2倍。长期以来，财政部一直履行养老保障项目优先责任，确保60%彩票公益金按时、足额拨入全国社会保障基金。

综上分析，全国社会保障基金理事会和财政部均依法履行了信息披露法定责任，财政部依规履行养老保障优先责任。这些做法符合社会责任国家标准，也符合本书界定的福利彩票公益金社会责任内涵中的合法合则、透明与社会回应。

（二）彩票公益金扶老责任体现

1. 年度扶老责任体现

按照《财政部关于调整彩票公益金分配政策的通知》第二条规定，中央集中的彩票公益金补充全国社会保障基金的比例是60%。从表2-1中数据可知，2011~2020年，中央集中的彩票公益金补充全国社会保障基金的比例在54%~72%之间。在考察的10个年份中有7个年份的占比超过了60%（见表2-1）。截至2020年末，财政性拨入全国社会保障基金的彩票公益金3588.24亿元，这表明中央集中的彩票公益金切实履行了法定责任，贡献很大。

表 2-1　2011~2020 年中央集中的彩票公益金拨入全国社会保障基金额及比例

单位：亿元；%

彩票公益金	2011年	2012年	2013年	2014年	2015年	2016年	2017年	2018年	2019年	2020年
当年中央财政入库的彩票公益金总额	317	367	426	512	491	528.67	566.74	652.62	570.72	480.6
加上上一年结转收入后的彩票公益金总额	390	472	512	573	562	518.49	611.96	735.18	721.41	484.59
当年实际安排支出的彩票公益金总额	285	386	450	502	572	473.36	533.65	586.54	717.58	298.64
补充全国社会保障基金的彩票公益金总额	172	241	276.65	269.81	327.34	315.6	318.24	358.45	464.28	213.6
实际补充全国社保基金彩票公益金占比	60.4	62.2	61.6	53.6	57.0	66.7	59.6	61.1	64.7	71.52

注：（1）本表根据历年全国彩票公益金筹集分配情况和中央集中彩票公益金安排使用情况的公告与历年全国社会保障基金理事会社保基金年度报告相关内容整理。（2）2019~2020年，受国家彩票政策调整和新冠肺炎疫情等多因素叠加影响，彩票公益金总额下降。

2. 持续扶老责任体现

在 2013~2020 年，历年末中央财政累计拨入全国社会保障基金的中央集中的彩票公益金占比在 30%~40% 之间。尽管历年所占比例总体上低于中央财政预算拨款，但各年度占比总体趋势稳定。2014~2018 年，财政性拨入全国社会保障基金的资金包括境内和境外转持股票，与 2013 年之前的统计口径不一致。例如，2018 年财政性拨入全国社会保障基金的 9151.57 亿元资金中包括境内转持股票 1028.57 亿元、境外转持股票 843.55 亿元。这导致中央集中的彩票公益金占财政性拨入总额的比例出现下降趋势。在剔除境内转持股票和境外转持股票额度之后，历年末财政累计拨入全国社会保障基金的中央集中的彩票公益金占比提高到 40%~48% 之间（见表 2-2）。这些均表明中央集中的彩票公益金对我国养老保障事业的贡献很大，履行了法定责任。

表 2-2　2013~2020 年累计财政性拨入全国社会保障基金的
彩票公益金及比例　　　　　单位：亿元；%

拨款渠道 \ 年份	2013	2014	2015	2016	2017	2018	2019	2020
财政性拨入全国社保基金资金	6000.26	6572.98	7279.37	7979.97	8577.8	9151.57	9616.5	9930.31
中央财政预算拨款	2298.36	2498.36	2698.36	2898.36	3098.36	3298.36	3398.36	3498.36
彩票公益金	2301.28	2384.11	2563.17	2748.16	2827.75	2843.07	3374.63	3588.24
国有股减持资金	1420.70	1690.51	2017.85	2333.45	2651.69	3010.14	2843.51	2843.71
彩票公益金占拨入总额的比例	38.4	36.3	35.2	34.4	33.0	31.1	35.1	36.1
境内和境外转持股票金额	0	1547.14	1699.98	1825.36	1872.12	1872.12	1872.05	1872.12
剔除境内外转持股票后金额	0	5025.84	5579.32	6154.61	6705.68	7279.45	7744.9	8058.19
剔除境内外转持股票后占比	0	47.4	45.9	42.2	42.2	39.1	43.6	44.5

注：本表根据历年全国社会保障基金理事会社保基金报告整理。

3. 倾斜扶老责任体现

从单一年度分析，2013~2020 年，各年财政性拨入全国社会保障基金的中央集中的彩票公益金总额一直高居第一名，且各年占比处于 45%~78% 之间。2013~2017 年，剔除境内和境外转持股票金额后，各年占比在 55%~59% 之间（见表 2-3）。这些充分表明在三条财政性拨款渠道中，中央集中的彩票公益金的贡献最大，履行法定责任的特征显著。

表 2-3　2013~2020 年财政性拨入全国社会保障基金的
彩票公益金及占比　　　　　单位：亿元；%

拨款渠道 \ 年份	2013	2014	2015	2016	2017	2018	2019	2020
财政性拨入全国社会保障基金资金	554.32	552.64	706.4	700.6	597.83	573.77	464.93	313.81
中央财政预算拨款	200	200	200	200	200	200	100	100
彩票公益金	276.65	269.81	327.34	315.6	318.24	358.45	364.49	213.6
国有股减持资金	78.97	82.83	179.06	185	79.59	15.32	0.44	0.21
彩票公益金占拨入总额的比例	49.9	48.8	46.3	45.0	53.2	62.5	78.4	68.1

续表

年份 拨款渠道	2013	2014	2015	2016	2017	2018	2019	2020
境内和境外转持股票金额	0	61.25	152.85	125.39	46.76	0	0	0
剔除境内和境外转持股票后金额	0	491.39	553.55	575.21	551.07	0	0	0
剔除境内和境外转持股票后占比	0	54.9	59.1	54.9	57.7	0	0	0

注：本表根据历年全国社会保障基金理事会社保基金年度报告整理。2018年统计口径调整，未含境内和境外转持股票金额。

综上所述，全国社会保障基金理事会和财政部均依法依规履行了信息披露法定责任和养老保障优先责任。中央集中的彩票公益金用于补充全国社会保障基金的资金规模大，充实了全国社会保障基金，发挥了战略性养老保障作用，健全了福利彩票公益金社会责任体系。

二、中央专项彩票公益金的扶老社会责任

在2008~2012年，中央专项彩票公益金用于资助教育助学、农村医疗救助、城市医疗救助、残疾人事业、文化事业、扶贫、法律援助、校外教育、青少年学生、校外活动场所建设、农村贫困妇女"两癌救助"项目等11个大类，但没有专项资助养老保障类和养老公共服务类项目。中央专项彩票公益金从2013年才开始专项资助农村养老服务项目，2016~2018年将农村养老服务项目调整为城乡养老公共服务项目①。

（一）彩票公益金分配和使用管理主体履行法定责任

1. 财政部依法履行彩票公益金分配和使用信息披露责任

《彩票管理条例》规定，彩票公益金使用和管理单位应在每年向社会公告上一年彩票公益金的使用情况。按照彩票公益金相关管理办法规定，信息披露时间为每年8月底之前。2013~2020年，财政部每年都在8月末向社会公告上一年度全国彩票公益金筹集分配情况和中央集中彩票公益金安排使用情况，详细公告资助养老类项目的彩票公益金数额。2020年

---

① 该项目由民政部组织实施，主要用于支持地方开展居家和社区养老服务改革试点。

公告受疫情等因素影响虽推迟到9月初，但公告时间合情合理。

2. 养老保障项目遵循靠前原则使用彩票公益金

2013~2015年，中央专项彩票公益金资助的11大类项目中，农村养老服务项目的受助额均位列前五名。2016~2018年，中央专项彩票公益金资助的项目分别为12大类、13大类和11大类，城乡养老公共服务项目使用额排名依次为第五名、第六名和第六名。总体看，扶老项目使用额处于中游偏上水平。如果综合考虑中央集中的彩票公益金扶老项目使用额，每年中央集中的彩票公益金资助全国社会保障基金和分配给民政部用于资助扶老项目的资金很多。扶老项目使用的中央专项彩票公益金处于中游偏上水平，充分凸显国家对扶老项目的重视。

（二）彩票公益金责任体现

从彩票公益金覆盖范围和累计使用规模方面分析，在2013~2018年，中央专项彩票公益金资助养老公共服务项目分配额分别为10亿元、9.9亿元、10.02亿元、10亿元、10亿元、10亿元，合计60亿元。从彩票公益金历年使用规模分省结构方面分析，山东省、四川省、湖南省、江苏省、安徽省的养老公共服务项目使用的中央专项彩票公益金最多，使用金额依次为4.5亿元、3.8亿元、3.7亿元、3.2亿元、3.1亿元，占比依次为7.43%、6.34%、6.17%、5.38%、5.19%。海南省、新疆自治区、内蒙古自治区、新疆生产建设兵团、西藏自治区的养老公共服务项目使用的中央专项彩票公益金最少，使用金额依次为0.71亿元、0.64亿元、0.61亿元、0.6亿元、0.34亿元，占比依次为1.19%、1.07%、1.03%、1.0%、0.58%。后五位省份无论在金额上还是比例上都远低于前五位省份。使用金额占比在2%~3%之间的省份数共计12个，所占比例为37.5%，这表明中央专项彩票公益金资助养老公共服务项目具有多元化和普惠性特征（见表2-4）。

表2-4　2013~2018年中央专项彩票公益金资助养老公共服务项目各省分配额

单位：万元

省份	2013年	2014年	2015年	2016年	2017年	2018年	2018年各省老龄化占比（%）
北京	699	1011	1164	4894	2370	1896	10.9
天津	852	984	1158	2811	2577	0	10.13

续表

省份	2013年	2014年	2015年	2016年	2017年	2018年	2018年各省老龄化占比（%）
河北	6027	5292	5796	3827	0	2732	10.69
山西	3090	3036	3084	3941	0	5829	9.95
内蒙古	2040	1944	2178	0	0	0	9.9
辽宁	2523	2673	2436	5162	7555	5572	14.35
吉林	1398	1500	2310	4088	0	6264	12.38
黑龙江	2061	2211	2514	4175	0	3001	12
上海	0	0	0	5738	5884	4427	14.3
江苏	4398	4335	4164	8035	6709	4623	13.37
浙江	3771	3630	3282	7996	6547	125	14.27
安徽	4674	4578	4113	3627	8029	6112	12.38
福建	2844	2664	2229	0	6812	5262	8.8
江西	2970	3264	3114	3551	7847	5529	10.1
山东	8448	7308	7515	8381	7618	5290	13.99
河南	6576	6102	6459	0	7325	2893	10.19
湖北	4197	4035	3978	4675	0	5509	12.12
湖南	5514	5280	5385	7312	7827	5713	12.28
广东	3435	3213	3477	3361	200	0	8.65
广西	3879	3870	3573	0	0	3124	9.95
海南	888	1416	1299	0	3531	0	8.14
重庆	2547	3063	2937	0	3411	5837	13.2
四川	7563	7341	7494	5123	7687	2833	13.94
贵州	3543	3741	3201	0	0	5675	10.4
云南	3354	3492	3396	3746	0	0	9.02
西藏	954	948	1572	0	0	0	0
陕西	3843	3735	3747	0	0	5503	10.8
甘肃	2823	3054	2808	5410	0	3100	10.92
青海	999	1467	1491	4147	4145	125	7.81
宁夏	1023	1251	1323	0	3926	0	8.51
新疆	2067	2394	1971	0	0	0	7.2
新疆兵团	1000	999	1001	0	0	3026	10.9
合计	100000	99831	100169	100000	100000	100000	10.13

注：本表资料根据历年全国彩票公益金筹集分配情况和中央集中彩票公益金安排使用情况公告整理。

各省分配额多少是否与各省人口老龄化程度相关呢？将2018年各省分配总额作为被解释变量，将2018年各省人口老龄化比例作为解释变量，线性回归估计（取自然对数）结果显示，显著性水平 P = 0.001，小于 0.05，但修正调节系数为 0.46，这表明两者相关性极弱。对两者作格兰杰因果关系检验，结果显示，各省人口老龄化比例与各省分配总额无因果决定关系。这表明，人口老龄化程度与中央专项彩票公益金各省分配额之间不存在长期稳定的均衡关系。

尽管如此，中央专项彩票公益金对城乡养老公共服务项目的资助力度还是很大的，彩票公益金使用具有多元化和普惠性特征。虽然使用金额低于扶贫、残疾人事业、城乡医疗救助和教育事业等几个大类项目使用额，但远高于其后的各类项目使用额。中央专项彩票公益金分配和使用管理主体、信息披露主体的财政部每年均依法依规履行了中央专项彩票公益金拨付责任和信息披露责任。这些工作有力促进了我国城乡养老公共服务事业发展，这些成绩体现了中央专项彩票公益金的法定责任和社会责任。

三、民政部本级彩票公益金扶老社会责任

民政部本级彩票公益金来源于中央集中的彩票公益金，金额为中央集中的彩票公益金5%。民政部本级彩票公益金分为民政部本级使用管理的彩票公益金和民政部补助给地方项目、由地方政府支配使用管理的彩票公益金。接下来分别论述两者的扶老责任。

（一）彩票公益金使用管理主体履行法定责任

1. 依法履行彩票公益金使用管理信息披露责任

民政部履行信息披露法定责任。按照彩票公益金相关管理办法规定，各级民政部门应在每年6月底之前向社会公告上一年度本级彩票公益金使用情况。2013~2018年，民政部每年都在6月底之前向社会公告上一年度本级彩票公益金使用管理情况，详细公告使用方向、覆盖范围、项目类别和具体金额等事项。

2. 制定法规明确养老服务项目优先使用彩票公益金

2017年11月，财政部和民政部发布的《中央集中彩票公益金支持社会福利事业资金使用管理办法》规定，中央集中的专项彩票公益金用于老年人社会福利类项目预算总额不得低于总额50%。2019年4月，国务院办公厅下发的《关于推进养老服务发展的意见》（国办发〔2019〕5号）提出，到2022年民政部本级彩票公益金资助养老服务项目的比例不低于预算总额55%。2021年12月30日，国务院发布了《"十四五"国家老龄事业发展和养老服务体系规划》（国发〔2021〕35号），将此规定落到了实处。

3. 民政部依法依规履行养老类项目优先使用彩票公益金原则

民政部本级彩票公益金用于资助老年人社会福利、残疾人社会福利、儿童社会福利、社会公益四大类项目。长期以来，民政部一直遵循养老服务类项目优先原则，倾斜资助老年人社会福利项目。2009～2020年，民政部资助老年人社会福利项目的本级彩票公益金始终位居第一名。近12年来，除2014年以外，老年人社会福利项目使用的彩票公益金占比都超过了50%，彩票公益金及占比都大大高于另外三类项目使用的彩票公益金及占比（见表2-5）。

表2-5　　2009～2020年民政部本级彩票公益金扶老项目金额及占比

单位：万元

年份	老年人福利（金额/占比）	残疾人福利（金额/占比）	儿童福利（金额/占比）	社会公益（金额/占比）
2009	77840（74.1%）	4350（4.1%）	16130（15.4%）	6680（6.4%）
2010	59400（56.4%）	1000（0.9%）	41700（39.6%）	3200（3.0%）
2011	76724（53.6%）	9080（6.3%）	40020（28%）	17200（12%）
2012	110345（54.9%）	23000（11.4%）	47553（23.7%）	20150（10%）
2013	124144（58.5%）	20000（9.4%）	51000（24%）	17200（8.1%）
2014	104000（46.24%）	30000（13.34%）	40000（17.79%）	17132（7.62%）
2015	140605（53.75%）	40000（15.29%）	60000（22.94%）	21000（8.03%）
2016	131072（53.30%）	30000（12.20%）	59824（24.33%）	25000（10.17%）
2017	131613（51.4%）	49264（19.2%）	49264（19.2%）	26107（10.2%）
2018	148268（51.2%）	55890（19.3%）	55890（19.3%）	29600（10.2%）
2019	1000（62.5%）	100（6.3%）	345（21.5%）	154（9.6%）*
2020	1000（61.6%）	100（6.2%）	252（15.5%）	270（16.6%）*

注：（1）本表根据相应年份民政部彩票公益金使用情况公告中数据逐一整理和计算。（2）2019年和2020年民政部彩票公益金主要用于补助地方项目。2019年补助地方38.53亿元，占比99.6%；民政部本级使用额占比0.4%。2020年补助地方9.32亿元，占比98.3%；民政部本级使用额占比1.7%。（3）*号对应的彩票公益金用于第三方绩效评价、评审和审计项目，严格说不属于社会公益，本表将其列入社会公益。

综上分析，民政部依法履行了相应法定责任和义务。这些做法符合社会责任国家标准的期望,也符合本书界定的福利彩票公益金社会责任内涵中的合法合则、透明与社会回应。

(二)彩票公益金扶老责任体现

1. 彩票公益金资助项目范围

2011~2018 年,民政部使用本级彩票公益金资助的扶老类项目主要有十大类;2011~2012 年资助的扶老类项目种类相对较多。之后的各个年份资助的扶老类项目逐渐减少,主要用于夕阳红救助服务,资助项目范围狭窄,彩票公益金普惠性降低,社会性责任减弱(见表2-6)①。

表 2-6　　2011~2018 年民政部本级彩票公益金资助的扶老项目及金额　　　　单位:万元

年份 项目	2011	2012	2013	2014	2015	2016	2017	2018
国家养老服务信息系统	1600	0	800	0	100	59	0	0
养老服务人员培训	0	2000	1000	3600	0	0	0	0
养老服务和社会工作培训	2000	0	2000	0	0	0	0	0
社区日间照料老年康复器具配置项目暨关怀照料	0	1000	0	0	0	0	0	0
老年人社会福利机构建设	55674	88345	0	0	0	0	0	0
农村五保供养服务设施建设霞光计划	14950	15000	0	0	0	0	0	0
光荣院建设	0	1500	0	0	0	0	0	0
夕阳红救助服务	0	0	0	0	1000	1000	1000	1000
社区为老服务信息化平台建设	2000	2000	0	0	0	0	0	0
爱心护理工程	500	500	0	0	0	0	0	0

注:本表根据历年民政部本级彩票公益金使用公告逐项统计整理。

2. 彩票公益金使用规模

2014~2018 年,民政部补助地方老年人社会福利项目彩票公益金分

---

① 夕阳红救助服务项目由国家机关事务管理局财务管理司负责实施。为身患重病、高龄、失能的机关离退休人员提供救助服务、康复护理服务、"一键通"紧急救助呼叫服务及家庭服务等,帮助这些老年人改善生活处境,提高生活质量。

别为 10.4 亿元、14.1 亿元、13.1 亿元、13.2 亿元、14.8 亿元，五年累计资助总额 65.6 亿元。从分省使用额结构看，四川省、河南省、山东省、安徽省、湖南省使用的彩票公益金最多，分别为 3.99 亿元、3.49 亿元、3.13 亿元、3.09 亿元、3.02 亿元。海南省、北京市、上海市、新疆生产建设兵团、天津市使用的彩票公益金最少，分别为 1.19 亿元、1.18 亿元、1.09 亿元、1.0 亿元、0.96 亿元。综上所述，彩票公益金分配具有多元化和普惠性特征。不过，人口老龄化比重较高的东北三省受资助金额却不太高，排名在 14~22 位之间（见表 2-7）。

表 2-7　2014~2018 年民政部补助给地方用于老年人社会福利项目的彩票公益金　　单位：万元

地区\年份	2014	2015	2016	2017	2018
中央本级	33760	11125	17104	8952*	8952*
北京	1714	1883	1494	2951	3742
天津	1302	2267	1259	3224	1580
河北	4718	6210	6072	4773	5549
山西	2425	3378	3498	3636	4160
内蒙古	3107	4189	3512	3156	3596
辽宁	2688	3665	4175	3903	4441
吉林	1926	3152	3306	3741	4097
黑龙江	2596	3599	4180	5865	4636
上海	1842	1952	1835	1331	3992
江苏	5097	6481	6271	6014	4657
浙江	3366	4333	4481	2742	3069
安徽	4347	6809	6420	7317	6093
福建	1934	2494	2887	2847	3215
江西	3906	5401	4594	4220	7250
山东	5174	6719	7620	5546	6275
河南	4786	7411	6887	6133	9678
湖北	3880	5417	5244	4660	5275
湖南	4516	7253	6470	5381	6537
广东	3277	4650	4516	4029	4505
广西	3941	5591	4692	4533	4971

续表

年份 地区	2014	2015	2016	2017	2018
海南	1770	2032	2323	2707	3048
重庆	3841	4795	3820	5601	3908
四川	6218	9212	8056	6583	9803
贵州	3411	4311	3783	3640	3923
云南	3484	4727	3785	3773	4082
西藏	2340	2613	2470	2866	3233
陕西	3486	4319	3753	5552	6666
甘肃	3147	3986	3618	3678	4135
青海	2442	3506	2571	3109	3495
宁夏	2418	2667	2515	3030	3417
新疆	2901	3583	2965	3072	3340
新疆生产建设兵团	2000	2000	2000	2000	2000
合计	104000	140605	131072	131613	148368

注：（1）本表数据根据历年全国彩票公益金筹集分配情况和中央集中彩票公益金安排使用情况公告逐项统计整理。（2）*为夕阳红专项。

（三）彩票公益金扶老责任贡献度与趋势分析

在民政部本级彩票公益金资助地方的老年人社会福利、残疾人社会福利、儿童社会福利、社会公益四大类项目中，老年人社会福利项目受资助额最多。为进一步探求民政部本级彩票公益金资助地方四类项目总额对老年人社会福利项目资助强度、因果关系、贡献率趋势以及后者对前者的长期均衡弹性，本书引入计量模型加以分析。

1. 长期均衡弹性分析

对2009~2019年度老年人社会福利项目使用额（被解释变量）与民政部本级彩票公益金资助地方四类项目额（解释变量）作线性回归估计（取自然对数），估计结果显示，模型拟合度很高，修正调节系数 $R^2 = 0.92$，回归估计系数 $B = 0.8$，显著性水平值 $P = 0.00$，小于 0.05，这表明老年人社会福利项目使用额与民政部本级彩票公益金资助地方四类项目总额存在长期稳定的均衡关系，这表明当民政部本级彩票公益金资助地方四类项目总额每增加（减少）1%时，同期的老年人社会福利项目支出额波动比例要小于1%，这说明2009~2019年老年人社会福利项目使用额增长速度比民政部本级彩票公益金资助四类项目总额增长速度慢。老年人社会福利项目使用额增速减缓趋势反而证明近10多年来我国老年人社会福利事业取得了显著成效，民政部本级彩票公益金资助地方老年人社会福利项目取得了积极成效。

2. 因果关系检验

将原假设H_0设置为"民政部本级彩票公益金资助地方四类项目额对老年人社会福利项目使用额没有因果决定关系"，将备择假设H_1设置为"民政部本级彩票公益金资助地方4类项目额对老年人社会福利项目使用额存在因果决定关系"。在民政部本级彩票公益金资助地方4类项目额与老年人社会福利项目使用额通过平稳性检验后，在滞后1期时、5%显著性水平下，民政部本级彩票公益金资助地方四类项目额与老年人社会福利项目使用额之间的格兰杰因果检验拒绝了原假设（$P_{rob}=0.001$），接受了备择假设，这表明民政部本级彩票公益金资助地方项目总额与老年人社会福利项目使用额之间存在因果预测关系，验证了民政部倾斜资助扶老项目的实际做法。

3. 长期贡献度分析

使用脉冲响应和方差分解两种计量方法分析，老年人社会福利项目使用额对民政部本级彩票公益金资助地方四类项目总额脉冲响应分析结果显示，当在本期给民政部本级彩票公益金资助地方四类项目总额一个正冲击之后，老年人社会福利项目使用额前两期呈增长态势，第三期开始下降，第四期以后趋于平稳（见图2-1）。老年人社会福利项目使用额方差分解结果显示，民政部本级彩票公益金资助地方四类项目总额对老年人社会福利项目使用额的贡献率一直在上升，第三期开始下降，第四期以后趋于平稳，在第八期以后稳定30%左右。这与脉冲响应分析结果相同。

通过上述计量检验可知，从2009年至今，民政部本级彩票公益金资助地方老年人社会福利项目的力度很大。尤其是2012年以来，民政部本级彩票公益金对地方老年人社会福利项目的贡献比较稳定，社会责任显著（见图2-2）。

4. 长期贡献度影响因素分析

对老年人社会福利项目使用额（LNfl）、残疾人社会福利项目使用额（LNzc）、儿童社会福利项目使用额（LNjg）、社会公益项目使用额

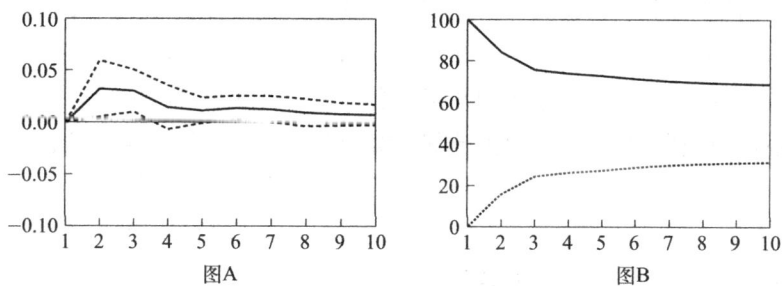

图 2-1　扶老项目使用额对民政部支出额脉冲响应（图A）和方差分解趋势（图B）

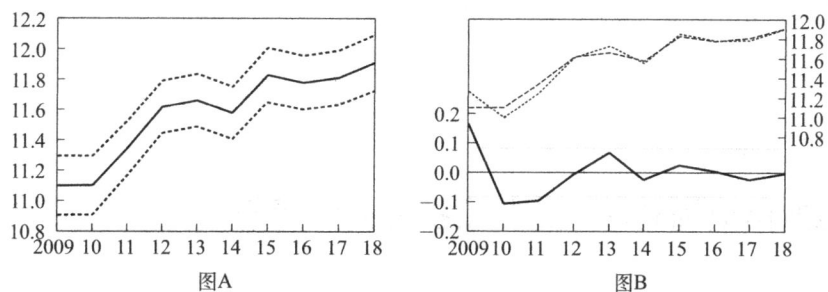

图 2-2　扶老项目使用额对民政部支出额预测线（图A）与拟合线、残差线（图B）

（LNgy）作多重共线性检验，发现四者存在多重共线性关系，两两相关系数值在 0.56 到 0.96 之间。采取逐步回归法修正多重共线性问题。

经过多重共线性问题修正检验和线性回归估计结果可知，老年人社会福利项目使用额与儿童社会福利项目使用额、民政部本级彩票公益金资助额（LNze）拟合程度高（见图 2-3）。

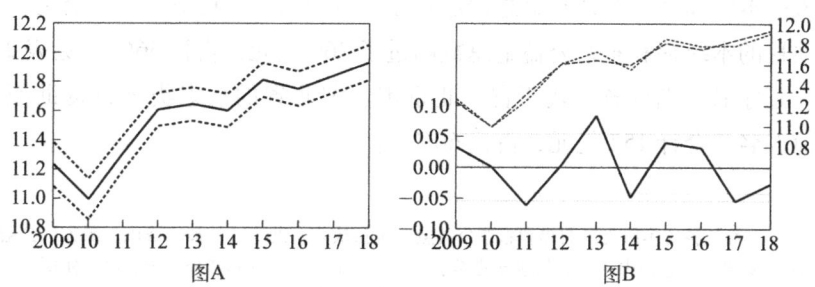

图 2-3　扶老项目使用额对救孤使用额、民政部支出额预测线（图A）与拟合线、残差线（图B）

老年人社会福利项目使用额与残疾人社会福利项目使用额、社会公益项目使用额回归估计拟合程度不高。故本书对老年人社会福利项目使用额与儿童社会福利项目使用额、民政部本级彩票公益金资助额做线性回归模型检验。通过检验可知，从2009年至今，老年人社会福利项目使用额受民政部本级彩票公益金总额和儿童社会福利项目使用额两个因素影响。老年人社会福利项目使用额对民政部本级彩票公益金总额线性回归估计系数为正值，老年人社会福利项目使用额对儿童社会福利项目使用额线性回归估计系数为负值（-0.26），这表明儿童社会福利项目使用额和老年人社会福利项目使用额之间具有替代关系，在民政部本级彩票公益金总额、残疾人社会福利项目使用额、社会公益项目使用额不变情况下，儿童社会福利项目使用额增加，老年人社会福利项目使用额就会减少；反之亦然。

第二节
地方留成福利彩票公益金扶老社会责任

1988年以来，地方政府使用本级留成的福利彩票公益金资助扶老项目。然而，扶老项目是否取得明显社会效益仍需深入研究。从各省使用本级留成福利彩票公益金资助扶老项目总额和资助项目数两个指标信息公示情况看，各地区公示的扶老项目数据不完整，本书仅选取完整性相对较好一些的2015~2018年福利彩票公益金使用数据加以分析，4年中，各省投入的本级福利彩票公益金总额超过了726亿元[①]。其中，用于资助扶老类项目的本级福利彩票公益金总额超过了260亿元，占比36%（见表2-8）。辽宁省、浙江省、陕西省、北京市、湖北省的扶老类项目资助额位居前五名，合计157亿元，占比60%[②]。

---

① 总额指各省本级支出的福利彩票公益金，包括扶老、助残、救孤、济困、赈灾、公益六大类项目支出额。总额中含弃奖归地方的彩票公益金、上年结余的彩票公益金、地市使用的公益金，但不含中央补助的彩票公益金。由于部分地区存在结余，本书未列出，故六大类项目资金之和不一定等于总额。后文的助残、救孤、济困、赈灾、公益五大类项目数据与此相同，后文不再注释。

② 由于有些省份不公示或不连续公示本级福利彩票公益金扶老项目数据，所以此处统计的扶老类项目数据只限于数据表中的数据，并非全部数据。后文的助残、救孤、济困、赈灾、公益五大类项目数据与此相同，后文不再注释。

表2-8　2015~2018年各省本级福利彩票公益金扶老项目支出额　单位：万元

地区	2015年	2016年	2017年	2018年	合计
北京	23400	66078.6	56912.42	54597.82	200988.84
天津	4437.5	15634.4	17131.5	19938.6	57142
河北	0	0	28110	26000	54110
山西	0	0	0	0	0
内蒙古	0	0	24490	0	24490
辽宁	132527	111049	114226.5	125257.1	483059.6
吉林	0	0	0	0	0
黑龙江	13544	9620	20367	8637	52168
上海	32800	35700	38400	34945.8	141845.8
江苏	22000	21696.5	23684	21834.13	89214.63
浙江	129331.37	98716.4	108929.38	120949.79	457926.94
安徽	13130.8	14209.4	14445	15270.5	57055.7
福建	19331.26	27647.54	23186.45	10481.55	80646.8
江西	45797.2	8576.75	6083.6	25824.55	86282.1
山东	39630	0	25000	26565	91195
河南	17392	18922.8	21532	22541	80387.8
湖北	135960	8946	10946	41381.4	197233.4
湖南	25100	6470	42280	17221.97	91071.97
广东	34782.53	0	20200	0	54982.53
广西	62794	23892.8	0	39018.79	125705.59
海南	5397	7878	4574.2	4652	22501.2
重庆	2260	12508	12503	11442	38713
四川	0	0	0	0	0
贵州	0	0	17840	0	17840
云南	18500	16959	20280	20022	75761
西藏	0	0	0	3233	3233
陕西	65340	72208	31424.18	61753.05	230725.23
甘肃	0	0	6905	23400	30305
青海	0	0	10263	3495	13758
宁夏	0	29968.39	22315	12060.7	64344.09
新疆	0	10694	8100	0	18794
合计	815617.16	535662.58	610134.31	667826.33	2629240.38

注：（1）黑龙江、青海、西藏的数据为民政部补助地方彩票公益金，并非省本级留成福利彩票公益金。后文的助残、救孤、公益三类彩票公益金数据与此相同。（2）各省市项目分类标准不同，本书在统计数据时将部分省市公告中数据重新分类，按扶老、助残、救孤、济困、赈灾、社会公益统计数据。本表中扶老类数据即为重新分类后数据。后文的助残、救孤、济困、赈灾、社会公益项目数据与此相同。

从资助的扶老类项目数量方面分析，有的省份广泛资助扶老类项目。例如，广西自治区在 2015~2018 年共资助扶老类项目 12147 项。其中，在 2015~2016 年资助的扶老类项目总数 3171 项，占两年资助项目总数 70%；2018 年资助的扶老类项目数 6554 项，占 4 年扶老类项目总数 53.9%。2017~2018 年，浙江省共资助扶老类项目 14258 项，占资助项目总数 61.3%①。

以上简要分析了 2015~2018 年各省使用本级留成福利彩票公益金资助养老保障和养老服务项目资金总额和典型省份资助的扶老项目数。这种概要分析尚难以全面了解地方政府是否尽职尽责使用本级留成的福利彩票公益金资助扶老项目，充分履行社会责任②。为此，本书进一步深入论证各地区使用本级福利彩票公益金资助养老保障和养老服务项目是否取得明显的社会效益。具体从全国 31 个省福利彩票发行管理机构采集了 1988 年到 2019 年各省已结束的 1481 个福利彩票公益金扶老项目，分析这些项目的覆盖范围、空间布局演进特征与发展趋势，归纳福利彩票事业发展一般规律，促进福利彩票公益金扶老社会责任体系建设③。分析指标如表 2-9 所示。

一、扶老项目空间结构与演化趋势

福利彩票公益金扶老项目空间结构是指全国各省份使用本级福利彩票公益金资助本地区养老保障和养老服务项目的结构。学术界虽对 1987 年以来中央彩票公益金资助的扶老项目的类型、公益金总额、分配结构和增长趋势等内容开展了有益探索（夏艳玲，2017），但对这一期间地方各省（自治区、直辖市）福利彩票公益金扶老项目的空间配置结构、特点与发展趋势等内容则缺乏充分讨论。

---

① 很多省份不公示项目数，无法准确统计。后文的助残、救孤、济困、赈灾、公益五大类项目数据与此相同，后文不再注释。
② 由于很多省份不连续公示 1988 年以来的历年使用金额，故无法采集历年全部数据，近五年数据略微完整一些。后文的助残、救孤、济困、赈灾、公益五大类项目数据与此相同，后文不再注释。
③ 中央本级专项彩票公益金和民政部本级福利彩票公益金项目数据来源于政府年度公告。全国 31 个省份 1988~2019 年 1481 个本级福利彩票公益金资助项目数据来源于各省本级福利彩票发行销售机构官网。

（一）福利彩票公益金扶老项目空间结构及特征

1. 非基础设施类扶老项目占比高，项目类别多样

将22种福利彩票公益金扶老项目划分为基础设施类扶老项目和非基础设施类扶老项目两类。总体而言，1988~2019年，各省（自治区、直辖市）使用福利彩票公益金资助的基础设施类扶老项目占比为25.9%，资助的非基础设施类扶老项目占比为74.1%。基础设施类扶老项目主要是福利院、光荣院、敬老院、社区养老服务机构等设施新建、改扩建的基建项目，以及养老机构医疗设备购置等项目。非基础设施类扶老项目主要是吃、穿、住、医、乐等老年人福利类、救助类、服务类项目（见表2-9）。

表2-9　1988~2019年各省福利彩票公益金扶老项目空间结构及占比　　　单位：%

排序	项目类别	占比（%）	排序	项目类别	占比（%）
1	社会福利机构等设施（设备）新建、改扩建的基建项目等	25.5	12	高龄老人经济补贴	2.0
2	向特困群体提供救助金	18.2	13	免费体检，建立健康档案	1.6
3	送米、面、油等生活必需品	14.9	14	送康复辅助器具	1.4
4	观看、开展相关比赛，满足精神慰藉	7.5	15	送健身器材	1.3
5	赠送营养保健品	5.2	16	送电子产品、开展紧急呼叫服务	1.1
6	开展义工活动	3.8	17	为老人购买助老商业保险	1.0
7	送日用消耗品（非生活必需品）	3.4	18	送出行交通工具	1.0
8	送被褥及衣物等物品	3.1	19	开展心理健康教育	0.6
9	送家用电器	2.5	20	危房改造补助	0.4
10	慰问金（不含社会救助金）	2.5	21	送春联、字画等物品	0.4
11	免费参观旅游	2.2	22	送服务券、优待卡	0.4

分析22种单一项目类别也可看出，福利彩票公益金扶老项目以设施设备类项目为主。在31个省份中，有10个省份将福利彩票公益金优先用于社会福利机构等设施（设备）新建与改扩建的基建项目，占比40%。还有7个省份的福利彩票公益金也用于资助社会福利机构等设施（设备）新建与改扩建的基建项目，在本省支出次序结构中位居第二名。如果将

31个省排名第一和第二的资助项目合并计算，则资助的社会福利机构等设施（设备）新建与改扩建的基建项目数合计占比34%，这是22种项目类别中占比最高的项目类别。

2. 福利彩票公益金扶老项目以普惠型使用为主，福利彩票公益金使用以集中型为主，精神慰藉和心理疏导等非物质类服务项目发展趋势向好

1988~2019年，各省福利彩票公益金扶老资金使用空间分布结构可大致分为三种类型：集中型、适度型和普惠型。集中型是指福利彩票公益金集中资助少数扶老项目类别，具体测度标准是：在考察的22种项目类别中，福利彩票公益金集中用于5种及5种以下项目类别。适度型是指福利彩票公益金适度分散资助一定数量扶老项目，具体测度标准是：在考察的22种项目类别中，福利彩票公益金用于6~9种项目类别。普惠型是指福利彩票公益金分散资助多数扶老项目，具体测度标准是：在考察的22种项目类别中，福利彩票公益金分散用于10种及10种以上类别。主要有如下特征：

（1）福利彩票公益金扶老项目普惠型特征明显。总体上看，在考察的22种项目类别中，集中型省份占比20%，适度型省份占比28%，普惠型省份占比52%。集中型省份有5个，代表省份是内蒙古自治区（2项）、北京市（3项）和湖北省（3项）。例如，内蒙古自治区福利彩票公益金扶老项目只覆盖社会福利机构等设施（设备）新建与改扩建的基建项目（50%）和高龄老年人补贴（50%）两类项目。再例如，北京市福利彩票公益金扶老项目只覆盖社会福利机构等设施（设备）新建与改扩建的基建项目（33.3%）、提供服务券与优待卡（33.3%）、在春节赠送对联字画（33.3%）三类项目。适度型省份有7个，代表省份是安徽省和福建省。例如，安徽省福利彩票公益金扶老项目资金只用于以下六类：社会福利机构等设施（设备）新建与改扩建的基建项目（59.1%）、高龄老年人补贴（13.6%）、送生活必需品（9.1%）、购买商业保险（9.1%）、特困救助（4.5%）和免费体检（4.5%）。普惠型省份有12个，代表省份是山东省和湖南省。山东省福利彩票公益金扶老项目资金广泛用于除危房改造、购买商业保险、送康复器具、送服务卡券以外的18类项目，在25个省份中位居首位。湖南省福利彩票公益金扶老项目资金分散用于15类项目。江苏省和重庆市的福利彩票公益金扶老项目资金均分散用于14类项目，浙江省福利彩票公益金扶老项目资金分散用于13类

项目（见表2-10）。

（2）福利彩票公益金集中使用特征显著。福利彩票公益金资助的扶老项目虽然较多，但福利彩票公益金却是集中使用。从各省福利彩票公益金资助的前5名项目使用额及省份数占比看，各省资助的前五名项目使用额占比合计在60%以上的省份数共计31个，占比为100%；前五名项目使用额占比合计在70%以上的省份数共计29个，占比为93.5%；前五名项目使用额占比合计在80%以上的省份数共计21个，占比为67.7%；前五名项目使用额占比合计在90%以上的省份数共计12个，占比为38.7%；前五名项目使用额占比合计100%的省份数共计5个，占比为16.1%。从分区间角度考察，前五名项目使用额占比合计在60%~70%之间的省份数所占比例为6.5%；71%~80%之间的省份数所占比例为25.8%；81%~90%之间的省份数所占比例为29%；91%~99%之间的省份数所占比例为22.6%；100%的省份数所占比例为16.1%。这表明绝大多数省份均集中使用福利彩票公益金资助少数扶老项目，前五项使用额占比合计在70%以上的省份数所占比例为93.5%。绝大多数扶老项目类别合计使用的福利彩票公益金不足30%。

表2-10　　1988~2019年各省福利彩票公益金扶老项目类别数及前五名

地区	第一/占比	第二/占比	第三/占比	第四/占比	第五/占比
北京	设施设备(33.3%)	服务券卡(33.3%)	春联字画(33.3%)	—	—
天津	设施设备(45.8%)	慰问金(16.7%)	特困救助(8.3%)	康复器具(8.3%)	多项并存(4.2%)
河北	特困救助(54.8%)	生活必需品(9.5%)	营养保健(7.1%)	商业保险(7.1%)	义工活动(7.1%)
山西	精神慰藉(33.3%)	高龄补贴(11.1%)	特困救助(11.1%)	送日用品(11.1%)	康复器具(11.1%)
内蒙古	设施设备(50%)	高龄补贴(50%)	—	—	—
辽宁	生活必需品(44.4%)	家用电器(23.6%)	慰问金(8.3%)	设施设备(8.3%)	康复器具(4.2%)
吉林	生活必需品(42.9%)	送日用品(28.6%)	设施设备(14.3%)	营养保健(14.3%)	
黑龙江	设施设备(37.5%)	特困救助(12.5%)	营养保健(10.4%)	精神慰藉(12.5%)	义工活动(10.4%)

续表

地区	第一/占比	第二/占比	第三/占比	第四/占比	第五/占比
上海	精神慰藉(22.6%)	设施设备(16.1%)	特困救助(12.9%)	商业保险(12.9%)	营养保健(9.7%)
江苏	特困救助(38.5%)	设施设备(18.8%)	被褥衣物(7.3%)	生活必需品(6.3%)	营养保健(4.2%)
浙江	特困救助(43.9%)	康复器具(10.5%)	被褥衣物(8.8%)	义工活动(7%)	设施设备(5.3%)
安徽	设施设备(59.1%)	高龄补贴(13.6%)	生活必需品(9.1%)	商业保险(9.1%)	特困救助(4.5%)
福建	特困救助(35.6%)	设施设备(31.1%)	义工活动(13.3%)	生活必需品(8.9%)	多项并存(2.2%)
江西	特困救助(77.2%)	送日用品(12.7%)	家用电器(3.8%)	精神慰藉(3.8%)	设施设备(1.3%)
山东	设施设备(17.1%)	特困救助(15.2%)	生活必需品(14.2%)	精神慰藉(12.8%)	营养保健(8.1%)
河南	生活必需品(34.1%)	设施设备(26.8%)	特困救助(17.1%)	精神慰藉(7.3%)	多项并存(2.4%)
湖北	设施设备(62.5%)	免费体检(25%)	高龄补贴(12.5%)	—	—
湖南	生活必需品(26.3%)	设施设备(19.7%)	特困救助(9.2%)	营养保健(7.9%)	出行工具(7.9%)
广东	设施设备(44.4%)	生活必需品(20.6%)	参观旅游(9.5%)	精神慰藉(6.3%)	高龄补贴(4.8%)
广西	生活必需品(28.6%)	设施设备(21.4%)	营养保健(14.3%)	特困救助(7.1%)	危房改造(7.1%)
海南	生活必需品(52.6%)	送日用品(21.1%)	设施设备(15.8%)	高龄补贴(5.3%)	康复器具(5.3%)
重庆	设施设备(42.6%)	生活必需品(13.1%)	健身器材(6.6%)	参观旅游(6.6%)	多项并存(4.9%)
四川	精神慰藉(29%)	生活必需品(12.9%)	营养保健(12.9%)	义工活动(12.9%)	设施设备(9.7%)
贵州	精神慰藉(54.5%)	设施设备(18.2%)	家用电器(9.1%)	被褥衣物(9.1%)	参观旅游(9.1%)
云南	设施设备(27.3%)	精神慰藉(18.2%)	慰问金(18.2%)	生活必需品(9.1%)	特困救助(9.1%)

注：显著性水平 $p<0.05$。

（3）老年人精神慰藉和心理疏导等非物质性服务项目趋势向好。近5年来，各省组织老年人参观或比赛、免费体检、开展义工活动、为老人购买商业保险、开展心理健康教育、免费参观旅游等6种非物质性的扶老项目总体趋势向好。其中，组织老年人参观或比赛、免费体检、开展义工活动3种项目总体态势更加喜人。在25个省份前5名项目类别中，资助义工活动的省份有5个，占比20%；资助老年人旅游和外出参观项目的省份有3个，占比12%；为老年人购买商业保险的省份有3个，占比12%。上海市、四川省、河北省、广东省、山东省、山西省等地区偏重精神慰藉和心理疏导等非物质性扶老项目（见表2-10）。据此可得出一个大致判断：经济和社会相对较为发达的省份已从物质帮扶救助工作阶段转向非物质性身心健康服务工作阶段。

覆盖范围受哪些因素影响呢？将22种项目类别分为五类：一是基础设施类，包括社会福利机构等设施设备新建、改扩建的基建项目和危房改造补助；二是基本生活类，包括送米面油等生活必需品、高龄老人经济补贴、向特困群体提供救助金、送日用消耗品、送被褥及衣物、慰问金、送家用电器；三是精神文化类，包括送春联字画、心理健康教育、观看节目与比赛、参观旅游；四是健康类，包括赠送营养保健品、免费体检、送康复辅助器具、送出行交通工具、送健身器材；五是服务类，包括购买助老商业保险、紧急呼叫服务、义工活动、送服务券优待卡。将覆盖范围（y）设置为被解释变量，将帮扶主体（x_1）、帮扶方式（x_2）、单次活动出资额（x_3）、活动开展年份（x_4）、活动开展月份（x_5）、节日（x_6）、帮扶主体所在省份（x_7）、受益方居住地区类型（x_8）设置为解释变量，做多元Logistic回归分析（见表2-11）。

表2-11　　覆盖范围影响因素多元Logistic回归分析

估计模型	通过变量	P	通过变量	P	通过变量	P	通过变量	P
y C x_1、x_2、x_3、x_4、x_5、x_6、x_7、x_8	4月、6月、7月、10月、12月与基设类项目	0.00；10月（P=0.09）	基本生活与华东	0.00	精神文化与6月、7月	0.00	健康类与4月、12月	0.019与0.076
y C x_1、x_2、x_4、x_6、x_7、x_8	精神文化类与端午节	0.00						

续表

估计模型	通过变量	p	通过变量	P	通过变量	P	通过变量	P
$y\ C\ x_3、x_4、x_6、x_7、x_8$	基设与市内居民	0.006	基本生活类与端午节、市内居民	0.00、0.006				
$y\ C\ x_3、x_4、x_7、x_8$	基设类项目与市内居民	0.006	基本生活类与端午节、市内居民	0.00、0.006				
$y\ C\ x_3、x_4、x_7$	基设类项目与中央专项彩票公益金、东北、市内居民	0.00	基本生活类与东北地区、市内居民	0.00、0.003	精神文化类与中央专项彩票公益金、东北地区	0.00		
$y\ C\ x_1、x_4$	基设类项目、精神文化类项目与中央专项彩票公益金	0.00			$y\ C\ x_1$		基设、文化与精神类和中央专项彩票公益金	0.00
$y\ C\ x_1、x_7、x_8、x_5、x_2$	基设类与中央专项彩票公益金、省级民政、市内居民	0.00	基本生活类与市内居民、端午节	0.00	$y\ C\ x_7$		基设、基本生活类、精神文化类和东北地区	0.00
$y\ C\ x_2$	现金、物品、服务与基设类	0.00	现金、物品与健康	0.00				
$y\ C\ x_5$	基本生活类和1月、2月	0.00	8月份与精神文化	0.00				

总体看,受益人居住地类型、节日、季节和出资主体影响覆盖范围。市内居民受益多于城郊、农村地区居民。端午节、元旦、中秋节、春节受资助多于其他节日。夏季时,精神文化类扶老项目受资助多于其他季节。中央专项彩票公益金、东北地区彩票公益金主要资助基础设施类扶老项目。

(二)福利彩票公益金扶老项目的演变趋势

对设计的 22 种项目类别依次做历史演变趋势分析,这些项目的演变趋势大致可分为增长型、波动型、稳定型和衰退型。

1. 增长型扶老项目演变趋势

增长型是指 1988~2019 年,某种单一的福利彩票公益金扶老项目类别总体上处于增长态势,仅有少数年份呈现不规则波动或下降态势,增减波动趋势不大，不影响总体趋势。在22种项目类别中，给老年人送米面油等生活必需品、给高龄老年人经济补贴、向特困老年人资助救助金、给老年人送营养保健品、组织老年人观看相关比赛以满足精神慰藉5个项目类别属于增长型。2018年之前，5种项目类别总体上呈增长趋势，2019年度只有"给老年人送米面油等生活必需品"一种类别基本和2018年保持相同水平，其余4种项目类别出现下降趋势。5种项目类别的增长趋势见图2-4。

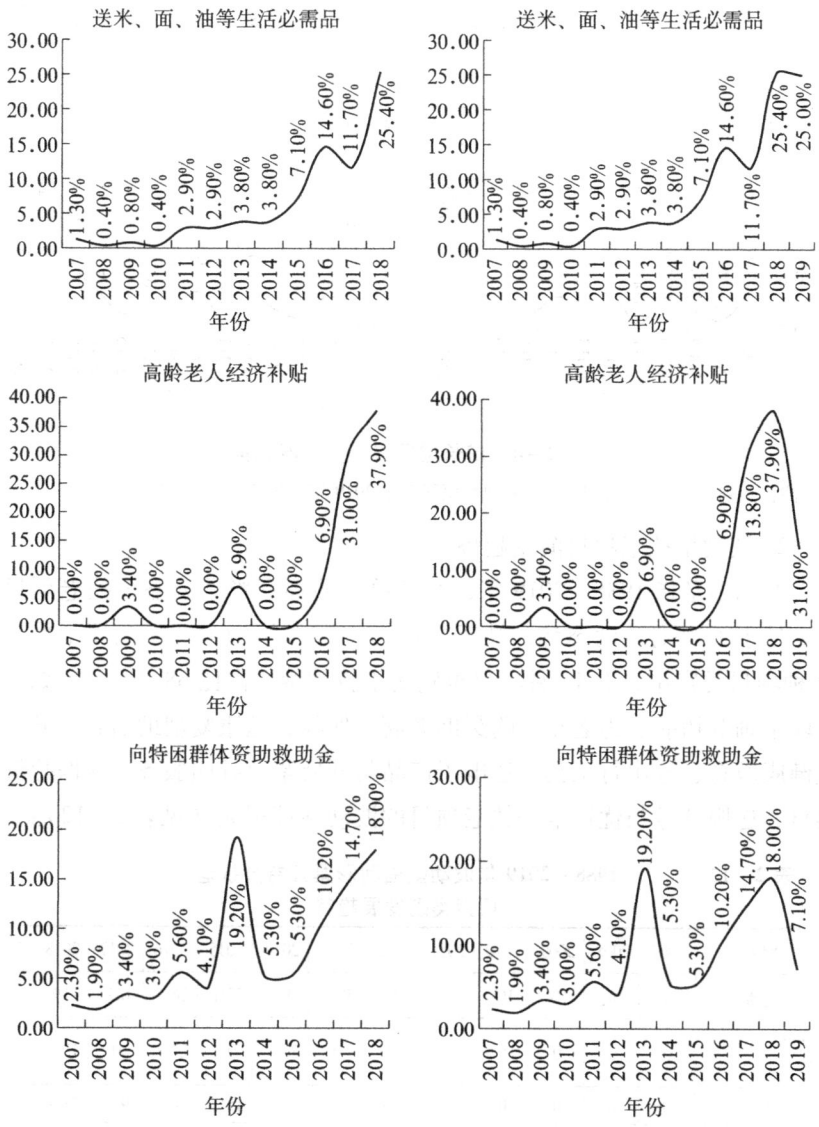

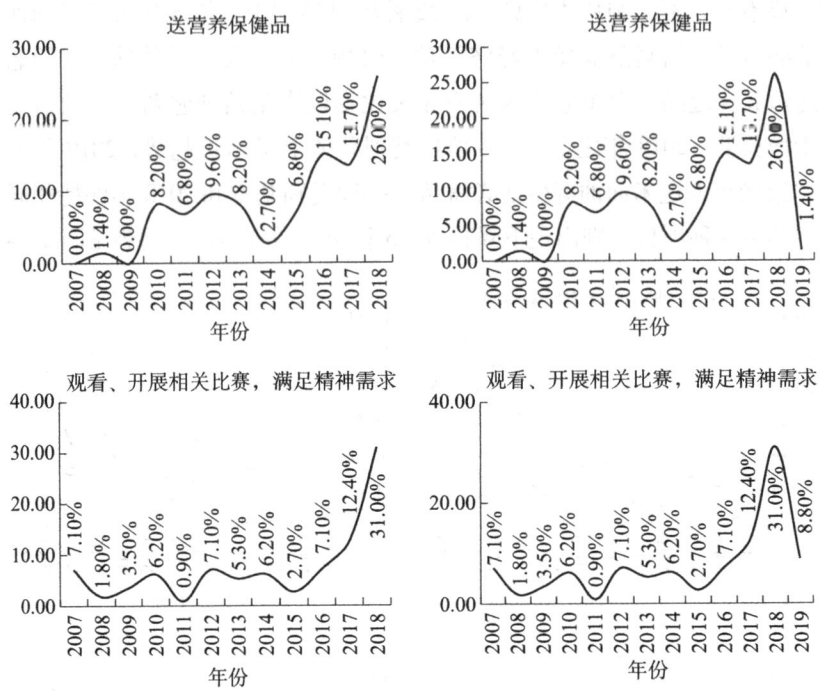

图 2-4 增长型项目类别发展趋势

注：左列 5 幅图截至 2018 年；右列 5 幅图截至 2019 年。2007 = 1988~2007 年。

2. 波动型扶老项目演变趋势

波动型是指 1988~2019 年，某种单一的福利彩票公益金扶老项目总体上处于不规则波动态势，缺乏规律性，有些年份未开展此项工作。在 22 种项目类别中，有 15 种项目类别属于波动型，占比 68.2%。例如，送春联字画等物品、为老年人购买助老商业保险、送康复辅助器具、开展心理健康教育、送出行工具、送电子产品与开展紧急呼叫服务、送医疗健身器材、送服务券与优待卡等扶老项目的波动性都很大（见表 2-12）。

表 2-12　1988~2019 年波动型福利彩票公益金扶老项目类别发展趋势

年份	2007	2008	2009	2010	2011	2012	2013	2014	2015	2016	2017	2018	2019
送家用电器	0	0	3%	3%	0	17%	9%	3%	23%	26%	6%	11%	0
送春联、字画等物品	0	0	0	0	0	0	0	20%	0	20%	0	20%	40%
送日用品	0	0	0	0	28%	2%	4%	6%	15%	4%	9%	28%	4%

续表

年份	2007	2008	2009	2010	2011	2012	2013	2014	2015	2016	2017	2018	2019
免费体检，建立健康档案	0	0	0	0	13%	0	17%	4%	4%	4%	13%	30%	4%
为老人购买助老商业保险	0	0	0	14%	0	0	21%	14%	0	7%	21%	21%	0
送康复辅助器具	0	10%	0	0	5%	10%	5%	15%	30%	0	5%	15%	5%
开展心理健康教育	0	0	11%	11%	0	0	11%	44%	0	0	11%	11%	0
送出行工具	7%	0	0	0	7%	7%	0	0	57%	7%	14%	0	0
送电子产品、开展紧急呼叫服务	0	13%	0	0	0	6%	6%	44%	0	0	0	31%	0
送医疗健身器材	11%	0	6%	11%	6%	6%	6%	0	6%	0	1%	33%	0
送服务券、优待卡	0	20%	0	0	0	20%	0	0	0	20%	0	40%	0
慰问金	3%	0	3%	0	23%	3%	9%	17%	23%	3%	11%	3%	3%
开展义工活动	7.5%	1.9%	5.7%	0	1.9%	1.9%	5.7%	17%	1.9%	9.4%	3.8%	34%	9.4%
免费旅游参观	3.2%	0	3.2%	9.7%	0	16.1%	6.5%	0	3.2%	6.5%	29%	22.6%	0
危房改造补助	0.9%	0	2.5%	1.6%	0	0	0.7%	1.3%	0	0	0	0	0.7%

注：显著性水平 $p < 0.05$；2007 = 1988~2007 年。

3. 稳定型扶老项目发展趋势

稳定型是指 1988~2019 年，某种单一的福利彩票公益金扶老项目（活动）总体上处于连续开展态势，尽管项目（活动）数量存在一定程度增减波动特征，但这些项目（活动）从未中断。在考察的 22 种项目类别中，全国各级各地区福利彩票使用管理单位连续开展的、最稳定的 4 项扶老项目（活动）为：一是资助社会福利机构等设施设备新建、改扩建项目；二是给老年人赠送米、面、油等生活必需品；三是向特困老年人资助基本生活救助金；四是组织老年人观看演出节目，开展各种比赛或竞赛，满足老年人心理疏导和精神慰藉需要。各地区开展的扶老项目（活动）连续性和非连续性情况见表 2-13。

表2-13　1988~2019年各省未开展扶老项目的年份数及占比　单位：个；%

项目类别	未覆盖年份数（个）	占比（%）	项目类别	未覆盖年份数（个）	占比（%）
福利机构等设施设备新建、改扩建项目等	0	0	为老人购买助老商业保险	7	58
送米、面、油等生活必需品	0	0	送康复辅助器具	4	33
高龄老人经济补贴	7	58	开展心理健康教育	7	58
向特困群体资助救助金	0	0	送出行工具	7	58
危房改造补助	8	67	送电子产品、开展紧急呼叫服务	8	67
送营养保健品	2	17	送医疗健身器材	4	33
送家用电器	4	33	送服务券、优待卡	9	75
送春联、字画等物品	9	75	观看、开展比赛，满足精神慰藉	0	0
送日用品	4	33	慰问金	2	17
送被褥及衣物等物品	1	8.3	开展义工活动	1	8.3
免费体检，建立健康档案	4	33	免费旅游参观	4	33

4. 衰退型扶老项目发展趋势

衰退型是指1988年到2019年，某种单一的福利彩票公益金扶老项目总体上处于下降态势，仅有少数年份呈现不规则波动或上升态势，增减波动趋势不大，不影响总体趋势。在22种项目类别中，只有"送被褥及衣物等物品"属于衰退型（见图2-5）。在13个年份中，只有2010年未开展此项活动。尽管2011~2013年出现增长趋势，但总体发展趋势仍属于衰退型，尤其是2017年到2019年衰退趋势更为明显。

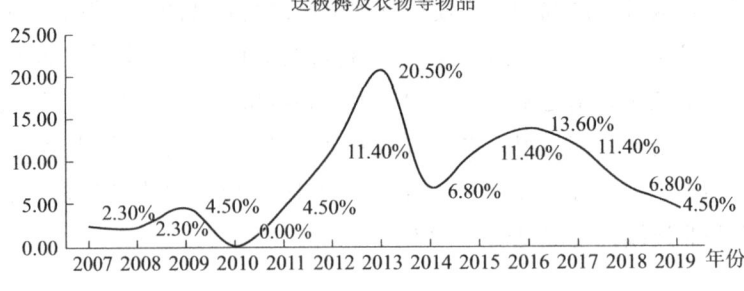

图2-5　衰退型项目类别发展趋势（2007=1988~2007年）

（三）福利彩票公益金扶老项目空间结构调整方向

通过分析1988~2019年全国各省留成福利彩票公益金扶老项目空间结构及演变趋势可知，各地区的扶老工作既有共性特征，又有地方特色。近年来，我国扶老形势已经发生变化，福利彩票公益金扶老项目空间结构和重心也需根据新形势、新变化、新问题和新趋势作出相应调整（杨翠迎，2018）。

1. 根据扶老项目类别的演变趋势与特征确定福利彩票公益金项目覆盖范围和工作重心

在考察的22种项目类别中，增长型项目5种，稳定型项目4种（稳定型与增长型有3种重合），波动型14种（占比63.6%），衰退型项目1种，类周期型项目1种。据此，今后可继续开展增长型扶老项目和稳定型扶老项目，尤其是应继续优先资助稳定型与增长型重合的3种项目（送米面油等生活必需品、向特困老年人资助救助金、观看比赛等精神需求）。衰退型项目可适时停止，类周期型项目仍需按实际需要开展。波动型项目缺乏规律性，对此民政部可牵头制定年度导引目录，以建议、提示或警示等方式引导全国共性扶老项目发展，保留一定比例的地区特色扶老项目，提高福利彩票公益金整体使用效率。

2. 根据国家、民政部规划的扶老项目及本地区特色扶老项目确定今后扶老工作方向和覆盖范围

目前，国家引导的福利彩票公益金扶老工作方向是，在资助养老机构基础设施设备、日常生活帮扶救助、社会保障、身体健康、老年人教育、老年人再就业等项目基础上，逐渐偏向老年人社会融入、心理健康和高质量服务等项目。

2019年3月末，国务院办公厅出台了《关于推进养老服务发展的意见》（以下简称《意见》），要求民政部本级和地方各级福利彩票公益金要大力支持发展养老服务，重点购买非物质性的生活照料、康复护理、机构运营、社会工作和人员培养等服务。为此，各地区今后可根据《意见》要求，重点探索资助以下十类养老保障项目：第一类是养老护理员职业技能等级认定和教育培训项目；第二类是中医养生学、中医康复学等相关专业建设项目；第三类是长期照护服务项目；第四类是老年人消费权益保护和养老服务领域非法集资整治项目；第五类是医养结合服务能力提升项

目；第六类是居家、社区和机构养老融合项目；第七类是"互联网＋养老"项目；第八类是定期巡访独居、空巢、留守老年人项目；第九类是老年教育项目；第十类是养老服务基础设施建设和老年人居家适老化改造项目。

2019年11月末，中共中央、国务院印发了《国家积极应对人口老龄化中长期规划》，进一步对扶老作出了具体规划和部署，这为各地区今后探索如何将福利彩票公益金更好用于扶老工作指明了四个方向：第一个方向是资助老有所学的终身学习体系项目；第二个方向是发展高质量为老服务和产品供给项目，例如健康教育、预防保健、疾病诊治、康复护理、长期照护、安宁疗护的综合、连续的老年健康服务体系；第三个方向是完善应对人口老龄化的科技创新能力项目，例如提高老年服务科技化、信息化水平；第四个方向是深化养老、孝老、敬老的社会环境建设项目，例如打造老年友好型社会。

在地方层面上，很多省份都在创新性探索福利彩票公益金和扶老项目融合机制。例如，2019年11月28日，北京市就《关于加快推进养老服务发展的实施方案》向社会公开征求意见，重点资助老旧小区养老服务设施、失智老人照顾、集中式居家养老、长期护理保险、居家社区适老化、智慧健康养老产品及服务推广、养老服务人才培养、养老服务时间银行、安宁疗护等扶老工作，这为福利彩票公益金扶老项目资金使用指出了方向。例如，很多居住在老旧小区的老年人上下楼不方便，对电梯需求非常强烈，各地区可以使用福利彩票公益金重点资助此类老年人必需服务项目。

通过分析1988~2019年各省留成福利彩票公益金扶老项目的覆盖范围、空间布局演进特征与发展趋势可以看出，福利彩票公益金扶老工作已逐渐从物质帮扶救助向精神关怀并重且更加重视养老公共服务转变，这对各地区如何更好健全福利彩票公益金扶老社会责任体系提供了参考。

二、扶老社会责任融入与主要问题

福利彩票公益金社会责任融入是指福利彩票公益金使用管理单位把社会责任理念融合组织文化、决策、制度、结构和实践中，使组织各项活动都体现社会责任理念和精神。福利彩票公益金社会责任融入体现在社会责任战略规划、措施制定、过程管理、绩效评估、项目总结、信息披露、社会回应等全流程各环节之中。

彩票理论学者和政策研究者对中央集中的彩票公益金、民政部本级彩票公益金资助的养老保障和养老服务项目开展了较多研究，但对地方政府使用本级留成福利彩票公益金资助的养老保障和养老服务项目仍缺乏充分讨论。本书仍基于全国 31 个省 1988 年到 2019 年已完成的 1481 个福利彩票公益金扶老项目，按照"资金投入→过程管理→项目总结→绩效评估→社会效益→信息披露→社会支持"逻辑路径，分别从前期投入环节、中期管理环节和后期效益环节，简要考察地方留成福利彩票公益金扶老类项目社会责任融入体系建设情况，归纳出地方政府留成福利彩票公益金扶老项目社会责任融入体系建设中面临的一些突出问题，在此基础上主要针对"三项报告"制度建设提出对策思路[①]。

（一）扶老项目社会责任融入全流程分析

1. 前期投入环节社会责任分析

前期投入环节设计了项目资金投入、实施责任主体、资金来源三个指标。

（1）项目资金投入分析。51.7% 项目没有公示具体资金额。在公示资金额的项目中，单个项目一次性资助额及占比情况为：一次性资助额为整数的特征明显。其中，一次性资助额为 0.5 万元的项目占比为 5.7%，一次性资助额为 1 万元的项目占比为 3%，一次性资助额为 2 万元的项目占比为 1.3%，一次性资助额为 3 万元的项目占比为 1.7%，一次性资助额为 4 万元的项目占比为 0.3%，一次性资助额为 5 万元的项目占比为 1.8%，一次性资助额为 10 万元的项目占比为 4.1%，一次性资助额为 20 万元的项目占比为 1.8%，一次性资助额为 50 万元的项目占比为 1.1%，一次性资助额为 200 万元的项目占比为 1.2%。除了上述 10 个整数额以外，其他整数额占比基本在 0.3% 以下。

从单个项目一次性资助额累计占比方面分析，资助额在 3000～5000 元以下（含）的项目累计占比为 16.6%，资助额在 5001～10000 元之间的项目累计占比为 8.8%，资助额在 10001～20000 元之间的项目累计占

---

① 本书在后文的助残、救孤、济困、赈灾、社会公益五大类项目社会责任融入时定义的社会责任融入概念、逻辑路径等与扶老类社会责任融入概念、逻辑路径相同。届时不再赘述。

比为5.2%，资助额在20001～30000元之间的项目累计占比为4.6%，资助额在30001～50000元之间的项目累计占比为5%，资助额在50001～100000元之间的项目累计占比为12%，资助额在100001～200000元之间的项目累计占比为7.1%，资助额在200001～500000元之间的项目累计占比为8.1%，资助额在500001～2000000元之间的项目累计占比为4.8%，资助额在2000001万元以上的项目累计占比为27.7%。总体看，单个项目一次性资助额累计区间前三位依次是：200万元以上、1万元以下、20万～50万元。由此可知，地方留成福利彩票公益金对扶老项目支持力度还是很大的。

（2）项目实施责任主体分析。从资助扶老项目主体结构方面分析，地方政府福利彩票发行管理机构独立资助的扶老项目数占比为72.3%，地方政府福利彩票发行管理机构联合多部门资助的扶老项目数占比15.9%，两者合计接近90%。对比而言，中央专项彩票公益金独立资助的地方扶老项目数占比7.1%。残联部门独立、环保部门独立、慈善部门主导与慈善部门主导、多部门参与资助的地方扶老项目数占比合计仅为0.9%。这表明是地方福利彩票发行管理机构是扶老类项目社会责任承担主体，尤其体现在社会福利机构设施（设备）新建与改扩建、向特困群体资助生活救助金、向贫困群体赠送米、面、油等基本生活必需品三大类项目上。

（3）项目资金来源分析。在考察的所有资金拨付渠道中，地市本级福利彩票公益金支付额占比最高，为61.2%，省本级福利彩票公益金支付额占比26.2%。对比而言，中央专项彩票公益金资助额占比1.9%，民政部本级彩票公益金资助额占比6.1%，中国福利彩票发行管理中心资助额占比0.4%。教育部门、环保部门、残联系统、慈善系统、红十字会系统和其他渠道的资助额合计占比为4.2%。总体看，地方政府支出的本级留成福利彩票公益金占比高达87.4%。这表明扶老项目资金主要是地方省、市两级福利彩票发行管理机构留存的本级福利彩票公益金。

2. 中期管理环节社会责任分析

中期管理环节设计了项目说明、过程描述、项目总结三个指标。

（1）项目说明。在几种项目概况说明形式中，福利彩票公益金使用管理单位仅使用"文字"说明扶老项目概况的比例为37.8%。使用"文字+活动图片"说明项目概况的比例为61.7%，主要体现在社会福利机构设施（设备）新建与改扩建、向特困群体资助生活救助金、向贫困群体赠送米面油等生活必需品三大类项目上。仅使用"图片"说明扶老项目概况的比例为0.4%。

（2）过程描述。在几种扶老项目过程描述形式中，福利彩票公益金使用管理单位仅使用"文字"描述扶老项目过程的比例是18.6%。使用"文字+活动图片"描述扶老项目的比例是6.7%，主要体现在社会福利机构设施（设备）新建与改扩建、向特困群体资助生活救助金、向贫困群体赠送米面油等生活必需品三大类项目上。仅使用"图片"描述扶老项目的比例是0.4%。

（3）项目总结。在几种项目总结说明形式中，福利彩票公益金使用管理单位仅使用"文字"总结扶老项目实施情况的比例是34.9%。使用"文字+图片"总结扶老项目实施情况的比例是53.2%。使用"文字+图片+财务款单凭证"总结扶老项目实施情况的比例是0.4%，只体现在向特困群体资助生活救助金、观看文艺演出与比赛等精神需求两大类项目上。未总结扶老项目实施情况的比例是11.8%。

3. 后期效益环节社会责任分析

后期效益环节设计了项目绩效评估和信息披露两个指标。

（1）绩效评估。地方政府福利彩票公益金使用管理单位对扶老项目效果开展了绩效评估。其中，地方政府福利彩票发行管理机构自己开展项目绩效评估占比为80.4%，主要体现在社会福利机构设施（设备）新建与改扩建、向特困群体资助生活救助金、向贫困群体赠送米面油等生活必需品三大类项目上。政府其他部门开展项目绩效评估占比为0.4%。第三方民间机构开展项目绩效评估占比为9.3%。没有开展项目绩效评估的比例为9.9%。

（2）信息披露。仅以官方网站信息披露为例，福利彩票发行管理机构将扶老项目报道放在官方网站首页不显著位置的比例是61.6%，放在官方网站首页显著位置的比例是17.1%，放在二级链接的比例为12.2%，放在三级链接的比例是9.1%。这样的设置比较合理，有利于宣传扶老项目。

总体上看，地方政府福利彩票公益金使用管理单位在扶老项目组织实施、资金投入、项目概况说明、过程描述、项目总结、信息披露等多项工作中较好地履行了社会责任。但是，福利彩票公益金社会责任融入体系建设中仍存在一些突出问题。

（二）社会责任融入体系建设中面临的主要问题

1. 社会责任融入要素不完整

几乎所有的扶老项目都缺少完整的计划、工作框架、过程报告、资金使用报告、结项报告。对比而言，这些做法和成效尚不如一些民间公益慈善救助平台的做法和成效。以民政部遴选的首批互联网公开募捐信息平台——腾讯乐捐平台为例，该平台上很多扶老项目都有工作计划、工作框架、活动过程报告、资金使用报告、结项报告。资助工作结束后，腾讯平台会发布《项目执行报告》，公示资助项目背景、工作框架、工作阶段及具体工作、各项目受益人名称及所在地区、受益人数、物品数量和金额、领款回执单等资料扫描件或照片。由此可以反衬出，地方留成的福利彩票公益金扶老项目社会责任融入要素极为不完整。

2. 项目过程描述和项目总结管理制度不够健全

在项目实施过程描述环节，未作描述的项目占比 74.3%，反映出地方福利彩票公益金使用管理单位对扶老项目实施过程疏于管理。在项目总结环节，使用"文字+图片+财务款单凭证"总结扶老项目实施情况的比例是 0.4%，未总结扶老项目实施情况的比例是 11.8%，表明福利彩票公益金扶老项目使用管理情况缺乏透明度。

3. 受益方信息和财务信息不透明

这些不透明问题主要表现为财务单据和凭证缺乏、无受益方签字凭证、无受益方银行款单、无代办人签字单证以及银行电子回单等资料。仍以腾讯乐捐平台为例，该平台向社会公告的结项报告中包括物品金额、金额小计、执行及运费、监管支出、费用合计、受益人签收单、收款收据、领款回执单、发票、银行电子回单等财务类资料扫描件或照片。对比而言，地方留成的福利彩票公益金扶老项目社会责任融入和社会责任体系建设仍任重而道远。

4. 信息披露和社会回应不足

扶老项目使用金额不透明，52.1%的扶老项目未提及使用的福利彩票公益金数额。受益人数不透明，64%的扶老项目没有提及受益人数。多方合作披露信息机制不健全，在报道扶老项目的媒体中，福利彩票发行管理机构官方网站披露信息占比 92.6%，彩票行业内网络媒体参与比例为

2.2%，彩票行业内报纸参与比例为1.5%，彩票行业外媒体参与比例为3.7%。扶老项目缺少更多彩票行业内外媒体参与报道，传统纸质媒体和彩票行业外网络媒体的社会支持力较弱。

总体看，地方政府福利彩票公益金使用管理单位偏重福利彩票公益金前期投入，疏于过程管理，轻视福利彩票公益金使用效率、后期督查监管及产生的影响；偏重项目新闻报道和业绩宣传，轻视与受益方社会责任沟通、受益方感受与需求。

第三节
福利彩票公益金扶老项目社会效益

福利彩票公益金资助扶老项目金额和扶老项目多少是衡量政府相关部门履行扶老社会责任的重要且关键指标之一。但评测福利彩票公益金社会责任担当和促进社会治理水平等方面还需看福利彩票公益金扶老项目实施后的效果。本节从三个方面分析福利彩票公益金资助的扶老项目社会效益。首先，分析中央集中的彩票公益金补充全国社会保障基金和资助养老保障与养老公共服务项目的社会效益，梳理中央集中的彩票公益金拨入全国社会保障基金、中央专项彩票公益金资助养老公共服务项目、民政部本级彩票公益金资助老年人社会福利项目等三种情况下的扶老项目社会效益。其次，分析彩票公益金扶老法规制度建设，梳理国家和地方制定实施的彩票公益金资助养老保障和养老公共服务事业发展的相关法规制度和规范性文件，尤其是从本级福利彩票公益金中提取扶老比例的规定。最后，以单案例形式分析全国各级各地区使用专项彩票公益金扶老工作及实际成效，不包括中央集中的彩票公益金补充全国社会保障基金情况与社会效益。

一、中央集中彩票公益金资助强度较大

（一）补充全国社会保障基金成效显著
在中央集中的彩票公益金中，全国社会保障基金使用的资金最多。从

2006年起，国家每年将中央集中的彩票公益金中的60%拨入全国社会保障基金。从2001年起到2020年，中央集中的彩票公益金拨入全国社会保障基金的总额累计3588.24亿元，占财政性拨入全国社会保障基金累计资金总额36.13%。在中央集中的彩票公益金中，中央专项彩票公益金具有资助项目多元化和普惠性特征，但分配的彩票公益金占比也仅为30%，比拨入全国社会保障基金的比例少了30个百分点。中央集中的彩票公益金已成为全国社会保障基金的重要支柱，为我国战略性养老保障资金储备作出了不可替代性的贡献。概言之，中央集中的彩票公益金补充全国社会保障基金的成效非常显著。

（二）民政部本级彩票公益金资助扶老项目力度较大

民政部本级彩票公益金分为民政部本级使用管理的彩票公益金和补助给地方项目、由地方政府使用管理的彩票公益金。两者资助扶老项目的力度都较大。

2012年春季，民政部首次提出部本级和各地区本级年度留成的福利彩票公益金中用于资助养老服务项目的比例不低于50%，凡是资助比例低于50%的省份，民政部将不再给予补助。2013年之后，民政部一直贯彻落实50%底线比例。2013~2019年，民政部本级彩票公益金用于老年人社会福利项目资金占比依次为58.46%、46.24%（2014年）、53.75%、53.30%、51.36%、51.19%、55.3%。

2014~2019年，民政部本级彩票公益金补充地方扶老项目的彩票公益金额度分别为10.4亿元、14.06亿元、13.12亿元、13.16亿元、14.84亿元、38.53亿元，六个年份补助额累计104.1亿元，对应年份占比依次为46.24%、53.75%、53.30%、51.36%、51.19%、55.3%，总体保持在50%（含）以上。在此6年中，四川省、河南省和山东省三个人口大省受助额最多，这表明民政部倾斜性分配彩票公益金的做法比较符合国情和省情①。

---

① 彩票公益金在分配基础上，民政部采取因素法、项目法以及综合法等方式进行分配。虽然不是按照人口基数为指标，但四川、河南、山东三个人口大省获得最多补助额还是比较公允的。三个省人口老龄化比重都位居全国前列，四川和山东还是2019年全国6个人口深度老龄化省份。

二、地方留成彩票公益金扶老成效显著

1988～2019年，各省使用本级留成福利彩票公益金资助了很多扶老项目，工作务实，项目空间结构优化，取得了明显成效。从上文论述地方政府本级福利彩票公益金扶老项目时空特征、发展趋势、社会责任融入的分析中可知，各地区使用福利彩票公益金资助的非基础设施类养老保障项目占比为74.1%，普惠型特征明显，普惠型省份数占比52%。2015～2019年，各省组织老年人参观或比赛、免费体检、开展义工活动、为老年人购买商业保险、开展心理健康教育、免费参观旅游等非物质性的养老保障项目总体发展趋势向好。经济和社会相对较为发达的省份已从物质帮扶救助工作阶段转向非物质性身心健康服务工作阶段。地方政府给老年人送米面油等生活必需品、给高龄老年人经济补贴、向特困老年人资助救助金、给老年人送营养保健品、组织老年人观看相关比赛以满足精神慰藉等增长型项目趋势向好。地方政府资助福利机构等设施设备新建改扩建项目、给老年人送米面油等生活必需品、向特困老年人资助救助金、组织老年人观看开展各种比赛以满足老年人精神慰藉等项目运行最为稳定。

三、扶老类项目法规制度建设稳步推进

2016年以来，财政部、民政部和各省相继制定实施了本级福利彩票公益金管理办法。2016年，民政部发布了《民政部本级彩票公益金使用管理办法》。2017年，财政部和民政部印发《中央集中彩票公益金支持社会福利事业资金使用管理办法》。国务院在2019年发布的《关于推进养老服务发展的意见》和2021年末印发的《"十四五"国家老龄事业发展和养老服务体系规划》都规定彩票公益金用于养老服务类项目的比例不低于55%。这些部门规章和指导性文件对彩票公益金使用范围和资助扶老项目最低比例等做出了规定。概言之，制度要点及成效可归纳为以下几点。

（一）明确了彩票公益金资助扶老类项目的最低比例

《中央集中彩票公益金支持社会福利事业资金使用管理办法》规定，中央集中专项彩票公益金资助老年人社会福利类项目资金总额不得低于预算总额50%。2019年，国务院出台《关于推进养老服务发展的意见》规

定，到 2022 年民政部本级彩票公益金资助养老服务项目比例不低于 55%，将比例再次提高 5 个百分点。2021 年 12 月 30 日，国务院印发的《"十四五"国家老龄事业发展和养老服务体系规划》将这一规定落到实处。

为了贯彻落实 50% 底线比例规定，各地区陆续制定实施了本级福利彩票公益金管理办法，规定了 50% 底线比例。例如，2016 年实施的《广州市福利彩票公益金使用管理办法》、2017 年实施的《湖南省省级福彩公益金支持福利事业专项资金管理办法》和 2019 年实施的《山东省省级福利彩票公益金使用管理办法》都规定，省本级留成的福利彩票公益金资助社会养老服务项目的比例不得低于预算总额 50%。实践中，有的省份规定底线比例不得低于 60%。例如，2018 年实施的《福建省民政厅彩票公益金使用管理暂行办法》规定，省本级留成的福利彩票公益金资助社会养老服务项目的比例不得低于预算总额 60%。有的省份在分配使用本级留成的福利彩票公益金资助社会养老服务项目时的比例还超过了 80%。例如，《2018 年赤峰市使用自治区本级福利彩票公益金情况的公告》显示，内蒙古自治区本级福利彩票公益金拨付给赤峰市的老年人社会福利类项目资金总额为 5198.6 万元，占使用总额 83%。同年，内蒙古自治区呼和浩特市发布的《呼和浩特市本级福利彩票公益金使用情况的公告》显示，本级福利彩票公益金资助老年人社会福利类项目资金共计 4458.95 万元，占使用总额 87.4%[①]。国家和地方政府制定实施的部分扶老类法规制度见表 2-14。

表 2-14　　国家和地方使用彩票公益金资助养老服务项目制度概览及要点

制度名称	部门	要点	年份
《民政部本级彩票公益金使用管理办法》	民政部	规定了彩票公益金资助老年人社会福利事业项目	2016
《养老服务体系建设中央补助激励支持实施办法》	发改委等三部委	下年民政部本级公益金补助地方项目对表彰省倾斜	2016

① 但实践中也有资助比例低于 50% 的特例。例如，财政部、民政部《关于下达 2018 年用于社会福利的彩票公益金的通知》下达广西壮族自治区用于社会福利项目的彩票公益金 10508 万元，老年福利项目 4971 万元，占比 47.3%。2018 年财政部、民政部下发《关于 2018 年用于社会福利事业的彩票公益金的通知》显示，下达青海省部本级彩票公益金 7043 万元，用于老年人福利类项目资金 3495 万元，占比 49.6%，也低于 50%。

续表

制度名称	部门	要点	年份
《中央集中彩票公益金支持社会福利事业资金使用管理办法》	财政部和民政部	中央集中专项彩票公益金扶老比例不低于50%	2017
《关于推进养老服务发展的意见》	国务院	2022年民政部本级彩票公益金扶老比例不低于55%	2019
《养老服务体系建设中央补助激励支持实施办法》	发改委等三部委	下年民政部本级公益金补助地方项目对表彰省倾斜	2019
《广州市福利彩票公益金使用管理办法》	广州	市区两级福利彩票公益金扶老比例不低于50%	2016
《省级福利彩票公益金使用管理暂行办法》	安徽省	分配市县公益金扶老比例不低于50%	2016
《湖南省省级福彩公益金支持福利事业专项资金管理办法》	湖南	福彩公益金扶老比例不低于50%	2017
《福建省民政厅彩票公益金使用管理暂行办法》	福建	彩票公益金扶老比例不低于60%	2018
《赤峰市使用自治区本级福利彩票公益金情况的公告》	内蒙古	自治区本级福彩公益金扶老比例不低于83%	2018
《市本级福利彩票公益金使用情况的公告》	呼和浩特	市本级福利彩票公益金扶老比例87.4%	2018
《山东省省级福利彩票公益金使用管理办法》	山东	福彩公益金扶老比例不低于50%	2019

注：本表资料根据各级各地相关部门公示的规章制度整理。

（二）虽未明确底线比例，但对使用方向和覆盖范围等作出规定

除了上述部门规章和地方制度外，还有一些规章和制度虽然没有明确50%底线比例，但对彩票公益金资助扶老项目使用方向、覆盖范围、项目招标流程和使用公示等作出了原则性规定。例如，2016年实施的《民政部本级彩票公益金使用管理办法》并未明确彩票公益金资助养老类项目的最低比例，但对彩票公益金资助老年人社会福利事业作出了具体规定，使得资助工作有规可依。

（三）建立了中央补助地方扶老项目倾斜激励机制

2016年，国家发展和改革委员会、财政部、民政部联合印发了《养老服务体系建设中央补助激励支持实施办法》（发改社会〔2016〕2776号），对民政部本级彩票公益金重点资助建设的基础设施类扶老项目考核内容、激励考核办法及评价指标、权重、奖励措施等作出了详细规定。从2017年开始，国家发展和改革委员会、财政部、民政部三部委将根据各省年度考核得分，从东部地区、中部地区、西部地区各选出前两名，财政部和民政部在安排下一年度民政部本级彩票公益金补助地方老年人社会福利类项目时，通过工作绩效因素（占10%权重），对获得表彰省份予以资金倾斜。2019年，国家发展和改革委员会、财政部、民政部联合印发了《养老服务体系建设中央补助激励支持实施办法》（发改社会〔2019〕320号），健全了这一补助倾斜激励机制，有力促进了各地区加大老年人社会福利类项目建设扶持力度。倾斜激励机制取得实效的一个例证是管理信息公示。例如，2019年2月份，民政部下发的《关于对养老服务体系建设福利彩票公益金激励名单进行公示的通知》显示，财政部、民政部将在安排2019年彩票公益金补助地方老年人社会福利类项目资金时，对北京市、上海市、湖北省、吉林省、广西壮族自治区和陕西省6个获激励省份予以资金倾斜。

四、扶老类项目使用信息披露扎实高效

（一）信息披露比率较高

在国家层面上，2009~2020年，财政部每年都向社会公告上一年度中央集中的彩票公益金资助全国社会保障基金、中央专项彩票公益金资助社会养老服务项目以及提前下达的中央专项彩票公益金资助特殊地区（如老少边穷地区）社会养老服务项目的分配和使用情况。2014~2020年，全国社会保障基金理事会每年都向社会公告上一年度中央集中的彩票公益金拨入社会保障基金情况。1988~2020年，民政部每年都向社会公告上一年度部本级彩票公益金和补助地方彩票公益金资助社会养老服务项目情况。2014年以来，民政部每年都向社会公告上一年度《中国福利彩票社会责任报告》，介绍福利彩票公益金资助社会养老服务项目情况。2012~2020年，中国红十字总会每年都向社会公告上一年度《彩票公益金项目绩效评价报告》，部分年份《报告》公示了扶老项目情况①。

---

① 中国红十字总会执行的项目主要有贫困白血病先心病儿童救助、人体器官捐献、中国造血干细胞捐献者资料库、生命健康安全教育、人道救助救援、失能老人养老服务。前5个项目是长期核心工作，2014年以后才执行并公示扶老项目。

在地方层面上，2014~2019年，各省财政厅和民政厅每年均能依法向社会公告上一年度本级彩票公益金资助社会养老服务项目情况，而且从2014年开始，绝大多数省份每年都向社会公告上一年度本级福利彩票社会责任报告，介绍福利彩票公益金资助社会养老服务项目情况。综上所述，国家和地方政府彩票公益金扶老项目信息披露和社会回应成效比较显著。

（二）信息披露及时明晰

1. 公示时间

2009~2020年，财政部均依法在每年8月末之前向社会公告上一年度中央集中的彩票公益金资助全国社会保障基金和中央专项彩票公益金资助社会养老服务项目的分配和使用情况。2014~2020年，全国社会保障基金理事会均依法在每年6~7月份向社会公告上一年度中央集中的彩票公益金拨入社会保障基金情况。1988~2019年，民政部均依法在每年6月末之前向社会公告上一年度部本级彩票公益金和补助地方彩票公益金资助社会养老服务项目情况。2014年以来，中国福利彩票发行管理中心每年都在一年内向社会公告上一年度《中国福利彩票社会责任报告》，介绍福利彩票公益金资助社会养老服务项目情况。2012~2020年，中国红十字总会每年均依法在一年内向社会公告上一年度《彩票公益金项目绩效评价报告》。中国福利彩票社会责任报告编制项目一般是面向社会公开招标，中标单位和中国福利彩票发行管理中心之间的沟通、修改等工作需要一些时间。中国红十字总会的《彩票公益金项目绩效评价报告》需要民间第三方机构审计，也需要一些时间。考虑到这些因素，中国福利彩票发行管理中心和中国红十字总会向社会发布公告的速度还是很快的，信息公示时间比较合理。

2014~2020年，各省财政厅和民政厅每年均能依法向社会公告上一年度本级彩票公益金资助社会养老服务项目情况，而且从2014年开始，绝大多数省份每年都向社会公告上一年度本级福利彩票社会责任报告，介绍福利彩票公益金资助社会养老服务项目情况。总体看，各省向社会发布公告的速度也很快，公示时间也比较合理。

2. 信息披露位置和公告内容易获性

财政部、民政部和各省份基本将本级公告放在官方网站二级链接上，一般会在首页设置"彩票公益""公益福彩""信息公开""公益之窗"和"社会责任报告"等链接，便于公众快速查找。所有的公告均可在线阅读、下载（Word 和 PDF）。各省网站还设置了微信客户端模块，方便社会公众下载浏览信息。

（三）信息披露规范细致

中央专项彩票公益金公告中不仅公示养老公共服务项目的总额，还明示项目负责单位、项目内容和受益对象等信息。民政部本级彩票公益金使用公告明示民政部本级彩票公益金资助养老公共服务项目和补助地方彩票公益金资助养老公共服务项目。公告中不仅公示养老公共服务项目的总额，还明示项目主要项目内容和任务目标等信息。中国福利彩票社会责任报告承载的信息量更大，除了福利彩票公益金资助养老公共服务项目外，还明示了福利彩票机构的内部工作等内容。中国红十字总会的《彩票公益金项目绩效评价报告》包括评价范围、项目执行情况、绩效评价得分、绩效指标分析等内容。其中，项目执行情况分别明示每个项目的使用资金额、受益人数等信息，非常细致。绩效评价得分依次明示每个绩效评价指标的单项得分及年度总得分，比较规范。

五、单项扶老类项目社会效益比较显著

单项扶老项目是指地方政府每年使用本级留成福利彩票公益金不定期开展的扶老类项目。地方政府本级留成福利彩票公益金资助扶老项目情况、特征、发展趋势、彩票公益金贡献和社会责任融入等内容已在前文论述。本处仅以"样例"形式分析扶老类项目的社会效益（见表 2-15）①。

表 2-15　全国地方单项扶老项目（活动）社会效益概览

地区或部门	项目	工作及成效	年份
温州	福彩有爱·孤老不独	资助 100 位农村地区困难老人，20 万元福彩公益金及爱心物资（每人 2000 元）	2019

---

① 各级各地区彩票公益金资助扶老项目并无"专项"和"单项"之类的分法，"单项"是本书界定的专用词。后文的助残、救孤、济困、社会公益类项目涉及的"单项"含义与此同理，后文不再赘述。

续表

地区或部门	项目	工作及成效	年份
重庆	金婚祝福礼	参与家庭9095个，398个金婚家庭进入十佳和谐家庭线上票选，关注人群10余万人	2014~2019
广州	慈心楼	1800万元，面积5599.9平方米，床位190张，供养失能半失能、视力障碍、失独老人	2015
聊城	福彩爱在重阳	10万元福彩公益金为敬老院送温暖	2019
宁波	福彩来了·爱心暖巢	资助30万元福彩公益金，每人2000元，受益困难老人150人	2019
深圳	长者歌咏汇	共投入福彩公益金97.43万元，10个街道老年协会600余名老年人受益	2011~2019
深圳	智慧养老服务平台	公益金353.44万元，为盐田区60岁以上独居、孤寡、失能、残疾老人提供24小时服务	2019
深圳	老年人意外保险	资助南山区为60周岁以上老人（1年），保障人数5.6万人，福彩公益金476万元	2017~2018
广东	双千计划	免费培训23440名养老护理员，171期，1400万元福彩公益金	2012~2019
重庆	千百工程	福彩公益金5050万元，已建成182个社区养老服务站	2018~2019
贵州	温暖贵州	福彩公益金达633万元，受益人达28000人	2005~2019
山东	孝善食堂	10万元福彩公益金，为农村老年人提供就餐服务；70岁以上单餐1.5元，80岁以上免费	2018
陕西	农村幸福院	1112个农村幸福院，福彩公益金4923.5万元，受益人数5.5万人	2017~2018
江苏	老年好声音大赛	省内首档大型老年歌唱类公益电视大赛，报名参与人数超过2万人次	2014~2018
铜川	智慧平台	福彩公益金182万元，为全市87230位老人建立电子档案，累计65万余人次	2018
宝鸡	社区日间照料中心	已建成29个，每个项目福彩公益金70万元，合计2030万元	2018
苏州	惠老保险	3831万元，65岁以上，意外险、养老机构及居家养老组织责任险，最高赔付额1.3万元	2012~2017
张家港	敬老棉被	48万元福彩公益金，为35家养老机构送棉被，惠及1600多名老人	2012~2017
无锡	爱心敬老	公益金52.6万元，捐赠健身康复器材、电视机、洗衣机和干衣机等，34家养老机构受益	2017
镇江	光阴的故事	100名大学生对话100名老人	2017

续表

地区或部门	项目	工作及成效	年份
重庆	幸福夕阳·温暖福彩	城市空巢老人心理疏导、精神慰藉，合计直接受益人3000人，间接受益人15000人以上	2019
深圳	爱心免费餐桌	每年投22.1万元福彩公益金，购买食材及厨房用料，人员补助，已服务6700多人次	2015~2019

注：本表资料根据各地福利彩票机构公示的单项扶老活动和项目整理。第四列中年份区间表示本研究统计时项目开展区间，上限年份并非该项目停止年份。有些项目到目前仍在运行。

（一）基础设施类项目及社会效益

此类项目主要资助城乡养老机构、社区与居家养老服务组织改扩建新建楼堂馆舍及道路等基础服务设施项目，同时也资助网络、智能等虚拟基础设施建设项目。例如，2018~2019年，重庆市投入福利彩票公益金5050万元资助建设"千百工程"项目，目前该项目已建成的社区养老服站超过了182个。2017~2018年，陕西省使用福利彩票公益金4923.5万元资助建设"农村幸福院"项目，截至2019年末，该项目已建成农村幸福院1112个，受益人数超过了5.5万人。2017~2019年，山东省泰安市福利彩票公益金资助的"爱心扶老、公益福彩"城乡养老服务设施建设项目使用资金累计超过了2.4亿元。

各地区福利彩票公益金除了资助上述硬件基础设施建设项目外，还资助软件基础设施建设项目。例如，2019年广东省深圳市使用福利彩票公益金353.44万元资助盐田区建设智慧养老服务平台，为全区60周岁以上的独居、孤寡、失能、残疾老年人以及70周岁老年人提供24小时服务。2018年陕西省铜川市投入福利彩票公益金182万元为全市87230位老年人建立电子信息档案，累计受益人数超过了65万人次。

（二）心理疏导和精神慰藉类项目及社会效益

此类项目主要资助面向患有心理疾病、孤独症、自闭症等各种疾病老年人以及遭遇突发事故老年人提供心理疏导和精神慰藉等服务以及增强老年心理愉悦度的扶老类项目。例如，2019年重庆市使用福利彩票公益金资助的"幸福夕阳·温暖福彩"活动为城市空巢老人提供心理疏导和精神慰藉服务，累计直接和间接受益人数超过了18000人次。2019年山东省滨州市使用福利彩票公益金资助志愿者深入养老机构开展春节民俗才艺大赛,与老年人共同联欢娱乐。2017年广东省湛江市使用福利彩票公益金资助了空巢老人"畅游家乡"活动。2014~2019年,重庆市使用福利彩票公益金资助的"金婚祝福礼"吸引了9095个家庭参与,关注人数超过了10万人。诸如此类的活动和项目不仅给老年人送去了开心快乐和温暖,也提升了老年人的生活质量。

(三) 文体活动和竞赛类项目及社会效益

此类项目主要资助老年人参加文艺演出、比赛、竞赛、娱乐活动等扶老类项目。例如,2019年西藏自治区使用福利彩票公益金资助的"民主改革60周年"老年人文艺汇演活动、2019年广东省佛山市使用福利彩票公益金资助的"福彩·善耆杯"长者才艺大舞台项目、2019年陕西省使用福利彩票公益金资助的老年人健身大会项目。2014~2018年,江苏省使用本级福利彩票公益金资助的"老年好声音大赛"项目吸引了2万多名老年人报名参赛。2017年,陕西省汉中市使用本级福利彩票公益金资助社会组织开展的"孝为天下,舞动镇巴"老年人广场舞大赛活动吸引了多支老年人健身协会和很多老年人报名参赛。

(四) 生活照顾与服务类项目及社会效益

此类项目是主要向家庭经济困难老年人提供资金或物品帮扶的扶老类项目。例如,2015~2019年,广东省深圳市投入福利彩票公益金100多万元资助"爱心免费餐桌"项目,受益人数超过了6700人次。2018年山东省滨州市投入福利彩票公益金10万元资助"孝善食堂"项目,为农村老年人提供就餐服务,70岁以上每次单餐1.5元,80岁以上老年人免费就餐。2017年江苏省镇江市使用福利彩票公益金资助社会儿女公益社开展"慰藉孤老助医"活动,为身患重病的孤寡老人诊疗治病。2012~2017年,江苏省苏州市投入福利彩票公益金3831万元资助"惠老保险"项目,为65周岁以上老年人购买人身意外伤害保险,最高赔付额1.3万元。2012~2017年,江苏省张家港市投入福利彩票公益金48万元资助"敬老棉被"活动,受益养老机构35家,受益老年人数超过了1600人次。

(五) 节假日慰问类项目及社会效益

此类项目为主要在节假日时面向机构养老、居家养老、社区养老的老年人提供资金或物品帮扶的扶老类项目。这些节假日主要是春节、端午节、中秋节和重阳节。例如，2019 年浙江省杭州市使用福利彩票公益金资助"暖万家·中秋心团圆"活动，为杭州市区 800 户孤寡、独居等特殊家庭老年人送去中秋节慰问礼品。2019 年江苏省无锡市、湖南省湘潭市均使用福利彩票公益金分别资助"情浓端午·福惠夕阳""粽情端午·湘潭福彩"活动，为养老机构老年人送去温暖和祝福。2018 年山东省济宁市、甘肃省武威市均使用福利彩票公益金分别资助"义工团重阳敬老""九九重阳敬老情"活动，弘扬了敬老爱老的传统美德。2018 年辽宁省葫芦岛市使用福利彩票公益金资助"新春祝福"活动，为福利院老年人送去春节祝福。

除上述 5 大类项目外，各地区还使用福利彩票公益金资助老年产品博览会、老年人网上直播、老年人创意梦想等项目或活动。此处不再论述。

尽管各级各地区福利彩票公益金使用和管理单位尽职尽责，福利彩票公益金扶老项目社会效益比较显著，但也存在一些问题。例如，信息披露工作仍存在不足之处。1988~2019 年，各省使用本级留成福利彩票公益金资助的扶老项目或活动公示不尽如人意。项目类别数在 5 类以下的省份数所占比例为 22.5%，6~10 项的省份数所占比例为 25.8%，11~15 项的省份数所占比例为 48.4%，16 项以上的省份数所占比例为 3.2%；项目数在 10 项以下的省份数所占比例合计为 48.3%；项目数在 15 项及 15 项以下的省份数所占比例合计为 96.7%（见表 2–16）。

表 2–16　1988~2019 年各省福利彩票公益金扶老项目数及占比　　单位：%

地区	项目数	占比	地区	项目数	占比
北京	3	13.04	湖北	3	13.04
天津	9	39.13	湖南	15	65.22
河北	10	43.48	广东	10	43.48
山西	7	30.43	广西	8	34.78
内蒙古	4	17.39	海南	5	21.74
辽宁	10	43.48	重庆	13	56.52

续表

地区	项目数	占比	地区	项目数	占比
吉林	4	17.39	四川	10	43.48
黑龙江	10	43.48	贵州	5	21.74
上海	10	43.48	云南	7	30.43
江苏	14	60.87	西藏	8	34.78
浙江	13	56.52	陕西	15	65.22
安徽	6	26.09	甘肃	10	43.48
福建	9	39.13	青海	15	65.22
江西	6	26.09	宁夏	3	13.04
山东	18	78.26	新疆	10	43.48
河南	10	43.48			

注：显著性水平 $p < 0.05$。

就具体省份而言，北京、湖北、宁夏、内蒙古、吉林、海南、贵州的项目类别数均在 5 类以下；安徽、江西、山西、云南、广西、西藏、天津、福建的项目类别数均在 9 类以下。在考察的 23 种项目类别中，将近 80% 省份的项目类别数不足 50%。这表明各地区福利彩票机构对资助的活动或项目信息披露仍存在不足之处。

第三章

福利彩票公益金助残社会责任

　　福利彩票公益金助残社会责任旨在考察福利彩票公益金使用管理单位使用彩票公益金资助残疾人社会福利项目和社会公益项目的责任履行和社会效益。彩票公益金助残项目主要有残疾人基本生活帮扶救助、残疾人医疗保障、残疾人学习教育、残疾人康复保健、残疾人就业、残疾人社会福利机构基础设施建设与设备配置、残疾人公共服务、残疾人体育和精神文化。1987年以来，各地区使用彩票公益金资助了很多助残类活动和项目，提高了残疾人生活质量。本章分三部分研究中央集中的彩票公益金和地方政府本级留成福利彩票公益金助残社会责任。首先，分析中央专项彩票公益金与民政部本级彩票公益金资助的助残项目资金额、特征、发展趋势和责任体现等内容。其次，分析地方政府本级留成福利彩票公益金助残社会责任，主要分析各省本级留成福利彩票公益金助残项目支出额、特征、发展趋势和社会责任融入等内容。最后，以样例形式分析彩票公益金助残项目（活动）社会效益。

第一节
中央集中的彩票公益金助残社会责任

中央集中的彩票公益金资助的助残类项目分为两大类：中央专项彩票公益金资助的助残类项目和民政部本级彩票公益金资助的助残类项目。首先，分析2011~2018年中央专项彩票公益金支持的助残类项目使用方向和覆盖范围。其次，分析民政部本级彩票公益金资助的助残类项目资金额、特征、发展趋势和社会责任融入等内容。此外，中央专项彩票公益金每年还资助中国残疾人联合会开展助残项目，这部分内容在本章第三部分"社会效益"部分论述。

一、中央专项彩票公益金的助残社会责任

2008~2018年，中央专项彩票公益金连续资助残疾人事业发展项目，财政部、民政部和中国残疾人联合会均依法依规履行法定责任和社会责任①。

（一）彩票公益金分配和使用管理主体履行信息披露法定责任
1. 财政部依法履行彩票公益金分配使用信息披露责任

《彩票管理条例》规定，彩票公益金使用和管理单位应在每年向社会公告上一年彩票公益金的使用情况。按照彩票公益金相关管理办法规定，信息披露时间为每年8月底之前。2013~2020年，财政部每年都在8月末向社会公告上一年度全国彩票公益金筹集分配情况和中央集中的彩票公益金安排使用情况，详细公告资助助残类项目的彩票公益金数额。受新冠肺炎疫情等多因素叠加影响，财政部在2021年9月向社会公告2020年度全国彩票公益金筹集分配情况和中央集中的彩票公益金安排使用情况，在时间点

---
① 该项目由中国残联组织实施，主要用于残疾人体育、盲人读物出版、盲人公共文化服务以及残疾儿童康复救助、贫困智力精神和重度残疾人残疾评定补贴、助学、贫困重度残疾人家庭无障碍改造、残疾人康复和托养机构设备补贴、残疾人文化等方面支出。

上合情合理，也表明财政部依法履行彩票公益金分配使用信息披露责任。

2. 中国残疾人联合会履行信息披露法定责任

中国残疾人联合会每年在《残疾人事业发展统计公报》中公告使用彩票公益金助残情况和使用效果。

（二）彩票公益金责任体现

1. 彩票公益金覆盖范围

2013~2018 年，中央专项彩票公益金资助的助残类项目主要有 11 大类，其中康复类项目和体育类项目受助最稳定。2013~2015 年，中央专项彩票公益金资助的项目种类相对较多，均为 5 类。2016~2018 年，中央专项彩票公益金资助的项目种类减少，均为 3 类（见表 3-1）。总体看，彩票公益金覆盖范围趋于狭窄，普惠性降低①。

表 3-1　2013~2018 年中央专项彩票公益金资助的助残项目类别及金额　　单位：万元

项目＼年份	2013	2014	2015	2016	2017	2018
残疾人康复	78486	106250	106414	175400	177300	178200
残疾人教育	9317	0	0	0	0	0
残疾人家庭无障碍改造	5599	5600	5600	0	0	0
残疾人危房改造	15000	0	0	0	0	0
残疾人体育	4902	0	0	15000	17500	18700
残疾人康复和托养机构康复训练设备购置	0	0	40500	0	0	0
残疾人学习	0	13316	5366	0	0	0
县级残联流动服务车及车载设备项目	0	0	13200	0	0	0
盲人读物出版项目、盲人公共文化服务项目	0	0	0	4000	4000	4000
国家辅助器具区域中心建设	0	16000	0	0	0	0
智力残疾儿童康复救助	0	75234	0	0	0	0

注：本表资料根据历年全国彩票公益金筹集分配情况和中央集中彩票公益金安排使用情况公告整理。

---

① 夕阳红救助服务项目由国家机关事务管理局财务管理司负责实施。为身患重病、高龄、失能的机关离退休人员提供救助服务、康复护理服务、"一键通"紧急救助呼叫服务及家庭服务等，帮助老年人改善生活处境，提高生活质量。

2. 彩票公益金使用规模

2013~2018年,中央专项彩票公益金资助的助残类项目分配额分别为11.33亿元、21.64亿元、19.13亿元、19.44亿元、19.88亿元、20.1亿元,六年累计111.52亿元,比同期的扶老类项目使用额多出51.52亿元。

3. 彩票公益金历年使用规模分省结构

河南省、四川省、山东省、湖南省、河北省的助残类项目使用的中央专项彩票公益金最多,使用金额依次为7.13亿元、5.92亿元、5.37亿元、5.21亿元、4.64亿元,占比依次为6.4%、5.3%、4.8%、4.7%、4.2%。北京市、天津市、西藏自治区、新疆生产建设兵团、上海市的养老公共服务项目使用的中央专项彩票公益金最少,使用金额依次为0.57亿元、0.51亿元、0.49亿元、0.41亿元、0.39亿元,占比依次为0.51%、0.45%、0.44%、0.37%、0.36%。后五位省份无论在金额上还是比例上都远低于前五位省份(见表3-2)。

总体上看,使用金额占比在2%~4%之间的省份数共计15个,所占比例为46.9%,这表明中央专项彩票公益金资助的助残类项目具有多元化和普惠性特征。

表3-2　　2013~2018年中央专项彩票公益金资助的
助残类项目各省分配额　　　　　　单位:万元

省份	2013年	2014年	2015年	2016年	2017年	2018年
北京	572	1831	1549	1374	210	147
天津	450	600	1356	769	1070	806
河北	3754	6283	7986	9161	9636	9612
山西	2445	4146	4805	4871	5466	5298
内蒙古	1700	2254	4127	3560	4247	3643
辽宁	3100	6491	6194	5410	6303	5871
吉林	2621	2683	4592	4122	5418	4804
黑龙江	2781	3234	6469	5686	6625	6144
上海	0	600	1445	1936	0	0
江苏	3123	8104	8041	6362	7286	5855
浙江	1365	2811	5280	4858	4623	4609
安徽	3545	3716	6296	9761	10478	10723

续表

省份	2013年	2014年	2015年	2016年	2017年	2018年
福建	2165	2833	4980	4165	3279	4186
江西	2703	4892	5647	6577	6098	6581
山东	3679	7061	9439	11359	10572	11565
河南	4336	14167	10124	14220	13846	14654
湖北	3201	8539	6820	7568	7054	8658
湖南	3874	8559	8791	10029	10286	10595
广东	2743	5075	8474	9683	8454	9158
广西	2991	3683	6450	7686	7652	7388
海南	736	587	1898	1297	1376	1285
重庆	1772	2378	3957	3554	3563	3542
四川	3449	10238	9447	11714	12009	12305
贵州	1847	2246	4775	5550	6212	6118
云南	2728	3329	5973	6566	6633	6487
西藏	302	344	2200	583	777	681
陕西	3006	5946	7712	5526	5721	6012
甘肃	2370	5848	4751	4835	5339	4725
青海	1172	1059	2432	1140	1495	1123
宁夏	1198	1413	2578	1362	1337	1309
新疆	2023	1951	4828	3691	3704	3729
新疆兵团	541	399	1664	425	531	587
合计	113304	216400	191282	194400	198800	200900

注：本表数据根据历年全国彩票公益金筹集分配情况和中央集中彩票公益金安排使用情况公告整理。

4. 优先资助各类助残项目

2013~2014年，中央专项彩票公益金资助的11大类项目中，助残类项目的受助额均位列前两名。2015~2018年，中央专项彩票公益金资助的项目分别为12大类、13大类和11大类，助残类项目受助额均排名第一。

综上所述，中央专项彩票公益金对助残类项目的资助力度还是很大的，彩票公益金使用具有多元化和普惠性特征，且使用金额长期处于第一和第二名，高于扶老、扶贫、城乡医疗救助和教育事业等几个大类项目使用额。中央专项彩票公益金分配主体财政部每年均依法依规履行信息披露责任和彩票公益金拨付责任。这些工作有力促进了我国残疾人事业发展。

一、民政部本级彩票公益金助残社会责任

民政部本级彩票公益金助残社会责任包括民政部使用本级彩票公益金资助的助残类项目社会责任和民政部补助给地方项目、由地方政府用于资助助残类项目的社会责任。本书分析的民政部本级彩票公益金助残社会责任包括上述两类社会责任。

（一）依法履行彩票公益金助残项目使用信息披露责任

按照彩票公益金相关管理办法规定，各级民政部门应在每年6月底之前向社会公告上一年度本级彩票公益金使用管理情况。2013~2020年，民政部每年都在6月底之前向社会公告上一年度本级彩票公益金助残项目使用管理情况，详细公告彩票公益金使用方向、覆盖范围、项目类别和具体金额等事项。这些做法符合社会责任国家标准的期望，也符合本书界定的福利彩票公益金社会责任内涵中的合法合则、透明与社会回应。

（二）彩票公益金助残责任体现

1. 彩票公益金覆盖范围

2010~2018年，民政部使用中央集中的彩票公益金资助的本级和地方助残类项目共12大类，民政部本级彩票公益金资助的残障群体示范性配置康复辅具及手术矫正治疗（福康工程）项目使用的彩票公益金、民政部补助地方的残疾人社会福利类项目使用的彩票公益金相对比较稳定。补助地方的残疾人社会福利类项目使用的彩票公益金最多。2013年和2016年资助的助残类项目相对较多一些，其他年份资助的助残类项目相对很少，这表明彩票公益金覆盖范围比较狭窄，普惠性有待提高（见表3-3）。

表3-3　　2010~2018年民政部使用彩票公益金支持的助残类项目及金额

单位：万元

项目＼年份	2010	2011	2012	2013	2014	2015	2016	2017	2018
西部地区福利院残疾人更换假肢（不分中央和地方）	1000	0	0	0	0	0	0	0	0

续表

项目\年份	2010	2011	2012	2013	2014	2015	2016	2017	2018
残障群体示范性配置康复辅具（不分中央和地方）	0	3080	3000	0	0	0	0	0	0
精神卫生福利机构及服务建设（不分中央和地方）	0	6000	10000	0	0	0	0	0	0
残疾人实训基地（不分中央和地方）	0	0	10000	0	0	0	0	0	0
社区日间照料老年残疾人康复器具配置（中央本级）	0	0	0	1000	0	0	0	0	0
福利机构残障群体示范性配置康复辅具（中央本级）	0	0	0	4000	0	0	0	0	0
汶川地震少年配置康复辅具（中央本级）	0	0	0	80	0	60	0	0	0
民政精神卫生福利机构建设子项目（补助地方）	0	0	0	14060	0	0	0	0	0
民政康复辅具机构建设子项目（补助地方）	0	0	0	5940	0	0	0	0	0
示范性配置康复辅具及手术矫正治疗（中央本级）	0	0	0	0	4000	4500	4440	4500	4800
残疾人实训基地（中央本级）	0	0	0	0	1500	0	0	0	0
残疾人福利类项目合计（补助地方）	0	0	0	0	30000	40000	30000	49264	55890
助残辅具需求数据库及应用平台建设（中央本级）	0	0	0	0	0	20	0	0	0
国家康复辅具研究中心整体工程（中央本级）	0	0	0	0	0	262	0	0	0

注：本表旨在介绍项目覆盖范围，数据为辅助指标。资料根据民政部历年本级彩票公益金使用情况公告整理。

2. 民政部使用的彩票公益金规模

2009~2018年，在民政部本级彩票公益金资助的老年人社会福利项目、残疾人社会福利项目、儿童社会福利项目、社会公益等四大类项目中，残疾人社会福利项目使用的彩票公益金及占比位于第三名，低于老年人社会福利项目和儿童社会福利项目使用的彩票公益金及占比。2017~2018年，残疾人社会福利项目使用的彩票公益金及占比和儿童社会福利项目使用的彩票公益金及占比相同（见表3-4）。

表 3-4　　2009~2018 年民政部本级彩票公益金助残项目金额及占比　　单位：万元

年份	老年人福利（金额/占比）	残疾人福利（金额/占比）	儿童福利（金额/占比）	社会公益（金额/占比）
2009	77840（74.1%）	4350（4.1%）	16130（15.4%）	6680（6.4%）
2010	59400（56.4%）	1000（0.9%）	41700（39.6%）	3200（3.0%）
2011	76724（53.6%）	9080（6.3%）	40020（28%）	17200（12%）
2012	110345（54.9%）	23000（11.4%）	47553（23.7%）	20150（10%）
2013	124144（58.5%）	20000（9.4%）	51000（24%）	17200（8.1%）
2014	104000（46.24%）	30000（13.34%）	40000（17.79%）	17132（7.62%）
2015	140605（53.75%）	40000（15.29%）	60000（22.94%）	21000（8.03%）
2016	131072（53.30%）	30000（12.20%）	59824（24.33%）	25000（10.17%）
2017	131613（51.4%）	49264（19.2%）	49264（19.2%）	26107（10.2%）
2018	148268（51.2%）	55890（19.3%）	55890（19.3%）	29600（10.2%）

注：本表数据根据历年民政部彩票公益金使用情况公告整理。

3. 全国各省使用的彩票公益金规模

从总量上看，2014~2018 年，民政部分配给各省用于助残类项目的中央专项彩票公益金分别为 3 亿元、4 亿元、3 亿元、4.92 亿元、5.59 亿元，5 年累计资助 20.52 亿元（见表 3-5）。

表 3-5　　2014~2018 年民政部补助给地方的助残类项目彩票公益金　　单位：万元

地区	2014 年	2015 年	2016 年	2017 年	2018 年
北京	265	450	1091	602	682
天津	329	500	110	588	671
河北	774	1300	1027	1954	2226
山西	709	1050	728	1457	1635
内蒙古	622	1000	1617	1352	1562
辽宁	686	1200	616	1471	1643
吉林	1538	2000	395	1467	1648
黑龙江	973	1500	785	1519	1920
上海	505	750	1100	606	699
江苏	1480	2300	1582	1485	1785

续表

地区	2014年	2015年	2016年	2017年	2018年
浙江	640	1050	544	1345	1554
安徽	697	1150	652	2153	2489
福建	2017	1550	523	1362	1507
江西	546	900	1609	1623	1858
山东	1302	2050	822	2191	2472
河南	2088	1800	1944	2467	2953
湖北	2308	2100	1619	1889	2100
湖南	1427	2100	1733	2238	2397
广东	1484	2250	724	1697	1860
广西	968	1500	1669	1834	1998
海南	271	300	170	1016	1154
重庆	687	1050	260	1265	1419
四川	2256	3300	1094	2770	3103
贵州	882	1300	559	1664	1885
云南	658	1200	785	1756	1943
西藏	274	300	488	1100	1246
陕西	608	950	1646	1954	2072
甘肃	556	850	553	1440	1637
青海	1320	500	1296	1228	1402
宁夏	335	500	191	1235	1391
新疆	495	800	1618	1307	1590
新疆兵团	300	450	450	1229	1389
合计	30000	40000	30000	49264	55890

注：本表数据根据历年全国彩票公益金筹集分配情况和中央集中彩票公益金安排使用情况公告整理。

（三）彩票公益金助残责任贡献度与趋势分析

在民政部本级彩票公益金资助地方的老年人社会福利项目、残疾人社会福利项目、儿童社会福利项目、社会公益项目等四大类项目中，残疾人社会福利项目受资助额位居第三名，低于老年人社会福利项目受资助额和儿童社会福利项目受资助额。为进一步探求民政部本级彩票公益金资助地方四类项目总额对残疾人社会福利项目资助强度、因果关系、贡献率趋势以及后者对前者的长期均衡弹性，本书引入计量模型加以分析。

1. 长期均衡弹性分析

对 2009~2018 年度民政部本级彩票公益金资助地方 4 类项目总额与残疾人社会福利项目使用额做线性回归估计（取自然对数），模型估计结果拟合度很高，修正调节系数 $R^2 = 0.87$，回归估计系数 $B = 0.27$，显著性水平值 $P = 0.0001$，小于 0.05，这表明民政部本级彩票公益金资助地方 4 类项目总额与残疾人社会福利项目使用额存在长期稳定的均衡关系。当民政部本级彩票公益金资助地方 4 类项目总额每增加（减少）1%时，同期的残疾人社会福利项目使用额波动比例要远小于 1%。这说明 2009~2018 年残疾人社会福利项目使用额增长速度比民政部本级彩票公益金资助 4 类项目总额增长速度慢。残疾人社会福利项目使用额增速减缓趋势反而证明近 10 年来我国残疾人社会福利事业取得了积极成效，民政部本级彩票公益金资助地方残疾人社会福利项目取得了积极成效。

2. 因果关系检验

将原假设 H_0 设置为"民政部本级彩票公益金资助地方四类项目总额对残疾人社会福利项目使用额没有因果决定关系"，将备择假设 H_1 设置为"民政部本级彩票公益金资助地方 4 类项目总额对残疾人社会福利项目使用额存在因果预测关系"。在民政部本级彩票公益金资助地方 4 类项目总额与残疾人社会福利项目通过平稳性检验后，在滞后 1 期、滞后 2 期时及 5%显著性水平下，民政部本级彩票公益金资助地方 4 类项目总额与残疾人社会福利项目使用额之间的格兰杰因果检验拒绝了原假设，接受了备择假设。这表明民政部本级彩票公益金资助地方四类项目总额对残疾人社会福利项目使用额具有单向因果预测关系。

3. 长期贡献度分析

使用脉冲响应和方差分解两种方法分析，残疾人社会福利项目使用额对民政部本级彩票公益金资助地方 4 类项目总额脉冲响应分析结果显示，当在本期给民政部本级彩票公益金资助地方 4 类项目总额一个正冲击之后，残疾人社会福利项目使用额前三期呈下降态势，第三期以后开始上升，第七期以后趋于平稳（见图 3-1）。残疾人社会福利项目使用额方差分解结果显示，民政部本级彩票公益金资助地方四类项目总额对残疾人社会福利项目使用额的贡献率不太稳定，前两期呈下降态势，第三期以后趋于平稳，在第八期以后稳定 3.67% 左右。这与脉冲响应分析结果基本相同。

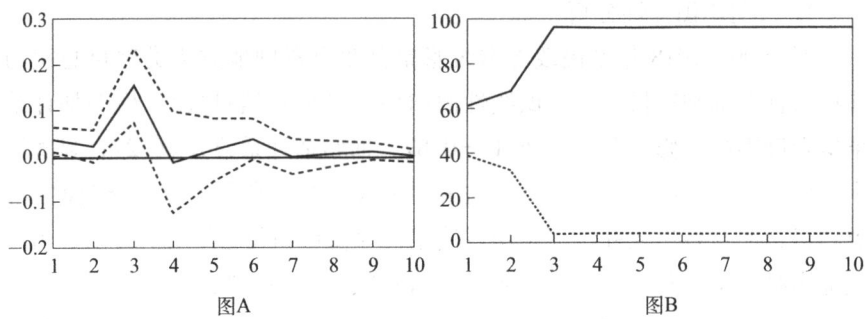

图 3-1　助残项目使用额对民政部支出额脉冲响应（图 A）和方差分解趋势（图 B）

通过上述计量检验可知，从 2009 年至今，民政部本级彩票公益金资助地方残疾人社会福利项目的力度一般。民政部本级彩票公益金资助地方残疾人社会福利项目具有长期稳定性（见图 3-2）。与资助的扶老类项目相比，长期均衡贡献相对较小，但是民政部始终尽职尽责履行应尽义务，助残项目的社会效益仍应得到肯定。

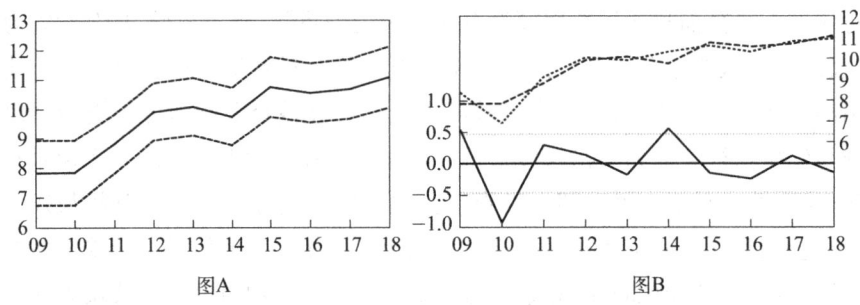

图 3-2　助残项目使用额对民政部支出额预测线（图 A）与拟合线（图 B）

4. 长期贡献度影响因素分析

对残疾人社会福利项目使用额（LNzc）、老年人社会福利项目使用额（LNfl）、儿童社会福利项目使用额（LNjg）、社会公益项目使用额（LNgy）作多重共线性检验，发现四者存在多重共线性关系，两两相关系数值在 0.56 到 0.96 之间。采取逐步回归法修正多重共线性问题。

经过多重共线性问题修正检验和线性回归估计结果可知，助残社会福利项目使用额与社会公益项目使用额、儿童社会福利项目使用额、民政部本级彩票公益金资助额（LNze）拟合程度高（见图3-3）。

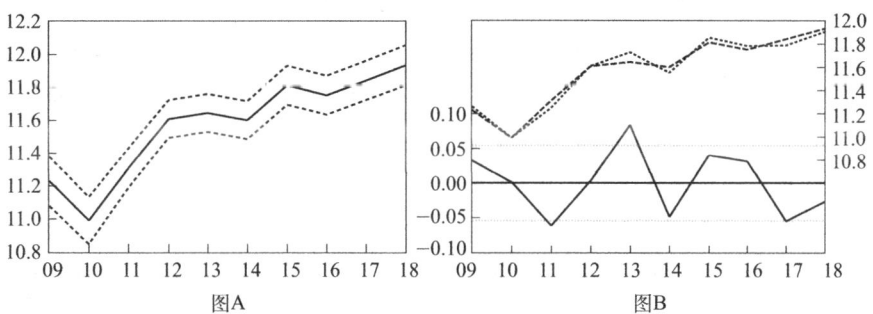

图3-3　助残项目使用额对公益、救孤、民政部支出额预测线（图A）与拟合线（图B）

残疾人社会福利项目使用额与老年人社会福利项目使用额线性回归估计拟合程度不高。故本书对助残社会福利项目使用额与社会公益项目使用额、儿童社会福利项目使用额、民政部本级彩票公益金资助额作线性回归估计检验。通过检验可知，从2009年至今，助残社会福利项目使用额受社会公益项目使用额、儿童社会福利项目使用额、民政部本级彩票公益金资助额三个因素影响。残疾人社会福利项目使用额对社会公益项目使用额、民政部本级彩票公益金总额回归估计系数B均为正值，对儿童社会福利项目使用额回归估计系数B为负值（-0.99）。这些计量分析表明儿童社会福利项目使用额和残疾人社会福利项目使用额之间具有一定程度替代关系，在老年人社会福利项目使用额、社会公益项目使用额和民政部本级彩票公益金总额不变情况下，儿童社会福利项目使用额增加，残疾人社会福利项目使用额就会减少；反之亦然。

第二节
地方留成福利彩票公益金助残社会责任

1988年以来，地方政府使用本级留成的福利彩票公益金资助残疾人事业发展项目。由于各地区公示的助残数据不完整，本书仅选取完整性稍好一些的2015~2018年数据简要分析（见表3-6）。

表3-6　2015~2018年各省本级福利彩票公益金助残项目支出额　单位：万元

地区	2015年	2016年	2017年	2018年	合计
北京	0	0	0	2269.19	2269.19
天津	70	1036	2086	0	3192
河北	0	0	0	700	700
山西	2306.4	2394.9	4744.2	2727	12172.5
内蒙古	0	0	5147.75	0	5147.75
辽宁	9237	9390	14358.3	12153.6	45138.9
吉林	6873	4600	0	5963	17436
黑龙江	4663	1599	1700	1920	9882
上海	2000	700	1100	7815.4	11615.4
江苏	5900	0	2754.6	86.88	8741.48
浙江	0	6009.57	4610.23	3576.97	14196.77
安徽	0	0	500	0	500
福建	494.06	1447.5	6300	0	8241.56
江西	8080	3400	2748	5000	19228
山东	10126.4	0	2600	3272	15998.4
河南	2548	6292	3460	2500	14800
湖北	8050	200	900	1254.1	10404.1
湖南	2900	1733	1800	700	7133
广东	6834.83	21739	15800	8958	53331.83
广西	3000	1000	0	1750	5750
海南	2800	3425	3484	2727	12436
重庆	4400	2500	2860	3280	13040
四川	0	0	0	0	0
贵州	0	0	0	0	0
云南	1300	1770	2030	1570	6670
西藏	0	0	0	1246	1246
陕西	1551	12040	3911.63	2555.69	20058.32
甘肃	0	0	600	3100	3700
青海	0	0	1400	1402	2802

续表

地区	2015年	2016年	2017年	2018年	合计
宁夏	0	1344	5807	3173.9	10324.9
新疆	0	3990	0	0	3990
合计	83133.69	86609.97	90701.71	79700.73	340146.1

注：（1）黑龙江省、青海省、西藏自治区的扶老、助残、救孤、社会福利4类彩票公益金为民政部补助地方的彩票公益金，并非省本级留成的福利彩票公益金。（2）由于各省市项目分类标准不同，本书在统计数据时将部分省市公告中的数据重新分类，按照扶老、助残、救孤、济困、赈灾、社会公益六大类项目统计数据。

4年中，各省投入的本级福利彩票公益金总额超过了726亿元。其中，助残类项目使用额为34亿元（见表3-6），占比4.7%。广东省、辽宁省、陕西省、江西省、吉林省的助残类项目使用额位居前五名，合计15.5亿元，占比46%。总体看，助残项目使用额不太高，地区差异较大。

以上简要分析了2015~2018年各省使用本级留成福利彩票公益金资助助残项目资金总额和典型省份资助的助残项目数。这种概要分析尚难以全面了解地方政府是否尽职尽责使用本级留成的福利彩票公益金资助各类助残项目以及充分履行社会责任。为此，本书进一步深入论证各地区使用本级福利彩票公益金资助的助残项目是否取得明显的社会效益。具体从全国31个省福利彩票机构官方网站上采集了1988年到2019年各省已结束的1471个福利彩票公益金助残项目，分析这些项目的覆盖范围、空间布局演进特征与发展趋势、助残全流程责任机制等内容，归纳福利彩票事业发展一般规律，促进福利彩票公益金助残社会责任体系建设。

一、助残项目覆盖范围和时空结构特征

福利彩票公益金助残项目空间结构是指全国各省份使用本级留成的福利彩票公益金资助本地区助残项目的结构。学术界虽对1987年以来中央彩票公益金资助的助残项目的类型、彩票公益金使用总额、彩票公益金地区分配结构和增长趋势等内容开展了有益探索，但对这一期间地方各省（自治区、直辖市）福利彩票公益金助残项目的空间配置结构、特点与发展趋势、社会责任融入等内容仍缺乏充分讨论。

（一）福利彩票公益金助残项目空间结构及特征

1. 非基础设施类助残项目占比高，项目类别多样

将 23 种福利彩票公益金助残项目划分为基础设施类项目和非基础设施类项目两大类。1988 年到 2019 年，各省（自治区、直辖市）使用福利彩票公益金资助的残疾人托养康护机构及配套基础设施和农村残疾人危房改造项目占比为 13.9%，资助的吃、穿、住、医、乐等残疾人福利类、救助类、服务类等非基础设施类项目占比为 86.1%。其中，基本生活服务类项目占比 26.2%，康养疗护类项目占比 18.7%，文化教育类项目占比 18.6%，心理疏导和精神慰藉类项目占比 2.8%（见表 3-7）。在 31 个省份资助的前 5 类项目中，救助金项目频次占比 16.7%，组织残疾人观看或参与表演项目频次占比 12.7%，残疾人医疗救助项目频次占比 12.7%，赠送文体用品和辅助器具项目频次占比各为 10%，赠送米面油等基本生活必需品和营养健康食品项目频次占比各为 5.3%，残疾人助学金和赠送日用品项目频次占比各为 3.4%，赠送衣物和开展实践活动频次项目占比各为 1.3%，残疾人教育项目频次占比 2.9%，资助残疾人就业项目和赠送康复机构设备项目频次占比各为 0.6%。

表 3-7　　1988~2019 年各省福利彩票公益金助残项目覆盖范围及占比

单位：%

排序	项目类别	占比（%）	排序	项目类别	占比（%）
1	救助金	29.1	13	危房改造	1.7
2	资助、扩建福利院及配套基础设施	12.2	14	参加实践活动	1.6
3	赠送辅助器具	9.1	15	赠送电器	1.4
4	残疾人医疗救助	8.7	16	残疾人康复机构设备	0.9
5	观看或参加表演节目	7.0	17	开展心理健康教育	0.8
6	赠送文体用品	5.3	18	开展家庭寄养	0.7
7	赠送营养健康食品	4.4	19	残疾人就业	0.6
8	赠送米、面、油等生活必需品	4.1	20	特殊教学器具	0.6
9	赠送日用品	3.7	21	免费参观旅游	0.6
10	助学金	2.6	22	赠送娱乐休闲物品	0.4
11	资助残疾人教育	2.1	23	义务劳动	0.4
12	赠送衣物	1.9			

注：显著性水平 $p < 0.05$。

分析各省资助的单一项目类别也可看出，福利彩票公益金助残项目以非基础设施类项目为主。在31个省份中，向残疾人发放救助金项目覆盖14个省份，位居23类项目之首。只有黑龙江省、安徽省、湖北省、广东省、四川省、西藏自治区、陕西省、新疆自治区8个省份将福利彩票公益金优先用于残疾人基础设施建设项目，占比25.8%。

2. 福利彩票公益金助残项目以适度型和普惠型使用为主，福利彩票公益金使用以集中型为主，精神慰藉和心理疏导等非物质类服务项目受到关注

1988~2019年，各省福利彩票公益金助残资金使用空间分布结构可大致分为4种类型：特惠型、集中型、适度型和普惠型。特惠型是指福利彩票公益金集中资助极少数项目类别，具体测度标准是：在考察的23种项目类别中，福利彩票公益金集中用于5种及5种以下项目类别，项目数占比在10%以下。集中型是指福利彩票公益金集中资助少数项目类别，具体测度标准是：在考察的23种项目类别中，福利彩票公益金集中用于6~10种项目类别，项目数占比在25%~45%之间。适度型是指福利彩票公益金适度分散资助一定数量项目，具体测度标准是：在考察的23种项目类别中，福利彩票公益金用于11~14种项目类别，项目数占比在46%~64%之间。普惠型是指福利彩票公益金广泛资助多数项目，具体测度标准是：在考察的23种项目类别中，福利彩票公益金广泛用于15种以上类别，项目数占比在65%以上。主要特征有：

（1）福利彩票公益金助残项目适度型和普惠型特征明显。总体上看，在考察的23种项目类别中，特惠型省份占比6.45%，集中型省份占比38.7%，适度型省份占比38.7%，普惠型省份占比16.1%。特惠型省份只有西藏自治区和宁夏回族自治区，西藏自治区将资金用于残疾人福利基础设施建设项目和救助金发放项目；宁夏回族自治区将资金全部用于残疾人教育教学项目。集中型省份有12个，新疆维吾尔自治区和云南省资助6类项目；山西省、安徽省、湖北省、海南省资助7类项目；甘肃省和内蒙古自治区资助8类项目；浙江省和广西壮族自治区资助9类项目；四川省和江西省资助10类项目。这12个省份资助的项目多元，主要是资助衣物、文体娱乐用品、观看表演、医疗救助、救助金和基础设施建设类项目。适度型省份有12个，包括北京市、天津市、河北省、吉林省、上海市、江西省、福建省、河南省、广东省、贵州省、陕西省、青海省，这些

省份主要资助项目类别为救助金、观看表演、营养品、基础设施建设、康复辅助器材。普惠型省份有5个，分别是山东省、黑龙江省、辽宁省、湖南省、重庆市，资助的项目类别数依次为19类、18类、16类、15类、15类，这些省份资助的项目类别更加普遍（见表3-8）。

（2）福利彩票公益金集中使用特征显著。福利彩票公益金资助的助残项目虽然较多，但福利彩票公益金却是集中使用。从各省福利彩票公益金资助的前5名项目使用额及省份数占比看，各省资助的前5名项目使用额占比合计在60%以上的省份数共计30个，占比为96.8%；前5名项目使用额占比合计在70%以上的省份数共计25个，占比为80.6%；前5名项目使用额占比合计在80%以上的省份数共计13个，占比为41.9%；前5名项目使用额占比合计在90%以上的省份数共计8个，占比为25.8%；前5名项目使用额占比合计100%的省份数共计2个，占比为6.5%。从分区间角度考察，前5名项目使用额占比合计在60%以下的省份数所占比例为3.2%、60%~70%之间的省份数所占比例为16.1%、71%~80%之间的省份数所占比例为38.7%、81%~90%之间的省份数所占比例为16.1%、91%~99%之间的省份数所占比例为19.4%、100%的省份数所占比例为6.5%。这表明绝大多数省份均集中使用福利彩票公益金资助少数助残项目，前5项使用额占比合计在70%以上的省份数所占比例为96.8%，这些项目类别主要是教育助学类项目。绝大多数助残项目类别合计使用的福利彩票公益金不足30%。

表3-8　　1988~2019年各省福利彩票公益金助残项目类别数及前五名

单位:%

地区	第一/占比	第二/占比	第三/占比	第四/占比	第五/占比
北京	救助金31.8	看表演20	医疗救助11.4	文体用品9.1	基础设施6.8
天津	看表演14.3	基础设施11.9	日用品1.9	救助金9.5	文体用品9.5
河北	救助金51	观表演8.2	生活必需品8.2	辅助器具6.1	医疗救助6.1
山西	文体用品36.4	实践活动18.2	看表演9.1	生活必需品9.1	医疗救助9.1
内蒙古	文体用品20	生活必需品20	实践活动10	看表演10	基础设施10
辽宁	救助金34.5	生活必需品8.6	文体用品7.8	基础设施7.8	电器6.9
吉林	营养品19.5	日用品14.6	看表演14.6	基础设施9.8	辅助器具7.3
黑龙江	基础设施25.4	看表演14.9	日用品11.9	救助金7.5	营养品6
上海	救助金34	基础设施14.9	医疗救助12.8	辅助器具8.5	营养品6.4

续表

地区	第一/占比	第二/占比	第三/占比	第四/占比	第五/占比
江苏	救助金76.2	辅助器具8.9	基础设施4	文体用品3	生活必需品2
浙江	救助金12.5	辅助器具17.5	危房改造12.5	基础设施7.5	文体用品7.5
安徽	基础设施40.9	医疗救助27.3	救助金13.6	文体用品4.5	看表演4.5
福建	救助金31.7	基础设施30	看表演10	医疗救助3.3	文体用品3.3
江西	救助金80	医疗救助5	文体用品3.3	基础设施1.7	看表演1.7
山东	救助金33.9	辅助器具17.4	基础设施13	看表演6.1	营养品5.2
河南	救助金25	基础设施18.8	医疗救助18.8	辅助器具10.9	康复机构设备6.3
湖北	基础设施18.2	残疾人教育18.2	生活必需品18.2	看表演18.2	医疗救助9.1
湖南	救助金28.2	辅助器具15.4	生活必需品12.8	营养品10.3	看表演9
广东	基础设施20.3	救助金17.4	医疗救助15.9	看表演10.1	营养品5.8
广西	救助金47.6	医疗救助9.5	残疾人教育9.5	就业9.5	基础设施4.8
海南	医疗救助45.5	辅助器具18.2	生活必需品13.6	日用品9.1	救助金4.5
重庆	医疗救助19.7	辅助器具19.7	救助金13.1	看表演9.8	助学金6.6
四川	基础设施15.8	文体用品15.8	营养品15.8	日用品15.8	救助金10.5
贵州	辅助器具26.2	医疗救助23	基础设施9.8	助学金9.8	文体用品4.9
云南	衣物38.5	文体用品30.8	助学金7.7	救助金7.7	日用品7.7
西藏	救助金50	基础设施50	—	—	—
陕西	基础设施25	救助金15	医疗救助13.3	文体用品17.7	看表演10
甘肃	救助金34.8	看表演21.7	文体用品13	营养品13	基础设施4.3
青海	辅助器具22.2	文体用品20	医疗救助15.6	衣物8.9	残疾人教育6.7
宁夏	助学金66.7	残疾人教育33.3	—	—	—
新疆	基础设施28.6	医疗救助19	救助金19	辅助器具14.3	危房改造14.3

注:显著性水平 $p < 0.05$。

(3) 残疾人精神与心理健康类非物质性项目受到普遍关注。除了基础设施建设项目以外,在31个省份资助的前五类项目中,组织残疾人观看或参与表演项目频次占比12.8%,与救助金和医疗救助项目并列第一。赠送文体娱乐用品、实践活动、教育等项目受到普遍关注。据此可以得出一个大致的判断:助残工作并没有从物质帮扶救助工作阶段转向非物质性身心健康服务工作阶段(见表3-8)。

(二)福利彩票公益金助残项目的演变趋势

对研究的23种项目类别依次做历史演变趋势分析,这些项目的演变趋势大致可分为4种类型：增长型、波动型、稳定型和衰退型。

1. 增长型助残项目演变趋势

增长型是指1988~2019年，福利彩票公益金资助的某种助残项目类别总体上处于增长态势，仅有少数年份呈现不规则波动或下降态势，增减波动趋势不大，不影响总体趋势。在考察的23种助残项目类别中，只有向残疾人赠送米面油等基本生活必需品和文体用品两种项目类别属于增长型。不过，赠送文体用品项目类别在2019年出现大幅下降趋势（见图3-4）。

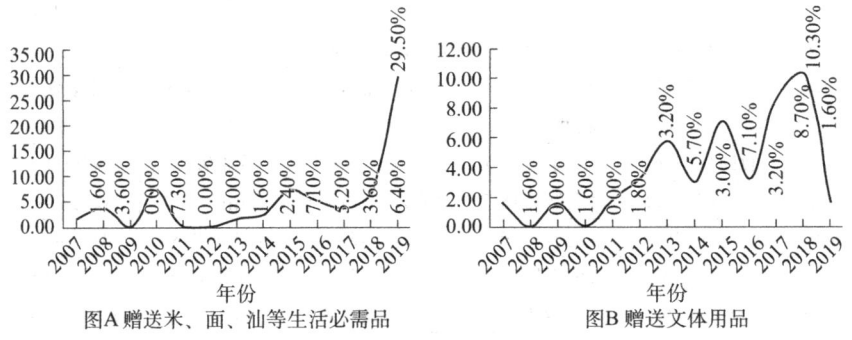

图3-4　增长型项目类别发展趋势（2007＝1988~2007年）

2. 波动型助残项目演变趋势

波动型是指1988~2019年，福利彩票公益金资助的某种助残项目总体上处于不规则波动态势，缺乏规律性，有些年份未开展此类工作。在考察的23种项目类别中，有18种助残项目类别属于波动型，占比72.3%。只有赠送营养健康食品、资助残疾人教育和助学金三种项目类别累计运行超过了10年，其他助残项目运行年份较短，且缺乏连续性和稳定性（见表3-9）。

表3-9　1988~2019年波动型福利彩票公益金助残项目类别发展趋势

年份 项目	2007	2008	2009	2010	2011	2012	2013	2014	2015	2016	2017	2018	2019
赠送营养健康食品	0.8%	0	4.9%	2.4%	0	7.9%	5.7%	1.8%	3.5%	3.2%	9.4%	6%	3.9%
赠送电器	0	0	0	0	3.5%	0	5.7%	0	1.8%	0.6%	2.2%	1.8%	0
赠送娱乐休闲物品	0	0	0	0	0	0	0.8%	0.6%	0	0.6%	2.2%	0	0
赠送衣物	1.6%	0	0	0	4.8%	0	1.2%	4.4%	1.9%	2.2%	2.8%	0	0

续表

年份\项目	2007	2008	2009	2010	2011	2012	2013	2014	2015	2016	2017	2018	2019
残疾人就业	0.8%	0	0	0	0	1.6%	0.8%	0.6%	0	1.3%	0.7%	0.7%	0
开展心理健康教育	0	0	0	2.4%	0	0	0.8%	0	1.8%	0.6%	3.6%	0.4%	0
残疾人康复机构设备	0	0	0	0	0	0	1.6%	1.8%	0	1.3%	1.4%	1.1%	0
特殊教学器具	0	0	1.6%	0	1.6%	0	0.6%	1.8%	0.6%	0.7%	0.4%	0	0
参加实践活动	0	0	0	0	0	0	0.8%	2.4%	1.8%	1.9%	1.4%	3.6%	0
免费参观旅游	0	0	0	0	0	3.2%	0.8%	1.2%	1.8%	0	0.7%	0	2%
危房改造	2.4%	7.1%	1.6%	4.9%	0	3.2%	7.4%	2.4%	0.9%	0	0	0	0
资助残疾人教育	5.5%	0	1.6%	4.9%	3.5%	1.6%	0.8%	0	0.9%	1.3%	2.9%	2.5%	0
开展家庭寄养	2.4%	0	0	0	0	0	0.8%	0.6%	1.8%	0.6%	0	0.4%	0
助学金	6.3%	7.1%	1.6%	2.4%	0	1.6%	2.5%	1.8%	1.8%	3.2%	2.2%	2.8%	0
救助金	3.9%	7.1%	29.5%	22%	22.8%	25.4%	29.5%	56.1%	32.7%	26.6%	24.6%	30.2%	20.5%
赠送日用品	2.4%	3.6%	4.9%	0	0	3.2%	2.5%	3.7%	2.7%	5.8%	5.1%	4.6%	1.6%
观看节目或参加表演	2.4%	3.6%	0	4.9%	1.8%	4.8%	3.3%	3%	5.3%	8.4%	8%	13.2%	10.7%
义务劳动	0	0	0	0	0	0	0	0	0	0	0.7%	1.4%	0.8%

注：显著性水平 $p < 0.05$；2007 = 1988～2007 年。

3. 稳定型助残项目发展趋势

稳定型是指 1988 年到 2019 年，福利彩票公益金资助的某种助残项目总体上处于连续开展的态势，尽管项目存在一定程度的增减波动特征，但这些活动从未中断（见表 3-10）。

表 3-10　1988～2019 年各地未开展助残项目的年份数及占比

项目类别	未覆盖年份数（个）	占比（%）	项目类别	未覆盖年份数（个）	占比（%）
基础设施	0	0.00	送辅助器具	0	0.00
米面油等生活必需品	3	23.08	开展心理健康教育	7	53.85
营养健康食品	2	15.38	残疾人康复机构设备	7	53.85
救助金	0	0.00	开展家庭寄养	6	46.15
送电器	7	53.85	送文体用品	2	15.38

续表

项目类别	未覆盖年份数（个）	占比（%）	项目类别	未覆盖年份数（个）	占比（%）
危房改造	5	38.46	特殊教学器具	6	46.15
残疾人医疗救助	0	0.00	参加实践活动	7	53.85
娱乐休闲物品	9	69.23	免费参观旅游	7	53.85
送日用品	2	15.38	观看或参加表演节目	1	7.69
送衣物	6	46.15	助学金	2	15.38
残疾人就业	6	46.15	义务劳动	10	76.92
残疾人教育	2	15.38			

在考察的 23 种助残项目类别中，没有一种助残项目是稳定型。各地区开展的助残项目的连续性和非连续性情况见表 3-10。

4. 衰退型助残项目发展趋势

衰退型是指 1988 年到 2019 年，福利彩票公益金资助的某种助残项目总体上处于下降态势，仅有少数年份呈现不规则波动或上升态势，增减波动趋势不大，不影响总体趋势。在 23 种项目类别中，资助新建和改扩建福利院及基础设施、残疾人医疗救助、赠送辅助器具等三种项目类别属于衰退型（见图 3-5）。

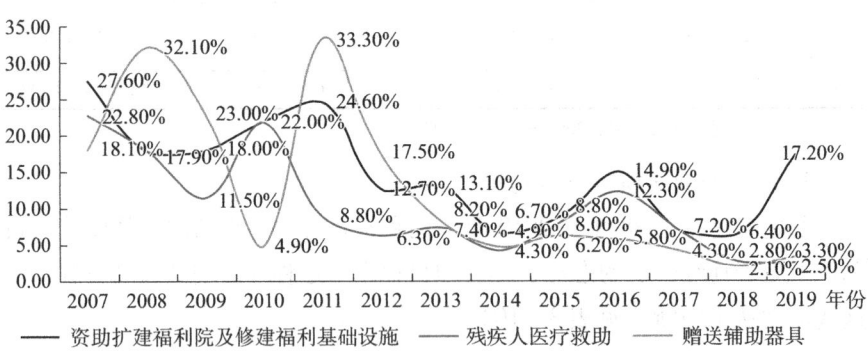

图 3-5　衰退型项目类别发展趋势（2007 = 1988~2007 年）

（三）福利彩票公益金助残项目空间结构调整方向

通过分析 1988~2019 年全国各省级福利彩票公益金助残项目空间结构及演变趋势可知，各地区的助残工作既有共性特征，又有地方特色。近年来，我国助残形势已经发生变化，福利彩票公益金助残项目空间结构和重心也需根据新形势、新变化、新问题和新趋势作出相应调整。

1. 根据助残项目类别的演变趋势与特征确定福利彩票公益金助残项目覆盖范围和工作重心

在考察的 23 种项目类别中，增长型项目 2 种，稳定型项目 0 种，衰退型项目 3 种，波动型 18 种。据此，今后可继续开展增长型项目，衰退型项目可适时停止。波动型项目缺乏规律性，国家可牵头制定年度导引目录，以建议、提示或警示等方式引导全国共性助残项目发展，保留一定比例的地区特色助残项目。

2. 根据国家规划助残项目及本地区特色助残项目确定今后工作方向和覆盖范围

目前，国家引导的福利彩票公益金助残工作方向是，在资助基础设施设备、日常生活帮扶救助、残疾人疾病救助、残疾人康复、社会保障、身体健康、残疾人教育、残疾人再就业等项目基础上，逐渐偏向残疾人社会融入、心理健康和高质量服务等项目。

通过分析 1988~2019 年各省福利彩票公益金助残项目的覆盖范围、空间布局演进特征与发展趋势可以看出，福利彩票公益金助残工作以赠送米面油等生活必需品和赠送文体用品为主，并没有像扶老项目那样从物质帮扶救助转向精神关怀与服务，也没有像扶老项目那样稳定与可持续，这对各地区如何更好健全福利彩票公益金助残社会责任体系提供了参考。

二、助残项目社会责任融入与主要问题

（一）助残项目社会责任融入全流程分析

1. 前期投入环节社会责任分析

前期投入环节设计了项目资金投入、实施责任主体、资金来源三个指标。

（1）项目资金投入分析。45% 项目没有公示具体资金额。在公示资金额的项目中，单个项目一次性资助额及占比情况为：一次性资助额为整数的特征明显。其中，一次性资助额为 0.2 万元的项目占比为 1.3%，一次性资助额为 0.3 万元的项目占比为 1.5%，一次性资助额为 0.5 万元的项目占比为 6.3%，一次性资助额为 0.8 万元的项目占比为 1.6%，一次性资助额为 1 万元的项目占比为 6.7%，一次性资助额为 2 万元的项目占比为 4.6%，一次性资助额为 3 万元的项目占比为 1.7%，一次性资助额

为 4 万元的项目占比为 1.0%，一次性资助额为 5 万元的项目占比为 1.6%，一次性资助额为 10 万元的项目占比为 1.8%，一次性资助额为 20 万元的项目占比为 1.4%，一次性资助额为 50 万元的项目占比为 0.6%，一次性资助额为 100 万元的项目占比为 1.2%，一次性资助额为 200 万元的项目占比为 0.8%，一次性资助额为 500 万元的项目占比为 1.0%。除了上述 15 个整数额以外，其他整数额占比基本在 0.3% 以下。和扶老类项目对比，助残类项目的资助额略小一些，且资金比较分散。

从单个项目一次性资助额累计占比方面分析，资助额在 3000～5000 元以下（含）的项目累计占比为 19.4%，资助额在 5001～10000 元之间的项目累计占比为 19%，资助额在 10001～20000 元之间的项目累计占比为 11.4%，资助额在 20001～30000 元之间的项目累计占比为 4.1%，资助额在 30001～50000 元之间的项目累计占比为 5.1%，资助额在 50001～100000 元之间的项目累计占比为 6.1%，资助额在 100001～200000 元之间的项目累计占比为 5.9%，资助额在 200001～500000 元之间的项目累计占比为 5.3%，资助额在 500001～2000000 元之间的项目累计占比为 9.5%，资助额在 2000001 万元以上的项目累计占比为 14.2%。总体看，单个项目一次性资助额累计区间前三位依次是：0.5 万元以下、0.5 万～1 万元、200 万元以上。和扶老类项目对比，助残类项目的资助额呈现两极化特征。一方面，资金额在 1 万元以下的项目累计占比为 38.4%；资金额在 50 万元以上的项目累计占比为 23.7%；两者合计 62.1%。在前一种情况下，资金较为分散；在后一种情况下，大项目资金额低于扶老类大项目资金额。

（2）项目实施责任主体分析。从资助的助残项目主体结构方面分析，地方政府福利彩票发行管理机构独立资助的助残项目数占比为 79.6%，地方政府福利彩票发行管理机构联合多部门资助的助残项目数占比 13.2%，两者合计接近 92.8%。对比而言，中央专项彩票公益金独立资助的地方助残项目数占比 1.2%。残联部门独立、环保部门独立、慈善部门主导与慈善部门主导、多部门参与资助的地方助残项目数占比合计仅为 6.2%。这表明是地方政府福利彩票发行管理机构是助残类项目社会责任承担主体，尤其体现在赠送救助金、残疾人社会福利机构改扩建、赠送辅助器材 3 大类项目上。

（3）项目资金来源分析。在考察的所有资金拨付渠道中，地市本级福利彩票公益金支付额占比最高，为56.5%，省本级福利彩票公益金支付额占比28.7%。对比而言，中央专项彩票公益金资助额占比2.7%，民政部本级彩票公益金资助额占比5.4%，中国福利彩票发行管理中心资助额占比0.3%。教育部门、环保部门、残联系统、慈善系统、红十字会系统和其他渠道的资助额合计占比为6.5%。总体看，地方政府支出的本级留成福利彩票公益金占比高达85.2%。这表明助残项目资金主要是地方省、市两级福利彩票发行管理机构留存的本级福利彩票公益金。

2. 中期管理环节社会责任分析

中期管理环节设计了项目说明、过程描述、项目总结三个指标。

（1）项目说明。在几种项目概况说明形式中，福利彩票公益金使用管理单位仅使用"文字"说明助残项目概况的比例为36.8%。使用"文字+活动图片"说明项目概况的比例为61.9%，主要体现在赠送救助金、残疾人社会福利机构改扩建、观看节目或参加演出3大类项目上。仅使用"图片"说明助残项目概况的比例为0.1%。

（2）过程描述。在几种助残项目过程描述形式中，福利彩票公益金使用管理单位仅使用"文字"描述助残项目过程的比例是18.2%。使用"文字+活动图片"描述助残项目的比例是7.3%，主要体现在赠送救助金、残疾人社会福利机构改扩建、赠送辅助器材3大类项目上。

（3）项目总结。在几种项目总结说明形式中，福利彩票公益金使用管理单位仅使用"文字"总结助残项目实施情况的比例是25.3%。使用"文字+图片"总结助残项目实施情况的比例是59.2%。使用"文字+图片+财务款单凭证"总结助残项目实施情况的比例是0.1%，只体现在残疾人社会福利机构改扩建一个大类项目上。未总结助残项目实施情况的比例是15.4%。

3. 后期效益环节社会责任分析

后期效益环节设计了项目绩效评估和信息披露两个指标。

（1）绩效评估。地方政府福利彩票公益金使用管理单位对助残项目效果开展了绩效评估。其中，地方政府福利彩票发行管理机构自己开展助残项目绩效评估占比为66.4%，主要体现在赠送救助金、残疾人社会福利机构改扩建、赠送辅助器材3大类项目上。政府其他部门开展助残项目绩效评估占比为4.1%。第三方民间机构开展助残项目绩效评估占比为25.1%。没有开展助残项目绩效评估的比例为4.3%。

(2)信息披露。仅以福利彩票发行管理机构在官方网站披露信息为例，其将助残项目报道内容放在官方网站首页不显著位置的比例是56.9%，放在官方网站首页显著位置的比例是7.3%，放在二级链接的比例为18%，放在三级链接的比例是17.8%。这样的设置比较合理，有利于宣传助残项目。

总体看，地方政府福利彩票公益金使用管理单位在助残项目组织实施、资金投入、项目概况说明、过程描述、项目总结、信息披露等多项工作中较好地履行了社会责任。但社会责任融入体系建设中仍存在一些突出问题。

（二）社会责任融入体系建设中面临的主要问题

1. 社会责任融入要素不完整

几乎所有的助残项目都缺少完整计划、工作框架、过程报告、资金使用报告、结项报告。对比而言，这些做法和成效尚不如一些民间公益慈善救助平台的做法和成效。以民政部遴选的首批互联网公开募捐信息平台——腾讯乐捐平台为例，该平台上很多助残项目都有工作计划、工作框架、活动过程报告、资金使用报告、结项报告。资助工作结束后，腾讯平台会发布《项目执行报告》，公示资助项目背景、工作框架、工作阶段及具体工作、各项目受益人名称及所在地区、受益人数、物品数量和金额、领款回执单等资料扫描件或照片。由此可以反衬出，地方留成的福利彩票公益金助残项目社会责任融入要素极为不完整。

2. 项目过程描述和项目总结管理制度不够健全

在项目实施过程描述环节，未作描述的项目占比74.5%，反映出地方福利彩票公益金使用管理单位对助残项目实施过程疏于管理。在项目总结环节，使用"文字+图片+财务款单凭证"总结助残项目实施情况的比例是0.1%，未总结助残项目实施情况的比例是15.4%，表明福利彩票公益金助残项目使用管理情况缺乏透明度。

3. 受益方信息和财务信息不透明

这些不透明问题主要表现为财务单据和凭证缺乏、无受益方签字凭证、无受益方银行款单、无代办人签字单证以及银行电子回单等资料。仍以腾讯乐捐平台为例，该平台向社会公告的结项报告中包括物品金额、金额小计、执行及运费、监管支出、费用合计、受益人签收单、收款收据、领款回执单、发票、银行电子回单等财务类资料扫描件或照片。对比而言，地方留成的福利彩票公益金助残项目社会责任融入和社会责任体系建设仍任重而道远。

4. 信息披露和社会回应不足

助残项目使用金额不透明，44.2%的助残项目未提及使用的福利彩票公益金数额。受益人数不透明，55.8%的助残项目没有提及受益人数。多方合作披露信息机制不健全，在报道助残项目的媒体中，福利彩票发行管理机构在官方网站披露信息占比87.5%，彩票行业内网络媒体参与比例为2.3%，彩票行业内报纸参与比例为4.7%，彩票行业外媒体参与比例为5.5%。助残项目缺少更多彩票行业内外媒体参与报道，传统纸质媒体和彩票行业外网络媒体的社会支持力较弱。

总体看，地方政府福利彩票公益金使用管理单位偏重福利彩票公益金前期投入，疏于过程管理，轻视福利彩票公益金使用效率评估、后期督查监管及产生的影响；偏重项目新闻报道和业绩宣传，轻视与受益方社会责任沟通、受益方感受与需求。

第三节
福利彩票公益金助残项目社会效益

福利彩票公益金助残项目财政支出是衡量政府相关部门履行助残社会责任的重要且关键指标之一。但评测福利彩票公益金助残社会责任还需看福利彩票公益金助残项目实施后的社会效益。本部分从三个方面分析福利彩票公益金助残项目社会效益。首先，分析彩票公益金资助残疾儿童教育项目社会效益，梳理全国和各省份使用专项彩票公益金资助残疾儿童接受学前教育情况及社会效益。其次，分析彩票公益金助残法律法规制度建设，梳理国家和地方制定实施专项彩票公益金资助残疾人事业的相关制度，尤其是从本级福利彩票公益金中提取助残资金比例的规定。最后，以样例形式分析各地区使用专项彩票公益金开展助残工作及社会效益，但不包括全国和各省份使用专项彩票公益金资助残疾儿童接受学前教育情况。

一、残疾儿童助学成效显著

长期以来，财政部、中国残疾人联合会和各省财政厅、各省残疾人联合会均高度重视助残助学工作。助残助学工作是各级各地区政府开展的极为稳定的重点助残工作之一。这在中国残疾人联合会和各省残疾人联合会公示的相应年份本级残疾人事业发展统计公报中都有充分体现。

2011~2018年，全国各省残疾人联合会连续使用助残专项彩票公益金开展残疾儿童（含新入园儿童）普惠性学前教育助学活动。各年度助学人数依次为1万人次、1万人次、1万人次、1.1万人次、1.3万人次、1.4万人次、1.8万人次、1.6万人次；8年累计超过了10万人次（见表3-11）。

表3-11　　　2015~2018年31个省份专项彩票公益金残疾人助学工作成效　　　单位：人次

地区	2015年	2016年	2017年	2018年
北京	249	270	298	321
天津	0	0	0	0
河北	600	693	1000	914
山西	774（190万元）	419（175.3万元）	913	803
内蒙古	253	396	264	214
辽宁	1791	680	975	1422
吉林	260	200	300	204
黑龙江	300	217	507	0
上海	0	0	0	0
江苏	720	667	779	586
浙江	1027	505	552	433
安徽	300	833	835	871
福建	800	394	411	420
江西	364	500	500	525
山东	0	0	944	957
河南	730	1333	1607	1536
湖北	427	384	750	682
湖南	625	2176（3000元/人）	910	995
广东	613	446	1403	0

续表

地区	2015年	2016年	2017年	2018年
广西	1183	1426	2127	2019
海南	273	73	345	368
重庆	0	0	374	373
四川	1019	515	0	0
贵州	246	581	582	584
云南	0	0	0	339
西藏	30（9万元）	66	107	102
陕西	191	307	223	
甘肃	318	564	1178（162所学校）	1137
青海	74	201	0	207
宁夏	94	111	177	425
新疆	200	418	175	0
合计	13461	14375	18236	16437

注：根据各地历年残疾人事业发展统计公报整理。残疾人专项为家庭经济困难的残疾儿童享受普惠性学前教育提供资助（含新入园儿童）。天津和上海无此专项。

8年来，全国共资助家庭经济困难残疾儿童接受学前教育10.3万人次。2015~2018年，全国各省资助的残疾儿童助学人数分别为13461人次、14375人次、18236人次、16437人次（见表3-11）。总体看，残疾儿童助学工作成效比较显著。

二、法律法规制度不断完善

（一）国家法规制度建设工作成效

2011年，财政部和中国残疾人联合会印发了《中央专项彩票公益金支持残疾人事业项目资金管理办法》，对助残资金使用范围、预算编制（5年）、监督检查、社会公告截止日期等作出具体规定。2012年，中国残疾人联合会依据《中央专项彩票公益金支持残疾人事业项目资金管理办法》制定实施了《残疾人事业专项彩票公益金贫困残疾人家庭无障碍改造项目实施方案》，在全国范围内资助8万户城乡贫困残疾人家庭，补助16万户贫困残疾人家庭。资助标准为不低于6000元/每户（中央补助3500元，地方配套资金不低于2500元）。本次改造项目多、内容全面，充分体现了以人为本的指导思想。例如，地面坡化改造、低位灶台改造、坐便器改造，安装热水器、煤气泄漏报警器、坐便器扶手和浴凳。

（二）地方性法规制度建设工作成效

长期以来，各省份相继制定实施了一系列专项彩票公益金助残法规制度，明确了专项彩票公益金助残资金概念、使用范围、本级专项彩票公益金助残资金提取比例等规定（见表3-12）。归纳而言，主要特点和成效有：

1. 规定了助残资金提取比例

一般来说，各地区提取比例在10%~20%之间，最高比例为40%。早在2003年，广东省实施的《福利彩票公益金残疾人事业专项资金管理办法》就明确规定了福利彩票公益金助残提取比例为20%。2012年四川省实施的《四川省〈中华人民共和国残疾人保障法〉实施办法（修订）》规定，提取比例不得低于10%。2013年河南省实施的《河南省彩票公益金管理办法》规定提取比例为40%，这是全国最高提取比例。2014年广东省实施的《广东省省级彩票公益金支持残疾人事业专项资金管理办法》规定提取比例为20%。2015年山西省实施的《彩票公益金管理办法》规定提取比例不得低于15%。2016年广州市实施的《广州市福利彩票公益金使用管理办法》规定，市、区两级福利彩票公益金助残提取比例不得低于20%。2017年浙江省建德市实施的《进一步健全残疾人康复和托养服务体系的实施意见》规定提取比例不得低于10%。2018年广东省实施的《广东省实施〈中华人民共和国残疾人保障法〉办法（修订本）》规定提取比例不得低于20%。

2. 虽然没有明确提取比例，但对提取比例提供法规制度保障

2011年《湖北省实施的〈中华人民共和国残疾人保障法〉办法（修订草案）》明确规定，各地区应从本级留存的福利彩票公益金中提取一定比例资金用于助残项目。2012年实施的《天津市残疾人保障条例》和《陕西省实施〈中华人民共和国残疾人保障法〉办法修正本)》都规定，各地区应从本级留存的福利彩票公益金中提取一定比例资金用于助残项目。2014年南京市实施的《关于加快推进残疾人就业扶贫工作的实施意见》明确规定，本级福利彩票公益金每年应安排一定经费资助残疾人岗前培训和无障碍设施建设。

3. 对助残资金使用管理和助残项目范围等作出明确规定

2003年广东省实施的《福利彩票公益金残疾人事业专项资金管理办

法》明确规定，助残资金主要资助残疾人教育、康复、用品用具、服务设施、特殊艺术、法律援助等项目。2014年江苏省南京市实施的《关于加快推进残疾人就业扶贫工作的实施意见》明确规定，本级福利彩票公益金每年应安排经费资助残疾人岗前培训和无障碍设施建设。同年，《广东省省级彩票公益金支持残疾人事业专项资金管理办法》除了明确规定20%提取比例之外，还对资金额在300万元以上和300万元以下项目的申报、评审、资金分配、使用规模、执行情况、实际效果、监督审计、项目标识、公示日期等作出了详细规定。2018年实施的《山东省省级福利彩票公益金使用管理办法》规定，助残资金主要资助精神康复、辅具生产、康复服务机构建设、设施设备配置和救助等项目。

表3-12 国家及部分地区福利彩票公益金助残法规制度和要点

地区	制度名称	制度要点	年份
广东	《福利彩票公益金残疾人事业专项资金管理办法》	本级留存福利彩票公益金提取20%助残	2003
财政部	《中央专项彩票公益金支持残疾人事业项目资金管理办法》	使用范围、预算、监督、社会公告日期	2011
湖北	《实施〈中华人民共和国残疾人保障法〉办法（修订草案）》	本级留存福利彩票公益金提一定比例助残	2011
宁夏	《实施〈中华人民共和国残疾人保障法〉办法》	本级留存福利彩票公益金提一定比例助残	2011
河北	《实施〈中华人民共和国残疾人保障法〉办法》	本级留存福利彩票公益金提一定比例助残	2011
福建	《实施〈中华人民共和国残疾人保障法〉办法》	本级留存福利彩票公益金提不低于10%助残	2011
天津	《天津市残疾人保障条例》	本级留存福利彩票公益金提一定比例助残	2012
四川	《〈中华人民共和国残疾人保障法〉实施办法（2012修订）》	本级留存福利彩票公益金提不低于10%助残	2012
重庆市	《重庆市残疾人保障条例》	本级留存福利彩票公益金提不低于10%助残	2012
陕西	《〈中华人民共和国残疾人保障法〉办法（2012年修正本）》	本级留存福利彩票公益金提一定比例助残	2012
中国残联	《残疾人事业专项彩票公益金贫困残疾人家庭无障碍改造项目实施方案》	每户补助标准为6000元人民币	2012
河南	《河南省彩票公益金管理办法》	本级留存福利彩票公益金提取40%助残	2013

续表

地区	制度名称	制度要点	年份
浙江	《浙江省扶残助残爱心城市创建实施方案》	本级留存福利彩票公益金提不低于10%助残	2016
沈阳	《沈阳市残疾人保障条例》	本级留存福利彩票公益金提一定比例助残	2013
广东	《省级彩票公益金支持残疾人事业专项资金管理办法》	本级留存福利彩票公益金提取20%助残	2014
南京	《关于加快推进残疾人就业扶贫工作的实施意见》	本级留存福利彩票公益金提一定比例助残	2014
宜春	《中心城区彩票公益金助残项目救助实施办法》	本级留存福利彩票公益金提取5%助残	2014
山西	《彩票公益金管理办法》	本级留存福利彩票公益金提不低于15%助残	2015
广州	《福利彩票公益金使用管理办法》	市、区两级留存福利彩票公益金提20%助残	2016
建德	《进一步健全残疾人康复和托养服务体系的实施意见》	本级留存福利彩票公益金提不低于10%助残	2017
广东	《实施〈中华人民共和国残疾人保障法〉办法（2018修订）》	本级留存福利彩票公益金提不低于20%助残	2018
山东	《省级福利彩票公益金使用管理办法》	精神康复、辅具机构建设、设施设备、救助	2018
中国残联	《专项彩票公益金贫困精神病患者住院医疗救助项目实施办法》	实施范围及救助标准；救助对象和救助原则	2012
中国残联	《残疾人事业专项彩票公益金管理办法》	使用范围，管理原则，补助标准户均3000元	2007
中国残联	《残疾人事业专项彩票公益金残疾人康复项目实施方案》	资助对象、范围与数量，组织管理与项目实施	2012
中国残联	《残疾人事业专项彩票公益金使用管理办法农村贫困残疾人危房改造项目实施细则》	资助范围和标准，使用管理，监督检查	2007

注：本表根据各级各地区相关部门公示的规章制度整理。

4. 内容详细，符合实际需要，可操作性强

具有代表性的制度是2014年实施的《广东省省级彩票公益金支持残疾人事业专项资金管理办法》，其详细程度可媲美中国残疾人联合会在2012年制定实施的《残疾人事业专项彩票公益金贫困残疾人家庭无障碍改造项目实施方案》。

5. 明确了福利彩票公益金助残专项资金概念

例如，2003年广东省实施的《福利彩票公益金残疾人事业专项资金管理办法》规定，"福利彩票公益金残疾人事业专项资金是指按规定从福利彩票公益金中按20%的比例提取的专项资金。"

三、助残信息披露机制健全

（一）信息披露比率较高

从中国残疾人联合会和各省残疾人联合会相应年份本级残疾人事业发展统计公报信息看，2011年以来，中国残疾联合会每年都在本级残疾人事业发展统计公报第二条公示专项彩票公益金助残助学项目受益总人数和资助对象，信息披露工作和社会回应工作成效较为显著。本书初步统计了2015~2018年29个省本级残疾人事业发展统计公报公示数（上海市和天津市没有开展助残工作），结果显示，在29个省份中有21个省份公示了4年本级残疾人事业发展统计公报，占比72.4%；缺少1个年份公报的省份数占比13.8%；缺少2个年份公报的省份数占比10.3%；缺少3个年份公报的省份数占比3.4%。虽然有八个省份缺少一定数量的年度公报，但仍有七成以上的省份4年统计公告完整发布。29个省份5个年度的统计公报数应为145项，实际公示项数132项，占比98.5%。总体看，信息披露比率还算较高。

（二）信息披露及时明晰

在公示时间方面，各个省份在每年4~5月份公示上一年度本级残疾人事业发展统计公报，公示时间比较合理。在公示位置和内容易获性方面，很多省份将本级残疾人事业发展统计公报放在官网二级链接上，一般会在首页设置"信息公开""信息统计""数据中心"和"数据统计"等一级链接，便于公众快速查找。所有公报均可在线阅读、下载（Word和PDF）。各省残疾人联合会官网还设置了微信客户端模块，方便社会公众下载浏览信息。

（三）信息披露规范细致

很多省份的残疾人事业发展统计公报除了依法依规详细公示受益残疾人数量和资助范围等信息外，信息披露相关工作做得也比较细致、数据完整、分类清晰。例如，广西壮族自治区残疾人事业发展统计公报分两类公示年度接受残疾人事业专项彩票公益金资助的助学项目和年度残疾人事业专项彩票公益金资助的新入园助学项目，每一类项目均按性别公示7种残疾类型（视力残疾、听力残疾、言语残疾、智力残疾、肢体残疾、精神残疾、多重残疾）受益人数和总人数。有的省份还在官网上设置了在线听读语音等无障碍浏览模块，方便残疾人查阅资料。

四、单项助残业务成效明显

（一）中央政府助残业务工作及成效

国家相关部委和地方政府相关部门均依法依规使用专项彩票公益金资助残疾人事业发展。2009～2015 年，财政部和中国残疾人联合会集中了 1.5 亿元专项彩票公益金，在全国范围内开展"残疾人流动服务车"活动。该项目为基层辅助器具服务机构配置 300 辆流动服务车。2010 年 10 月，中国残疾人联合会向全国 30 个地区配置首批 90 辆服务车。服务车内配置了各类小型车载设备（例如台式砂带打磨机），可为各种类型残疾人提供辅助器具适配、假肢与矫形器设计装配、听力与低视力测试等多种服务。该项目促进了农村地区残疾人事业发展。

（二）地方单项助残业务工作及成效

单项助残项目是指地方政府每年使用本级留成福利彩票公益金不定期开展的助残类项目。地方政府本级留成福利彩票公益金资助的助残项目情况、特征、发展趋势、彩票公益金贡献和社会责任融入等内容已在前文论述。此处仅以样例形式分析助残类项目的社会效益（见表 3-13）。

1. 辅助器具与康复训练类项目及社会效益

此类项目主要资助为贫困家庭残疾人高比例补助或免费安装假肢、矫形器等辅助器具，并辅助残疾人完成康复训练的项目。例如，财政部和中国残疾人联合会共同开展的"残疾人服务流动服务车"项目、新疆维吾尔自治区福利彩票公益金资助的"福康工程"项目、陕西省福利彩票公益金资助的"民康计划"项目、青海省和湖南省福利彩票公益金资助的"福彩助残健康行"项目以及山东省福利彩票公益金资助的"齐鲁福彩助残行动"项目[①]。

---

① 全国各省市几乎都有福利彩票公益金资助建设的残疾人康复机构，为残疾人提供免费或低收费康复训练。例如，辽宁省沈阳市残疾人康复中心就由市本级福利彩票公益金资助建设，中心免费为脑瘫、智障等残疾儿童以及成人肢体残疾人免费提供脊髓损伤、脑血栓、三瘫一截等精准治疗和康复训练服务。2017 年沈阳市财政拨款 531 万元用于本级残疾人社区康复项目，康复训练受益残疾人 1.5 万名；拨款 339 万元用于本级"慈爱儿康"抢救性康复项目，康复训练救助受益残疾儿童 474 人。

2. 残疾儿童疾病筛查与诊疗类项目及社会效益

此类项目主要面向患有出生缺陷、自闭症等各种疾病残疾儿童提供筛查、检查、建档、诊疗、康复等服务的助残项目。例如，山西省大同市福利彩票公益金资助的"微笑列车"项目、山东省烟台市福利彩票公益金资助的"来自星星的微笑"项目、重庆市福利彩票公益金资助的"雨露助残"项目以及民政部本级彩票公益金资助地方的"明天计划"项目。

表 3-13　　　　　全国及地方助残业务及社会效益概览

地区或部门	项目	工作及成效	年份
财政部和中国残联	残疾人服务流动服务车	共向各省配备 300 辆服务车，流动诊疗和安装辅具	2009~2015
江西	常规助残项和明天计划	支出 2748 万元	2017
陕西	民康计划	500 万元免费为城乡残疾人安装假肢、矫形器等辅具	2019
山西	残疾人免费适配辅助器具	1650 万元，3.3 万名受益，惠及 10 个深度贫困县	2018
重庆	残疾人康复	110 人，2000 万~3000 万元/年，康复率 80%	2017
大同	微笑列车	残疾儿童医疗救治 911 人	2019
山东	齐鲁福彩助残行动	8294 万元，受益人数 13283 人	2009~2019
烟台	来自星星的微笑	10 万元，为 60 名自闭症患儿免费口腔检查	2017~2018
佛山	特殊马拉松	残疾人 519 名、团体 41 个、参加人数 2000 人	2016~2018
重庆	雨露助残	2~17 岁肢残青少儿童矫治，累计 300 人，80 万元	2015~2018
西藏	情暖高原	受益 84 人，11.7 万元、4 万元慰问品	2018
重庆	福彩有爱.光明行动	2017 年资助 4000 人，400 万元（公益金 40 万元）	2017~2020
临汾	福彩慈善助行工程	累计彩票公益金 900 万元，救助残疾人 2000 例	2009~2019
青海	福彩助老助残健康行	累计资助公益金 1280 万元，46 个州，康复辅具 6000 余件	2016~2017
湖南	福彩助残健康行	6500 万元公益金，免费安假肢或生活救助 8000 人次	2009~2017
新疆	福康工程	8 个地 50 个县市，2043 人受益，器具 5129 具，公益金 2000 多万元	2012~2015

续表

地区或部门	项目	工作及成效	年份
金华	福彩有爱	共 200 名未满 18 周岁、家庭困难孩子受助，每人获 1000 元福彩公益金	2016
甘肃	残疾人康复"百千万"工程	2 万名残疾人出生缺陷筛查与建档，每人 300 元，共 700 万元	2016
义乌	福彩牵手·点亮梦想	资助困境儿童 960 名，资金 183 万元。2018 年资助 150 名（30 万元）	2016—2019
金华	福彩牵手·点亮梦想	共资助 450 名困难少年，每人获福彩公益金 2000 元，合计 90 万元	2019

注：本表资料根据各地福利彩票机构公示的单项助残活动和项目整理。第 4 列中年份区间表示本研究统计时项目开展区间，上限年份并非该项目停止年份。有些项目到目前仍在运行。

3. 文体活动和竞赛类项目及社会效益

此类项目主要资助残疾人参加文艺演出与竞赛、运动健身与体育竞赛、文化活动等项目。例如，广东省本级福利彩票公益金资助的残疾人特殊马拉松项目、湖北省本级福利彩票公益金资助的"福彩文化助残、公益放飞梦想"项目、江苏省南通市本级福利彩票公益金资助的"童心而行 爱洒人间"残疾人趣味运动会项目以及北京市本级福利彩票公益金资助的"阳光轮椅伴我行"残疾人运动项目。

4. 生活照顾与服务类项目及社会效益

此类助残项目主要向家庭经济困难残疾人提供资金或物品帮扶。例如，西藏自治区使用本级福利彩票公益金资助的"情暖高原"项目、浙江省金华市和义乌市使用本级福利彩票公益金资助的"福彩牵手·点亮梦想"项目、天津市使用本级福利彩票公益金资助的"玫瑰之约"相亲项目。

此外，国家和各省市还使用本级福利彩票公益金资助突发事故救助类、节假日慰问类、无障碍设施改造类、残疾人法律维权诉讼类、创业就业类、特殊教育类等助残项目，这些项目和上述已述项目相比，社会覆盖面相对狭窄，社会影响力相对较弱，公众关注度相对较低，故本书不再展开论述。例如，山东省使用本级福利彩票公益金资助的"中途失明人士社区康复重建就业"项目和山东省淄博市使用本级福利彩票公益金资助的"爱心助残 福彩与爱同行"特殊教育项目。

尽管地方留成福利彩票公益金资助的助残项目取得了明显的社会效益，但也存在一些问题。例如，信息披露工作仍存在不足之处。1988 ~

2019年，各省使用本级留存的福利彩票公益金资助的助残项目或活动信息公示不尽如人意。项目类别数在5类以下的省份数所占比例为6.45%，6~10项的省份数所占比例为38.7%，11~15项的省份数所占比例为46.2%，16项以上的省份数所占比例为9.6%；项目数在10项以下的省份数所占比例合计为45.2%；项目数在15项及15项以下的省份数所占比例合计为90.3%。就具体省份而言，西藏自治区和宁夏回族自治区的项目类别数均在2类以下；云南省、新疆维吾尔自治区、山西省、安徽省、湖北省、海南省、内蒙古自治区、甘肃省、浙江省、广西壮族自治区、江西省、四川省的项目类别数均在10类以下；只有湖南省、重庆市、辽宁省、黑龙江省、山东省的项目类别数超过了15类。在考察的23种项目类别中，51.6%省的项目类别数不足50%，74.2%省份的项目类别数不足60%，94%省份的项目类别数不足70%（见表3-14）。这表明各地区福利彩票机构对资助的助残类活动或项目信息披露仍存在不足之处，今后需加大信息披露力度。

表3-14　1988~2019年各省福利彩票公益金助残项目数及占比　　单位：%

地区	项目数	占比	地区	项目数	占比
北京	11	47.83	湖北	7	30.43
天津	12	52.17	湖南	15	65.22
河北	13	56.52	广东	14	60.87
山西	7	30.43	广西	9	39.13
内蒙古	8	34.78	海南	7	30.43
辽宁	16	69.57	重庆	15	65.22
吉林	13	56.52	四川	10	43.48
黑龙江	18	78.26	贵州	13	56.52
上海	12	52.17	云南	6	26.09
江苏	11	47.83	西藏	2	8.70
浙江	9	39.13	陕西	12	52.17
安徽	7	30.43	甘肃	8	34.78
福建	14	60.87	青海	13	56.52
江西	10	43.48	宁夏	2	8.70
山东	19	82.61	新疆	6	26.09
河南	14	60.87			

注：显著性水平 $p<0.05$。
本表数据从自行采集的1471条助残项目数据中提取整理。

第四章

福利彩票公益金救孤社会责任

彩票公益金救孤项目是指彩票公益金资助的帮扶救助孤儿项目。救孤项目主要面向儿童福利院孤儿、社会化散居孤儿和涉外送养孤儿。彩票公益金救孤项目分为两大类：中央专项彩票公益金资助的救孤项目和地方本级留成福利彩票公益金资助的救孤项目。本章分三个部分讨论彩票公益金救孤项目社会责任。首先，分析中央专项彩票公益金救孤项目社会责任，主要考察资金额、特征、发展趋势和工作机制等内容。其次，分析地方政府使用本级留成福利彩票公益金资助的救孤项目社会责任，主要考察各省本级留成福利彩票公益金救孤类项目支出额、特征、发展趋势和工作机制等内容。最后，以样例形式分析彩票公益金救孤项目及社会效益。

第一节
中央集中专项彩票公益金救孤社会责任

中央专项彩票公益金资助的救孤项目分为两类：民政部使用部本级彩票公益金资助的救孤项目和民政部补助地方、由地方政府资助的救孤项目。

一、民政部本级彩票公益金救孤社会责任

（一）履行彩票公益金使用管理信息披露责任

按照彩票公益金相关管理办法规定，各级民政部门应在每年6月底之前向社会公告上一年度本级彩票公益金使用管理情况。2013～2020年，民政部每年都在6月底之前向社会公告上一年度本级彩票公益金使用情况，详细公告使用方向、覆盖范围、项目类别和具体金额等信息。这些做法符合社会责任国家标准的期望，也符合本书界定的福利彩票公益金社会责任内涵中的合法合则、透明与社会回应。

（二）彩票公益金救孤社会责任体现

1. 彩票公益金覆盖范围

2010～2018年，民政部使用中央集中的专项彩票公益金资助的中央本级和地方救孤类项目共计23大类。其中，民政部本级彩票公益金资助的儿童福利机构建设"蓝天计划"项目使用资金最多。民政部本级彩票公益金资助大龄孤儿学历教育和孤儿教育助学、涉外送养儿童寻根回访及中国文化教育、孤残儿童高等教育助学、残疾孤儿手术康复"明天计划"长效机制4类项目最为稳定。从年份上看，2010～2018年，资助项目数总体上有逐渐减少的趋势（见表4-1）。

表4-1　2010～2018年民政部本级彩票公益金支持的救孤类项目及金额

单位：万元

年份 项目	2010	2011	2012	2013	2014	2015	2016	2017	2018
残疾孤儿手术康复"明天计划"长效机制	5000	7660	7000	0	7000	10000	0	13000	0
福利机构脑瘫儿童康复训练	3664	4000	0	0	0	0	0	0	0
儿童福利机构特殊教育	1320	1000	0	0	0	0	0	0	0
受艾滋病影响儿童救助安置	666	1500	0	0	0	0	0	0	0
儿童福利机构建设"蓝天计划"	12000	20800	29000	0	0	0	0	0	0
全国贫困家庭唇腭裂儿童手术康复计划	5050	0	0	0	0	0	0	0	0

续表

项目\年份	2010	2011	2012	2013	2014	2015	2016	2017	2018
六省、区开展适龄孤儿职业技能培训	1000	0	0	0	0	0	0	0	0
县区流浪未成年人救助保护中心建设	3000	0	0	0	0	0	0	0	0
国家儿童职业技能培训基地建设	10000	0	0	0	0	0	0	0	0
全国儿童福利信息管理系统	0	2000	300	800	0	120	18	0	0
大龄孤儿学历教育和孤儿教育助学	0	860	1053	600	970	1325	1325	1325	1530
中西部省份适龄孤儿职业与儿童福利机构人员技能培训	0	2000	2000	1000	0	0	0	0	0
涉外送养儿童寻根回访及中国文化教育	0	200	200	200	1500	260	260	260	252
残疾儿童、艾滋病影响儿童养治教康	0	0	8000	0	0	5000	0	0	0
儿童福利机构管理及专项技能培训	0	0	0	1012	0	0	292	145	0
孤残儿童高等教育助学	0	0	0	508	600	698	936	1080	1080
儿童福利机构建设、残疾和受艾滋病影响儿童养治教康	0	0	0	0	33000	0	0	0	0
儿童福利机构社工服务和特教本科教育	0	0	0	0	0	0	66	229	29

注：本表主要介绍项目覆盖范围，数据为辅助指标。资料根据民政部历年本级彩票公益金使用情况公告整理。

2. 民政部使用的彩票公益金规模

2009~2016年，在民政部本级彩票公益金资助的老年人社会福利项目、残疾人社会福利项目、儿童社会福利项目、社会公益项目中，救孤类项目使用的彩票公益金总额与占比位于第二名，仅低于老年人社会福利项目。2017~2018年，救孤类项目和残疾人社会福利项目使用的彩票公益金及占比相同，并列第二名（见表4-2）。

表4-2　　　2009~2018年民政部本级彩票公益金救孤
项目金额及占比　　　　　　　单位：万元

年份	老年人福利 （金额/占比）	残疾人福利 （金额/占比）	儿童福利 （金额/占比）	社会公益 （金额/占比）
2009	77840（74.1%）	4350（4.1%）	16130（15.4%）	6680（6.4%）
2010	59400（56.4%）	1000（0.9%）	41700（39.6%）	3200（3.0%）
2011	76724（53.6%）	9080（6.3%）	40020（28%）	17200（12%）
2012	110345（54.9%）	23000（11.4%）	47553（23.7%）	20150（10%）
2013	124144（58.5%）	20000（9.4%）	51000（24%）	17200（8.1%）
2014	104000（46.24%）	30000（13.34%）	40000（17.79%）	17132（7.62%）
2015	140605（53.75%）	40000（15.29%）	60000（22.94%）	21000（8.03%）
2016	131072（53.30%）	30000（12.20%）	59824（24.33%）	25000（10.17%）
2017	131613（51.4%）	49264（19.2%）	49264（19.2%）	26107（10.2%）
2018	148268（51.2%）	55890（19.3%）	55890（19.3%）	29600（10.2%）

注：本表资料根据历年民政部彩票公益金使用情况公告整理。

二、民政部补助地方彩票公益金救孤责任

（一）彩票公益金救孤责任体现

1. 彩票公益金覆盖范围

2010~2018年，民政部使用中央集中的专项彩票公益金资助的中央本级和地方救孤类项目共计5大类。其中，儿童福利服务体系建设项目使用的资金最多。各年度资助项目缺乏稳定性，5大类项目缺乏连续性。2013年资助项目数略好一些（见表4-3）。

表4-3　　　2013~2018年民政部彩票公益金补助地方救孤类
项目覆盖范围　　　　　　　　单位：万元

项目	2013年	2014年	2015年	2016年	2017年	2018年
残疾儿童、受艾滋病影响儿童养治教康	10500	0	0	0	36264	0
儿童福利机构建设蓝天计划	3200	0	0	0	0	0
残疾孤儿手术康复明天计划	7000	0	0	0	0	13000
重生行动—全国贫困家庭唇腭裂儿童手术康复计划	1500	0	0	0	0	0
儿童福利服务体系建设	0	0	0	0	0	42890

注：本表主要介绍项目覆盖范围，数据为辅助指标。资料根据民政部历年本级福利彩票公益金使用情况公告整理。

2. 彩票公益金规模

从总额上看，2014~2018 年，民政部分配给各省用于救孤类项目的中央专项彩票公益金分别为 4 亿元、6 亿元、5.98 亿元、4.93 亿元、5.59 亿元，5 年累计资助 26.5 亿元（见表 4-4）。

表 4-4　　2014~2018 年民政部补助给地方的救孤类项目彩票公益金　　单位：万元

地区	2014 年	2015 年	2016 年	2017 年	2018 年
北京	2195	3080	1752	600	1303
天津	386	950	390	375	684
河北	702	1170	1690	1280	1415
山西	965	1720	1558	1342	1795
内蒙古	1710	2740	1737	784	1199
辽宁	640	1460	1615	1141	1438
吉林	705	1380	1738	930	1268
黑龙江	1046	1570	1525	900	1089
上海	370	630	201	574	526
江苏	1390	2110	2379	1883	1539
浙江	808	1420	1457	1115	1107
安徽	1440	1720	1274	1383	2419
福建	1049	1500	1706	894	1015
江西	903	1160	1570	1491	2654
山东	1160	2260	2683	1736	1911
河南	3446	4070	3996	5572	4130
湖北	1438	2110	2165	1254	1585
湖南	1364	2250	2994	2070	1841
广东	1453	2160	1504	2293	2382
广西	1663	2300	2556	2023	2244
海南	426	940	620	710	844
重庆	709	1480	1023	851	903
四川	1187	2000	2493	2112	2618
贵州	1086	1730	1469	1546	1952

续表

地区	2014年	2015年	2016年	2017年	2018年
云南	1530	2320	1921	1850	1931
西藏	3756	3970	3626	1484	1930
陕西	1030	1780	2282	1899	1885
甘肃	830	1770	1874	1427	1489
青海	1060	1640	1434	1058	1231
宁夏	547	1050	1402	1028	1291
新疆	2740	3170	4810	4790	5222
新疆兵团	266	390	380	869	1050
合计	40000	60000	59824	49264	55890

注：本表资料根据历年全国彩票公益金筹集分配情况和中央集中彩票公益金安排使用情况公告整理。

表4-4中，从分省结构上看，河南省、新疆维吾尔自治区、西藏自治区、广西壮族自治区、湖南省使用的彩票公益金最多，分别为2.12亿元、2.07亿元、1.47亿元、1.08亿元、1.05亿元；占比为8.01%、7.82%、5.57%、4.07%、3.97%。重庆市、海南省、新疆生产建设兵团、天津市、上海市使用的彩票公益金最少，分别为0.49亿元、0.36亿元、0.29亿元、0.28亿元、0.23亿元；占比依次为1.87%、1.34%、1.12%、1.05%、0.87%。在32个省份中（含新疆生产建设兵团），各省使用的彩票公益金占比在2%~4%之间的省份数为23个，占比71.9%。综上分析，彩票公益金分配具有多元化和普惠性特征。

（二）彩票公益金救孤责任贡献度与趋势分析

在民政部本级彩票公益金资助地方的老年人社会福利项目、残疾人社会福利项目、儿童社会福利项目、社会公益项目等四大类项目中，儿童社会福利项目受资助额仅低于老年人社会福利项目受资助额。为进一步探求民政部本级彩票公益金资助地方4类项目总额对儿童社会福利项目资助强度、因果关系、贡献率趋势以及后者对前者的长期均衡弹性，本书引入计量模型加以分析。

1. 长期均衡弹性分析

对2009~2018年度民政部本级彩票公益金资助地方4类项目总额

（解释变量）与儿童社会福利项目使用额（被解释变量）做线性回归估计（取自然对数），模型估计结果拟合度一般，修正调节系数 $R^2=0.55$，显著性水平值 $P=0.008$，小于 0.05，回归估计系数 $B=0.23$。这表明民政部本级彩票公益金资助地方 4 类项目总额与儿童社会福利项目使用额不存在长期均衡关系，当民政部本级彩票公益金资助地方 4 类项目总额每增加 1%（减少）时，儿童社会福利项目使用额波动比例要远小于 1%。这说明 2009~2018 年儿童社会福利项目使用额增长速度比民政部本级彩票公益金资助四类项目总额增长速度慢（见表 4-5）。儿童社会福利项目使用额增速减缓趋势证明了近 10 年来我国儿童社会福利事业取得了积极成效，民政部本级彩票公益金资助地方儿童社会福利项目取得了积极成效。

表 4-5　　　　　　　线性回归估计和因果关系检验

检验法	估计结果		
线性回归估计	$Coe=0.23$	$Prob=0.008$	$R^2=0.55$
因果关系检验	$Lag=1$	$Prob_{x-y}=0.11$	$Prob_{y-x}=0.31$
	$Lag=2$	$Prob_{x-y}=0.40$	$Prob_{y-x}=0.35$

2. 因果关系检验

将原假设 H_0 设置为"民政部本级彩票公益金资助地方四类项目总额对儿童社会福利项目使用额没有因果预测关系"，将备择假设 H_1 设置为"民政部本级彩票公益金资助地方四类项目总额对儿童社会福利项目使用额存在因果预测关系"。在民政部本级彩票公益金资助地方四类项目总额与儿童社会福利项目使用额通过平稳性检验后，在滞后 1 期、滞后 2 期时、5% 显著性水平下，民政部本级彩票公益金资助地方四类项目总额与儿童社会福利项目使用额之间的格兰杰因果检验接受了原假设，拒绝了备择假设，这表明民政部本级彩票公益金资助地方四类项目总额与儿童社会福利项目使用额之间没有格兰杰因果预测关系（见图 4-1）。

3. 长期贡献度分析

使用脉冲响应和方差分解两种方法分析，儿童社会福利项目使用额对民政部本级彩票公益金资助地方四类项目总额脉冲响应分析结果显示，当在本期给民政部本级彩票公益金资助地方四类项目总额一个正冲击之后，

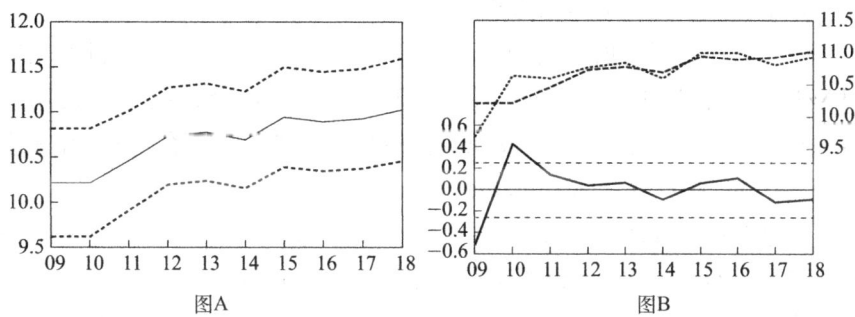

图4-1 救孤项目使用额对民政部支出额预测线（图A）与拟合线（图B）

儿童社会福利项目使用额短期不太稳定，尤其是前四期，第六期以后趋于平稳（见图4-2）。儿童社会福利项目使用额方差分解结果显示，民政部本级彩票公益金资助地方4类项目总额对儿童社会福利项目使用额的贡献率在前几期也不稳定，第六期以后趋于稳定在9%左右。这与脉冲响应分析结果基本相同。

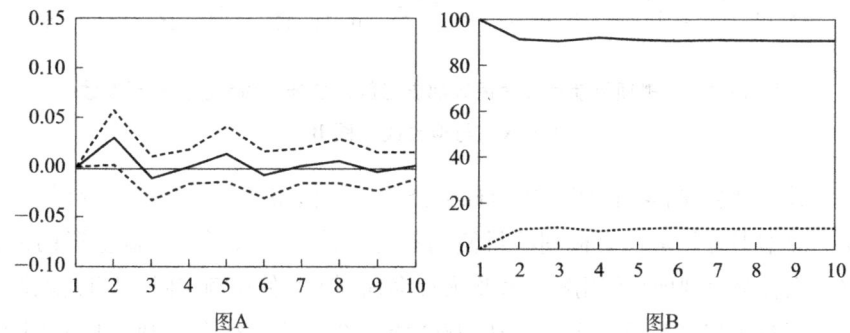

图4-2 救孤项目使用额对民政部支出额脉冲响应（图A）和方差分解趋势（图B）

通过上述计量检验可知，从2009年至今，民政部本级彩票公益金资助地方儿童社会福利项目缺乏长期稳定性。这一特征不如民政部本级彩票公益金资助的地方老年人社会福利项目和残疾人社会福利项目[①]。

---

① 需要说明的是，关于变量之间不存在因果关系是否可以继续做脉冲分析和方差分解，学术界存在争议。本书认为，格兰杰因果关系检验法是从预测角度考虑变量之间的因果关系，只要符合时间序列平稳这一前提条件就可以对差分项做脉冲分析和方差分解。此处所做的脉冲分析、方差分解得出的结论和线性回归估得出的结论基本一致。这表明脉冲分析和方差分解可以作为辅助分析指标。

4. 长期贡献度影响因素分析

对儿童社会福利项目使用额（LNjg）、残疾人社会福利项目使用额（LNzc）、老年人社会福利项目使用额（LNfl）、社会公益项目使用额（LNgy）作多重共线性检验，发现四者存在多重共线性关系，两两相关系数值在 0.56 到 0.96 之间。采取逐步回归法修正多重共线性问题。

经过多重共线性问题修正检验和线性回归估计结果可知，儿童社会福利项目使用额与民政部本级彩票公益金资助额（LNze）、老年人社会福利项目使用额、残疾人社会福利项目使用额拟合程度高（见图 4-3）。

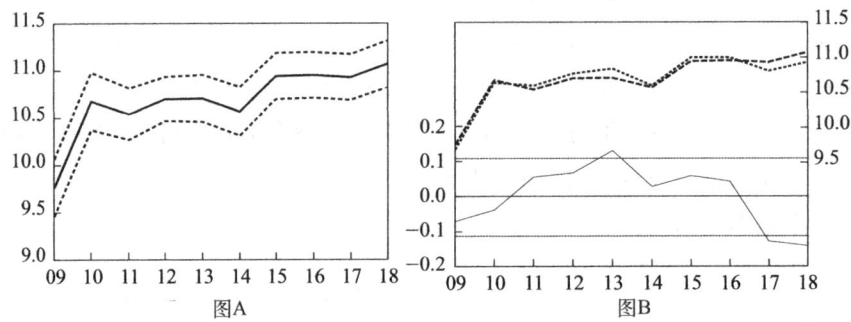

图 4-3 救孤项目使用额对民政部支出额、扶老、助残使用额预测线（图 A）与拟合线（图 B）

儿童社会福利项目使用额与社会公益项目使用额回归估计拟合程度不高。故本书对儿童社会福利项目使用额与民政部本级彩票公益金资助额、老年人社会福利项目使用额、残疾人社会福利项目使用额作回归估计检验。

通过上述计量检验可知，从 2009 年至今，儿童社会福利项目使用额受民政部本级彩票公益金资助额、老年人社会福利项目使用额、残疾人社会福利项目使用额三个因素影响。儿童社会福利项目使用额对民政部本级彩票公益金总额回归估计系数为正值，对老年人社会福利项目使用额和残疾人社会福利项目使用额回归估计系数为负值，这表明儿童社会福利项目使用额与老年人社会福利项目使用额、残疾人社会福利项目使用额之间具有替代关系，在民政部本级彩票公益金总额和社会公益项目使用额不变情况下，老年人社会福利项目使用额和残疾人社会福利项目使用额增加，儿童社会福利项目使用额就会减少；反之亦然。老年人社会福利项目使用额对儿童社会福利项目使用额的冲击要大于残疾人社会福利项目使用额对儿童社会福利项目使用额的冲击。

第二节
地方留成福利彩票公益金救孤社会责任

1988年以来，地方政府使用本级留成福利彩票公益金资助了很多救孤项目。例如，孤儿生活保障、孤儿学习教育与技能培训、孤儿社会福利机构基础设施建设与设备配置、残疾孤儿医疗救助、残疾孤儿康复项目、孤儿就业帮扶、孤儿涉外收养和社会散居孤儿生活保障。2009年，我国登记孤儿数为44260例；2018年全国登记孤儿数为15143例，10年间下降65.7%。这一"救孤"成绩的取得离不开福利彩票公益金的贡献。

"救孤"是福利彩票发行宗旨之一，也是本书研究的福利彩票公益金社会责任体现之一。长期以来，各级各地区民政部门和福利彩票机构在年度福利彩票公益金使用管理公告中部分披露了本级实施的救孤项目情况。但各级各地区福利彩票公益金使用管理单位公示的救孤项目数据不连续、不完整。即便是情况较好的2015~2018年，救孤项目数据的连续性和完整性也不尽如人意。

在2015~2018年，各省（自治区、直辖市）投入的本级福利彩票公益金总额超过了726亿元。其中，用于资助救孤类项目的本级福利彩票公益金总额为21.8亿元（仅限于表4-6中的数据），占比3.0%。从福利彩票公益金使用额地区空间结构方面分析，陕西省、浙江省、河南省、广东省、重庆市用于资助救孤类项目的福利彩票公益金总额位居全国前五名，合计12.7亿元，占比58.3%。总体看，救孤项目使用额与占比均不算高，地区空间结构有待完善，社会效益是否显著仍需进一步深入分析。

表4-6　2015~2018年各省本级福利彩票公益金救孤项目支出额　单位：万元

地区	2015年	2016年	2017年	2018年	5年合计
北京	0	0	0	1717.7	1717.7
天津	805.6	620	832	1148.4	3406
河北	0	0	200	1000	1200

续表

地区	2015 年	2016 年	2017 年	2018 年	5 年合计
山西	0	0	0	0	0
内蒙古	0	0	1242	0	1242
辽宁	0	0	0	0	0
吉林	0	0	0	0	0
黑龙江	3493	3823.5	3753	1089	12158.5
上海	1300	900	1200	986.2	4386.2
江苏	1200	2000	2946.1	2124.31	8270.41
浙江	13779.42	3655.79	5606.44	7794.8	30836.45
安徽	0	0	574.2	800	1374.2
福建	110	110	60	0	280
江西	3000	600	600	1000	5200
山东	0	0	550	2561	3111
河南	4040	4097.2	5510	4163	17810.2
湖北	0	3224	1695	1755.37	6674.37
湖南	1200	2994	2200	2700	9094
广东	5748.33	0	11301	0	17049.33
广西	6715	1750	225	3096	11786
海南	135	9	1952	20	2116
重庆	13615	640	0	1165	15420
四川	0	0	0	0	0
贵州	0	0	0	0	0
云南	1000	1600	1600	1600	5800
西藏	0	0	0	1700	1700
陕西	0	17520	11594.48	17169.65	46284.13
甘肃	0	0	550	2000	2550
青海	0	0	30	1231	1261
宁夏	0	450	0	1898	2348
新疆	0	1800	3500	0	5300
合计	56141.35	45793.49	57721.22	58719.43	218375.49

注：(1) 黑龙江、青海、西藏的扶老、助残、救孤、儿童福利数据为民政部补助地方彩票公益金，并非省本级留成的福利彩票公益金。(2) 各省市项目分类标准不同，本书在统计数据时将部分省市公告中的数据重新分类，按扶老、助残、救孤、济困、赈灾、社会公益六大类项目统计数据。

以上简要分析了2015~2018年各省使用本级留成福利彩票公益金资助救孤项目资金总额和地域空间结构。但这种概要分析尚难以全面了解地方政府是否尽职尽责使用本级留成福利彩票公益金资助救孤项目，充分履行社会责任。为此，本书需进一步深入论证各地区使用本级福利彩票公益金资助救孤项目空间配置结构、特点与发展趋势、社会责任融入等内容。

学术界对1987年以来中央彩票公益金资助的救孤项目类型以及彩票公益金总额、分配结构、增长趋势等方面开展了有益探索，但对同期地方各省福利彩票公益金资助的救孤项目的空间配置结构、特点与发展趋势、社会责任融入等内容仍缺乏充分讨论。本书采集了1988~2019年全国31个省已结束的1455个福利彩票公益金救孤项目，分析这些项目的覆盖范围、空间布局特征与演变趋势、救孤工作机制、全流程责任机制等内容。

一、救孤项目空间结构与演化趋势

福利彩票公益金救孤项目空间结构是指全国各省份使用本级留成福利彩票公益金资助本地区救孤项目的结构。分析这些项目的覆盖范围、空间布局演进特征、发展趋势、社会责任融入，有助于促进福利彩票公益金救孤社会责任体系建设。

（一）福利彩票公益金救孤项目空间结构及特征

1. 非基础设施类救孤项目占比高，项目类别多样

将26种福利彩票公益金救孤项目划分为基础设施类项目和非基础设施类项目两类。总体而言，1988年到2019年，各省（自治区、直辖市）使用福利彩票公益金资助的基础设施类救孤项目占比为14.4%。资助的非基础设施类救孤项目占比为85.6%，主要是教育助学、生活救助金、文体精神娱乐三大类项目。在各省资助的前五名救孤项目中，基础设施项目出现频次为27次，占比18.75%[①]；助学金项目出现频次为22次，占比15.3%；文体用品项目出现频次为22次，占比15.3%；救助金项目出现频次为12次，占比8.3%；观看或参加文体娱乐节目表演项目出现频次为11次，占比7.64%（见表4-7）。这也证明地方政府使用福利彩票

---

① 计算方法：27÷(31×5-11)，看后文各省前5名项目排序和占比，11表示有的省份开展的累计项目数不足5项。

公益金资助的非基础设施类救孤项目主要是教育助学、生活救助金、文体精神娱乐三大类项目。尽管如此,地方政府使用福利彩票公益金资助的救孤项目依然具有多元化特征。

表4-7　　1988~2019年各省福利彩票公益金救孤项目空间结构及占比

排序	项目类别	占比(%)	排序	项目类别	占比(%)
1	助学金	24.2	14	家庭分散寄养	1.2
2	改扩建儿童福利院与基础设施	14.4	15	素质教育培训	1.2
3	救助金	12.5	16	孤儿职业教育	1.1
4	送文体用品	11.8	17	送家用电器	1.0
5	观看或参加文体节目表演	5.9	18	实践活动	0.9
6	送营养健康食品	4.1	19	路费	0.8
7	送米、面、油等基本生活必需品	3.8	20	育苗班	0.8
8	送衣物	3.6	21	义工服务	0.7
9	医疗救助	3.0	22	心理教育	0.4
10	送日用品	2.8	23	爱心助考	0.4
11	夏令营	1.9	24	搭建亲情聊天室	0.2
12	送教学用具	1.8	25	心理辅导	0.1
13	送康复辅助器具	1.5	26	自主创业	0.1

2. 福利彩票公益金资助的救孤项目以集中型结构为主,福利彩票公益金使用以集中型为主,精神文化等非物质类服务项目受到关注

(1)救孤项目分布结构以普惠型为主。1988~2019年,各省福利彩票公益金资助的救孤项目空间分布结构可大致分为4种类型:集中型、适度型、普惠型和责任型。集中型是指福利彩票公益金资助的救孤项目类别数在5种及5种以下。适度型是指福利彩票公益金资助的救孤项目类别数在6~10种之间。普惠型是指福利彩票公益金资助的救孤项目类别数在11~15种之间。责任型是指福利彩票公益金资助的救孤项目类别数在16种及16种以上。总体上看,在考察的26种项目类别中,集中型省份数占比19.3%,适度型省份数占比25.8%,普惠型省份数占比48.4%,责任型省份数占比6.5%。

表4-8　　　　1988~2019年各省福利彩票公益金救孤项目
　　　　　　　　　　　类别数及前五名　　　　　　　　单位:%

地区	第一/占比	第二/占比	第三/占比	第四/占比	第五/占比
北京	基础设施14.3	救助金14.3	夏令营14.3	教学用具9.5	看表演．爱心助考9.5
天津	文体用品23.8	看表演19	基础设施14.3	日用品9.5	家用电器9.5
河北	助学金40.6	看表演9.4	救助金9.4	基础设施6.3	康复器具6.3
山西	文体用品28.6	看表演14.3	日用品14.3	夏令营14.3	助学金14.3
内蒙古	文体用品25	基础设施25	助学金25	健康食品25	—
辽宁	助学金40.5	文体用品20.2	基础设施11.9	日用品6	救助金4.8
吉林	健康食品23.8	文体用品14.3	基础设施14.3	看表演4.8	日用品4.8
黑龙江	助学金31.9	基础设施25.5	文体用品12.8	日用品8.5	看表演6.4
上海	助学金33.3	基础设施9.3	文体用品7.4	健康食品7.4	夏令营5.6
江苏	救助金45.9	助学金30.6	基础设施5.9	米面油等生活必需品4.7	看表演3.5
浙江	助学金43.9	救助金25.8	文体用品7.6	衣物4.5	康复器具3.8
安徽	助学金56.1	文体用品19.3	基础设施12.3	医疗救助7	救助金1.8
江西	救助金51.9	助学金9.3	基础设施7.4	文体用品7.4	医疗救助5.6
山东	救助金20	基础设施11.4	文体用品9.5	助学金8.6	健康食品8.6
河南	基础设施24.4	救助金22	文体用品12.2	助学金7.3	米面油等生活必需品7.3
福建	基础设施	看表演	救助金	助学金	米面油等生活必需品
湖北	助学金45.5	基础设施18.2	孤儿职业教育18.2	救助金9.1	康复器具9.1
湖南	文体用品22.2	医疗救助19.4	助学金16.7	基础设施8.3	孤儿职业教育8.3
广东	基础设施19	育苗班14.3	助学金11.1	夏令营9.5	看表演7.9
广西	基础设施18.2	医疗救助14.5	助学金12.7	米面油等生活必需品10.9	文体用品10.9
海南	基础设施33.3	助学金33.3	文体用品33.3	—	—
重庆	助学金20	健康食品20	基础设施16	文体用品12	家庭寄养12
四川	基础设施66.7	助学金25	素质教育培训8.3	—	—
贵州	文体用品22.7	助学金20.5	教学用具13.6	日用品6.8	心理教育6.8
云南	助学金50	衣物16.7	文体用品11.1	基础设施5.6	米面油等生活必需品5.6
西藏	基础设施100	—	—	—	—
陕西	助学金31.7	基础设施29.3	看表演17.1	文体用品7.3	医疗救助4.9
甘肃	助学金29.1	基础设施16.5	文体用品13.6	看表演9.7	健康食品8.7

续表

地区	第一/占比	第二/占比	第三/占比	第四/占比	第五/占比
青海	文体用品 40.4	衣物 24.6	日用品 8.8	夏令营 5.3	助学金 3.5
宁夏	助学金 33.3	基础设施 33.3	康复器具 33.3	—	—
新疆	基础设施 61.4	助学金 14.4	家庭寄养 6.8	文体用品 4.5	救助金 4.5

注：显著性水平 $p<0.05$。

（2）福利彩票公益金集中使用特征显著。福利彩票公益金资助的救孤项目虽然较多，但福利彩票公益金却是集中使用。从各省福利彩票公益金资助的前5名项目使用额及省份数占比看，各省资助的前5项使用额占比合计在60%以上省份数共计30个，占比为96.8%；前5项使用额占比合计在70%以上省份数共计24个，占比为77.4%；前5项使用额占比合计在80%以上省份数共计18个，占比为58%；前5项使用额占比合计在90%以上省份数共计9个，占比为29%；前5项使用额占比合计100%省份数共计4个，占比为12.9%。这表明大多数省份均集中使用福利彩票公益金资助少数救孤项目，这些项目类别主要是基础设施、助学金、文体用品、助学金、观看或参加娱乐节目。大多数救孤项目类别合计使用的福利彩票公益金不足30%（见表4-8）。

（3）精神文化等非物质性服务项目受到关注。在31个省份前五名项目类别中，组织孤儿观看或参与娱乐文体节目的省份有10个，占比32.3%，其中该项目排在第二名的省份有4个。据此可以得出一个大致判断：救孤项目已从物质帮扶阶段转向非物质性身心健康服务阶段（见表4-8）。

（二）福利彩票公益金救孤项目的演变趋势

对考察的26种项目类别依次做历史演变趋势分析，这些项目的演变趋势大致可分为三种类型：增长型、波动型和衰退型。

1. 增长型救孤项目演变趋势

增长型是指1988~2019年，某种单一的福利彩票公益金救孤项目类别总体上处于增长态势，仅有少数年份呈现不规则波动或下降态势，增减波动趋势不大，不影响总体趋势。在26种项目类别中，捐赠衣物、开展实践活动、捐赠文体用品、观看或参与节目表演等4种项目类别属于增长型，占比15.4%。捐赠衣物、开展实践活动、观看或参与节目表演三类项目在2016年以后的增长趋势更加明显。捐赠文体用品在考察的13个年份中总体属于波动增长型。4 种项目类别的增长趋势见图 4-4。

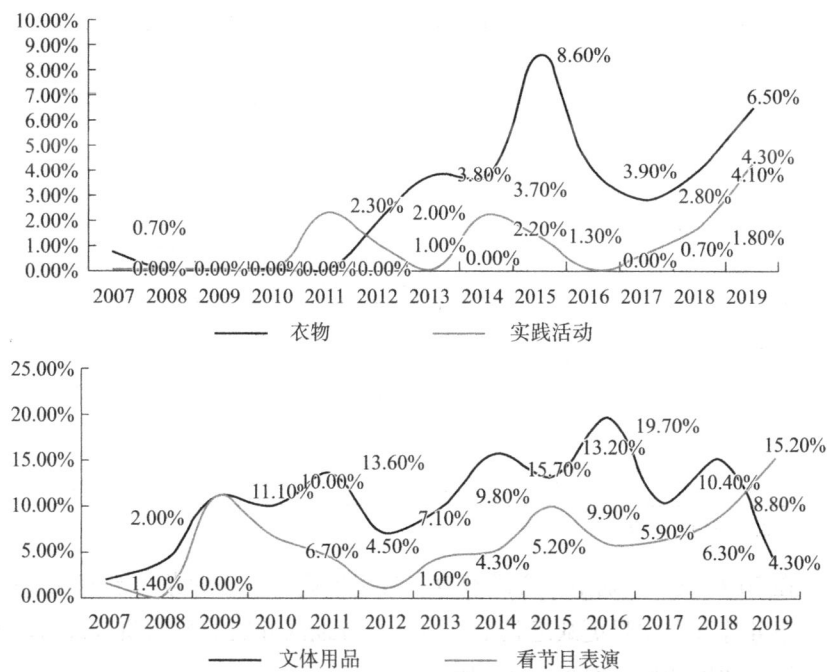

图 4-4 增长型项目类别发展趋势（2007 = 1988~2007 年）

2. 波动型救孤项目演变趋势

波动型是指 1988~2019 年，某种单一的福利彩票公益金救孤项目总体上处于不规则波动态势，缺乏规律性，有些年份未开展此类工作。在 26 种项目类别中，有 16 种项目类别属于波动型，占比 61.5%（见表 4-9）。

表 4-9 　　　　1988~2019 年波动型福利彩票公益金救孤项目类别发展趋势

年份 项目 类别	2007	2008	2009	2010	2011	2012	2013	2014	2015	2016	2017	2018	2019
送米面油等生活必需品	2.7%	3.8%	0	0	2.3%	5.1%	4.9%	1.5%	4%	5.4%	4.9%	1.8%	8.7%
健康食品	0	0	0	6.7%	6.8%	4%	4.9%	9%	2%	3%	6.9%	2.9%	8.7%
助学金	45.6%	42.3%	27.8%	26.7%	9.1%	16.2%	23.4%	19.4%	19.2%	16.7%	28.5%	26.3%	19.6%
教学用具	0	0	0	0	0	2%	1.1%	1.5%	5.3%	3%	0.7%	1.8%	2.2%
心理辅导	0	0	0	0	0	0	0	0	0	0	0.7%	0	0
日用品	0	0	0	0	2.3%	4%	2.2%	1.5%	7.9%	2.5%	3.5%	1.2%	8.7%

续表

年份 项目类别	2007	2008	2009	2010	2011	2012	2013	2014	2015	2016	2017	2018	2019
家用电器	0	0	0	3.3%	0	1%	1.6%	2.2%	1.3%	0.5%	0.7%	1.2%	0
素质教育培训	0.7%	3.8%	0	0	2.3%	2%	3.3%	1.5%	0.7%	0.5%	0.7%	0	2.2%
心理教育	0	0	0	0	0	0	0	0	0	1%	0.7%	1.2%	0
自主创业	0	0	0	0	0	0	0	0	0	0	0	0.6%	0
夏令营	0	0	0	0	9.1%	1%	2.7%	0	0	0.7%	0	3.5%	5.8%
爱心助考	0	0	0	0	0	0	0.5%	0	0	0	0.70%	1.8%	0
路费	1.4%	0	0	0	0	2%	1.1%	0.7%	0	0.5%	0	0	6.5%
亲情聊天室	0	0	0	0	0	0	0	0	0	0	0.7%	0.6%	2.2%
育苗班	0	7.7%	0	0	2.3%	4%	0.5%	0	0	0.5%	0	0	2.2%
义工服务	0	0	0	0	0	1%	0.5%	3.7%	0	0	1.4%	0.6%	0

注：2007 = 1988~2007 年。

在26种项目类别中，心理教育、自主创业、爱心助考、亲情聊天室、义工服务等五类项目更缺乏长期稳定性。各地区开展的救孤项目或活动的连续性和非连续性情况见表4-10。

表4-10　1988~2019年各地未开展救孤项目（活动）的年份数及占比

项目类别	未覆盖年份数（个）	占比（%）	项目类别	未覆盖年份数（个）	占比（%）
基础设施	0	0.00	素质教育培训	3	23.08
送米面油等生活必需品	2	15.38	心理教育	10	76.92
健康食品	3	23.08	实践活动	6	46.15
助学金	0	0.00	文体用品	0	0.00
救助金	1	7.69	自主创业	12	92.31
教学用具	5	38.46	看节目表演	1	7.69
家庭寄养	3	23.08	夏令营	6	46.15
心理辅导	12	92.31	爱心助考	11	84.62
日用品	4	30.77	路费	7	53.85
衣物	4	30.77	亲情聊天室	10	76.92
家用电器	5	38.46	育苗班	7	53.85
康复辅助器具	2	15.38	医疗救助	3	23.08
孤儿职业教育	5	38.46	义工服务	8	61.54

注：显著性水平 $p < 0.05$。

3. 衰退型救孤项目发展趋势

衰退型是指1988年到2019年，某种单一的福利彩票公益金救孤项目总体上处于下降态势，仅有少数年份呈现不规则波动或上升态势，增减波动趋势不大，不影响总体趋势。在26种项目类别中，基础设施建设、赠送救助金、家庭寄养、赠送康复辅助器具、孤儿职业教育、医疗救助6个项目类别属于衰退型，占比23.1%（见图4-5）。

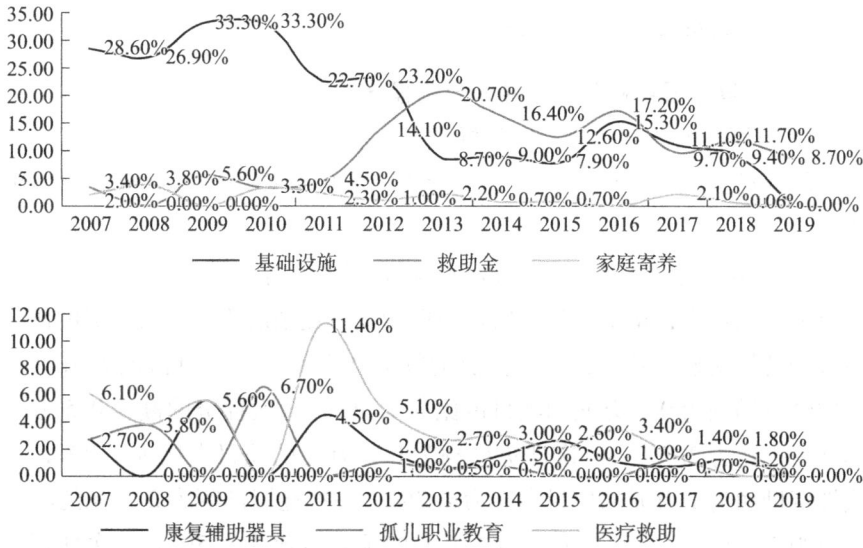

图4-5 衰退型项目类别发展趋势（2007=1988~2007年）

（三）福利彩票公益金救孤项目空间结构调整方向

通过分析1988~2019年全国各省福利彩票公益金救孤项目空间结构及演变趋势可知，各地区的救孤工作既有共性特征，又有地方特色。近年来，我国救孤形势已经发生变化，福利彩票公益金救孤项目空间结构和重心也需根据新形势、新变化、新问题和新趋势作出相应调整。

1. 根据救孤项目类别的演变趋势与特征确定福利彩票公益金项目覆盖范围和工作重心

在考察的26种项目类别中，增长型项目4种，衰退型项目6种，波动型16种（占比61.5%）。据此，今后可继续开展增长型救孤项目。衰退型项目可适时停止。波动型项目缺乏规律性，对此国家可牵头制定年度导引目录，以建议、提示或警示等方式引导全国共性救孤项目发展，保留一定比例的地区特色救孤项目。

2. 根据国家规划的救孤项目及本地区特色救孤项目确定今后救孤保障工作方向和覆盖范围

目前，国家引导的福利彩票公益金救孤工作方向是，在资助基础设施设备、日常生活帮扶、身体健康、孤残群体教育、孤残群体再就业等项目基础上，逐渐偏向孤残群体社会融入、心理健康和高质量服务等项目。

二、救孤社会责任融入与主要问题

（一）救孤项目社会责任融入全流程分析

1. 前期投入环节社会责任分析

前期投入环节设计了项目资金投入、实施责任主体、资金来源三个指标。

（1）项目资金投入分析。40.7%项目没有公示具体资金额。在公示资金额的项目中，单个项目一次性资助额及占比情况为：一次性资助额为整数的特征明显。其中，一次性资助额为0.2万元的项目占比为1.0%，一次性资助额为0.3万元的项目占比为1.3%，一次性资助额为0.5万元的项目占比为2.7%，一次性资助额为0.8万元的项目占比为1.0%，一次性资助额为1万元的项目占比为4.7%，一次性资助额为2万元的项目占比为3.4%，一次性资助额为3万元的项目占比为1.5%，一次性资助额为4万元的项目占比为0.8%，一次性资助额为5万元的项目占比为3.0%，一次性资助额为10万元的项目占比为4.1%，一次性资助额为20万元的项目占比为1.9%，一次性资助额为50万元的项目占比为0.7%，一次性资助额为100万元的项目占比为1.2%，一次性资助额为200万元的项目占比为0.3%，一次性资助额为1000万元的项目占比为0.1%。除了上述15个整数额以外，其他整数额占比基本在0.1%以下。救孤类项目和助残类项目的资助额特征相似。

从单个项目一次性资助额累计占比方面分析，资助额在1000～5000元以下（含）的项目累计占比为11.6%，资助额在5001～10000元之间的项目累计占比为12.3%，资助额在10001～20000元之间的项目累计占比为8.1%，资助额在20001～30000元之间的项目累计占比为3.8%，资助额在30001～50000元之间的项目累计占比为7.6%，资助额在50001～100000元之间的项目累计占比为12.5%，资助额在100001～200000元之间的项目累计占比为10.7%，资助额在200001~500000元之间的项目累计占比为9.6%，资助额在500001~2000000元之间的项目累计占比为12.7%，资助额在2000001万元以上的项目累计占比为11.0%。总体看，单个项目一次性资助额累计区间前三位依次是：500001元~200万元、5001~10000万元、5000元以下。与扶老类项目和助残类项目不同，救孤类项目的资助额呈现三段化特征。资金额在1万元以下的项目累计占比为23.9%；资金额在5001~20万元之间的项目累计占比为23.2%；资金额在50万元以上的项目累计占比为23.7%；三者合计70.8%。

（2）项目实施责任主体分析。从资助的救孤项目主体结构方面分析，地方政府福利彩票发行管理机构独立资助的救孤项目数占比为75.6%，地方政府福利彩票发行管理机构联合多部门资助的救孤项目数占比20%，两者合计接近95.6%。对比而言，中央专项彩票公益金独立资助的地方救孤项目数占比0.1%。残联部门独立、环保部门独立、慈善部门主导与慈善部门主导、多部门参与资助的地方救孤项目数占比合计仅为4.3%。这表明地方政府福利彩票发行管理机构是救孤类项目社会责任承担主体，尤其体现在赠送助学金、儿童社会福利机构改扩建、赠送救助金三大类项目上。

（3）项目资金来源分析。在考察的所有资金拨付渠道中，地市本级福利彩票公益金支付额占比最高，为48.9%，省本级福利彩票公益金支付额占比34.1%。对比而言，中央专项彩票公益金资助额占比1.9%，民政部本级彩票公益金资助额占比10.1%，中国福利彩票发行管理中心资助额占比0.1%。教育部门、环保部门、残联系统、慈善系统、红十字会系统和其他渠道的资助额合计占比为4.4%。总体看，地方政府支出的本级留成福利彩票公益金占比高达83%。这表明救孤项目资金主要是地方省、市两级福利彩票发行管理机构留存的本级福利彩票公益金。

2. 中期管理环节社会责任分析

中期管理环节设计了项目说明、过程描述、项目总结三个指标。

（1）项目说明。在几种项目概况说明形式中，福利彩票公益金使用管理单位仅使用"文字"说明救孤项目概况的比例为20%。使用"文字+活动图片"说明救孤项目概况的比例为80%，主要体现在儿童社会福利机构改扩建、赠送助学金、赠送救助金3大类项目上。

（2）过程描述。在几种救孤项目过程描述形式中，福利彩票公益金使用管理单位仅使用"文字"描述救孤项目过程的比例是 8.4%。使用"文字＋活动图片"描述救孤项目的比例是 10.4%，主要体现在赠送助学金、儿童社会福利机构改扩建、医疗救助 3 大类项目上。

（2）项目总结。在几种项目总结说明形式中，福利彩票公益金使用管理单位仅使用"文字"总结救孤项目实施情况的比例是 18.5%。使用"文字＋图片"总结救孤项目实施情况的比例是 79.9%。使用"文字＋图片＋财务款单凭证"总结救孤项目实施情况的比例是 0%，主要体现在赠送助学金、赠送文体用品、赠送救助金三大类项目上。未总结救孤项目实施情况的比例是 1.6%。

3. 后期效益环节社会责任分析

后期效益环节设计了项目绩效评估和信息披露两个指标。

（1）绩效评估。地方政府福利彩票公益金使用管理单位对救孤项目效果开展了绩效评估。其中，地方政府福利彩票发行管理机构自己开展救孤项目绩效评估占比为 73.1%，主要体现在赠送助学金、儿童社会福利机构改扩建、赠送救助金三大类项目上。政府其他部门开展救孤项目绩效评估占比为 1.3%。第三方民间机构开展救孤项目绩效评估占比为 25.6%。没有开展救孤项目绩效评估的比例为 4.3%。

（2）信息披露。仅以福利彩票发行管理机构官方网站信息披露为例，其将救孤项目报道内容链接放在官方网站首页不显著位置的比例是 68.1%，放在官方网站首页显著位置的比例是 25%，内容放在二级链接下面的比例为 0%，放在三级链接下面的比例是 6.9%。这样的设置比较合理，有利于宣传救孤项目。

总体看，地方政府福利彩票公益金使用管理单位在救孤项目组织实施、资金投入、项目概况说明、过程描述、项目总结、信息披露等多项工作中较好地融入了社会责任。但社会责任融入体系建设中仍存在一些突出问题。

（二）社会责任融入体系建设中面临的主要问题

1. 社会责任融入要素不完整

几乎所有的救孤项目都缺少完整计划、工作框架、过程报告、资金使用报告、结项报告。对比而言，这些做法和成效尚不如一些民间公益慈善救助平台的做法和成效。以民政部遴选的首批互联网募捐信息平台——腾讯乐捐平台为例，该平台上很多救孤项目都有工作计划、工作框架、活动过程报告、资金使用报告、结项报告。资助工作结束后，腾讯平台会发布《项目执行报告》，公示资助项目背景、工作框架、工作阶段及具体工作、各项目受益人名称及所在地区、受益人数、物品数量和金额、领款回执单等资料扫描件或照片。由此可以反衬出，地方留成的福利彩票公益金救孤项目社会责任融入要素极为不完整。

2. 项目过程描述和项目总结管理制度不够健全

在项目实施过程描述环节，未作描述的项目占比 81.2%，反映出地方福利彩票公益金使用管理单位对救孤项目实施过程疏于管理。在项目总结环节，使用"文字＋图片＋财务款单凭证"总结救孤项目实施情况的比例是 0%，未总结救孤项目实施情况的比例是 1.6%，表明福利彩票公益金救孤项目使用管理情况缺乏透明度。

3. 受益方信息和财务信息不透明

这些不透明问题主要表现为财务单据和凭证缺乏、无受益方签字凭证、无受益方银行款单、无代办人签字单证以及银行电子回单等资料。仍以腾讯乐捐平台为例，该平台向社会公告的结项报告中包括物品金额、金额小计、执行及运费、监管支出、费用合计、受益人签收单、收款收据、领款回执单、发票、银行电子回单等财务类资料扫描件或照片。对比而言，地方留成的福利彩票公益金救孤项目社会责任融入和社会责任体系建设仍任重而道远。

4. 信息披露和社会回应不足

救孤项目使用金额不透明，40.7% 的救孤项目未提及使用的福利彩票公益金数额。受益人数不透明，44.5% 的救孤项目没有提及受益人数。多方合作披露信息机制不健全，在报道救孤项目的媒体中，福利彩票发行管理机构在官方网站披露信息占比 94.8%，彩票行业内网络媒体参与比例为 1.4%，彩票行业内报纸参与比例为 3.1%，彩票行业外媒体参与比例为 0.8%。救孤项目缺少更多彩票行业内外媒体参与报道，传统纸质媒体和彩票行业外网络媒体的社会支持力较弱。

总体看，地方政府福利彩票公益金使用管理单位偏重福利彩票公益金前期投入，疏于过程管理，轻视福利彩票公益金使用效率评估、后期督查监管及产生的影响；偏重项目新闻报道和业绩宣传，轻视与受益方社会责任沟通、受益方感受与需求。这与扶老类项目和助残类项目相同。

第三节
福利彩票公益金救孤项目社会效益

福利彩票公益金财政支出是衡量政府相关部门履行救孤社会责任的重要且关键指标之一。但评测福利彩票公益金救孤社会责任还需看福利彩票公益金救孤项目实施后的社会效益。本部分首先分析民政部本级彩票公益金救孤工作及社会效益，梳理民政部本级彩票公益金资助救孤项目强度和民政部彩票公益金补助地方救孤项目强度，并分析两者的项目覆盖范围。其次，分析彩票公益金救孤法规制度建设，梳理国家和地方制定实施专项彩票公益金资助救孤项目的相关制度。最后，以样例形式分析各地区使用彩票公益金救孤工作及社会效益，但不包括民政部本级彩票公益金资助的救孤项目和民政部本级彩票公益金补助地方、由地方政府资助的救孤项目。

一、救孤项目资助强度较大

2010~2018年，民政部本级彩票公益金资助救孤项目总额超过了26.49亿元。在老年人社会福利项目、残疾人社会福利项目、儿童社会福利项目、社会公益项目4大类项目中，救孤类项目彩票公益金使用额仅低于老年人社会福利项目彩票公益金使用额，超过残疾人社会福利项目使用额6亿元，超过社会公益项目使用额12亿元。

2014~2018年，民政部分配给各省用于救孤类项目的中央专项彩票公益金累计资助26.5亿元。2009~2018年，民政部彩票公益金补助地方救孤类项目金额46.14亿元。在老年人社会福利项目、残疾人社会福利项目、儿童社会福利项目、社会公益项目4大类项目中，救孤类项目彩票公益金使用额仅低于老年人社会福利项目彩票公益金使用额，超过残疾人社会福利项目使用额20亿元，超过社会公益项目使用额28亿元。

在老年人社会福利项目、残疾人社会福利项目、儿童社会福利项目、社会公益项目4大类项目中，救孤类项目使用的彩票公益金总额及占比均位于第二名，仅低于老年人社会福利项目使用的彩票公益金总额及占比。总体看，2010~2018年，民政部本级彩票公益金资助救孤项目资金额为53亿元，资助强度较大，救孤工作取得积极成效。

二、救孤项目覆盖范围较广

2010~2018年，民政部本级彩票公益金和地方留成福利彩票公益金资助的救孤项目共计23大类，包括明天计划、蓝天计划、腭裂儿童手术康复计划、孤儿教育、流浪未成年人救助、残疾儿童与艾滋病影响儿童养治教康等项目。其中，大龄孤儿学历教育和孤儿教育助学、涉外送养儿童寻根回访及中国文化教育、孤残儿童高等教育助学、明天计划长效机制4大类项目使用的资金额最为稳定。儿童福利服务体系建设项目受关注度很高。总体看，救孤项目的覆盖范围较广、社会关注度较高、普惠程度很高。

三、救孤法律法规制度健全

2010年以来，国家和各地区制定实施了很多儿童社会福利法律法规制度和指导性文件（见表4-11）。这些法律法规制度主要关注儿童福利服务体系建设、明天计划、疾病诊疗、孤儿学历教育和技能教育。概言之，我国儿童社会福利法律法规制度和指导性文件建设工作及成效可概括为以下几点：

（一）明确了彩票公益金资助救孤项目的范围和重点

《民政部本级彩票公益金使用管理办法》规定，民政部本级彩票公益金应按照福利彩票发行宗旨用于"救孤"项目，具体包括：社会福利基础设施建设、社会福利服务、培训、科技和标准化建设、信息化建设、课题研究等能力建设项目。《民政部彩票公益金使用管理办法》也作出了相同规定。《中央集中彩票公益金支持社会福利事业资金使用管理办法》规定，彩票公益金应遵循福利彩票发行宗旨用于"救孤"项目，支持儿童社会福利事业发展。

（二）明确了彩票公益金资助救孤项目的流程和监管制度体系

以目前权威的部门规章《中央集中彩票公益金支持社会福利事业资金使用管理办法》为例，该办法共有总则、使用范围、分配和使用管理、信息公开、绩效管理与监督检查、附则等六章。从总则和附则以外的四章中可以看出，彩票公益金资助救孤项目的流程和监管制度体系非常健全。例如，第三章"使用范围"对预算管理、项目申报、补助地方项目资金分配考虑因素及权重、地方分配方案与预算、资金支付、结转结余、绩效管理与监督检查、政府采购等事项和流程都作出了具体规定。

（三）比较重视孤儿医疗康复"明天计划"项目

2010~2018年，在民政部本级彩票公益金支持的救孤类项目中，"明天计划"受资助年份数位列第三名，仅次于"大龄孤儿学历教育和孤儿教育助学"和"涉外送养儿童寻根回访及中国文化教育"。但是在三者中，国家最重视"明天计划"法规制度建设。2019年3月，民政部制定实施的《"孤儿医疗康复明天计划"项目实施办法》正式生效。该办法主要有四个明显进步：一是扩大了受益对象覆盖范围，0~18周岁孤儿及年满18周岁以上但仍在校就读的孤儿都属于受益孤儿。二是拓宽了彩票公益金覆盖面，进一步明确覆盖诊疗费、康复费、特殊药品费、辅助器具配置费等项目。三是降低了诊疗起付标准，提高了康复资助限额及住院服务费标准。四是规范了项目管理，将"明天计划"纳入省级年度常态化工作。

（四）救孤法规制度规范，符合实际需要，可操作性强

以《江苏省"明天计划"项目实施细则（试行）》为例，该实施细则将诊疗费用细分为诊疗费、康复费、特殊药品费、辅具器具配置费、体检费、住院服务费6大类，对每一类都作出了具体规定。资助范围和标准具体、明确，可操作性强[1]。再例如，浙江省泉州南安市下发的《关于下达2019年中央福彩公益金（儿童福利类）的通知》分类简单，各地区资

---

[1] 例如，诊疗费用规定如下：社会散居孤儿年度内在定点医院诊疗自负费用设1000元起付线，1000元以上部分资助80%。年度门诊自负费用资助上限1万元，住院自负费用资助上限3万元。父母监护缺失儿童、父母无力履行监护职责儿童年度内定点医院住院自负费用设2000元起付线，2000元以上资助70%，年资助上限3万元。重残儿童、贫困家庭中儿童年度内在定点医院住院自负费用设3000元起付线，3000元以上部分资助60%，年度资助上限3万元。上述儿童外，对农村先天性心脏病儿童年度内在定点医院住院手术治疗自负费用设3000元起付线，3000元以上部分资助60%，年资助上限1万元。针对骨髓移植、器官移植、恶性肿瘤儿童年度内在定点医院住院自负费用累计在10万元以上，"明天计划"给以每人每年2万元资助。康复费、特殊药品费、辅具器具配置费、体检费、住院服务费5类规定也都非常细致。

金分配额细致明确。

表4-11 国家及部分地区福利彩票公益金救孤法规制度和要点

部门或地区	制度名称	制度要点	年份
民政部	儿童福利机构建设"蓝天计划"实施方案	资助范围、标准、申请资助条件、保障措施	2007
民政部	关于2010年福利彩票公益金使用的指导意见	公益金资助儿童福利项目使用范围与资助重点	2010
民政部	民政部本级彩票公益金使用管理办法	公益金使用应遵循福利彩票救孤发行宗旨	2016
财政部和民政部	中央集中彩票公益金支持社会福利事业资金使用管理办法	公益金应遵循福利彩票救孤发行宗旨,资助儿童	2017
国务院	关于建立残疾儿童康复救助制度的意见	救助对象、内容、标准、工作流程、经费保障	2018
民政部	民政部彩票公益金使用管理办法	公益金应遵循福利彩票救孤发行宗旨,资助儿童	2018
民政部	孤儿医疗康复"明天计划"项目实施办法	组织流程、资金使用、项目质量、实施效果	2019
江苏省	江苏省"明天计划"项目实施细则(试行)	对象范围和标准、定点医院、申请审核、经费结算	2019
江西省	省级福利彩票公益金资助儿童福利机构项目管理办法	使用范围及标准、审批、资金使用、监管	2019
山东省	省级福利彩票公益金使用管理办法	儿童福利机构建设、设施设备配置,孤残儿童救治	2019
浙江泉州南安市	关于下达2019年中央福彩公益金(儿童福利类)的通知	孤儿助学与救助保护中心,儿童福利院设施设备	2019

注:本表根据各级各地区相关部门公示的规章制度整理。

四、救孤信息披露成效显著

(一)信息披露比率较高

2008年以来,财政部每年都向社会公告上一年度全国彩票公益金筹集、分配和使用情况,详细公示中央集中的彩票公益金资助儿童福利类项目实际使用额、项目执行单位和项目简介等信息。1988年以来,民政部每年也向社会公告上一年民政部本级彩票公益金资助儿童福利类项目的目的、实际使用额、项目执行单位和项目简介等信息。2014年以来,中国福利彩票发行管理中心和各省市福利彩票发行管理机构发布本级福利彩票社会责任报告,公示每一年资助儿童社会福利项目资金使用情况。总体看,信息披露比率较高。

(二) 信息披露及时明晰

1. 公示时间

2008年以来,财政部每年都依法在8月底之前向社会公告历年全国彩票公益金筹集、分配和使用情况,民政部每年都依法在6月底之前向社会公告历年彩票公益金分配使用情况和补助地方情况,两者都包括资助儿童社会福利事业的情况。各省财政部门和民政部门也都同步公告上一年本级彩票公益金资助儿童福利事业的情况。总体看,公示时间比较合理。

2. 公示位置和内容易获性

财政部、民政部和各省将本级彩票公益金资助儿童社会福利事业使用情况公报放在官方网站二级链接上,一般会在首页设置"彩票公益""公益福彩""信息公开""公益之窗"和"社会责任报告"等链接,便于公众快速查找。所有公告均可在线阅读、下载(Word和PDF)。各省网站还设置了微信客户端模块,方便社会公众下载浏览信息。

(三) 信息披露规范细致

财政部、民政部和各省公告上一年本级彩票公益金资助儿童社会福利事业的情况时,能依法依规详细公示受益人数量和资助范围等信息,信息披露相关工作比较细致,数据完整,分类清晰。例如,财政部在《2016年全国彩票公益金筹集、分配和使用情况》除公示了16大类项目中央专项彩票公益金安排使用金额之外,还公示了16大类项目的实施主体和目的。

五、单项救孤业务成效明显

单项救孤项目是指地方政府每年使用本级留成福利彩票公益金不定期开展的救孤类项目。地方政府本级留成福利彩票公益金资助救孤项目情况、特征、发展趋势、彩票公益金贡献和社会责任融入等内容已在前文论述。本处仅以样例形式分析救孤类项目及社会效益(见表4-12)。

表 4-12　　　　　　　　全国其他救孤业务工作成效概览

地区或部门	项目	工作及成效	年份
陕西省咸阳市	儿童福利中心工程	福彩公益金累计超过 1190 万元，建设儿童福利院康复中心等基础设施	1998—2019
山东省青岛市	蓝天之家儿童工疗康复中心	3500 万元福利彩票公益金，受益人数超过了 200 人次	2017—2019
山东省泰安市	儿童福利院项目	2700 万元福利彩票公益金	2017
海南省海口市	福彩阳光救济行动	向每名贫困孤儿资助 6000 元	2019
江苏连云港赣榆区	孤儿生活救助项目	123.26 万元，73 名散居孤儿，养育标准提到 2222 元和 1329 元	2017—2019
甘肃省天水市	慈善情暖万家	资助市儿童福利院 68 名孤残儿童生活用品	2018
河南省开封市	福彩圆梦. 孤儿助学	SOS 儿童村接受普通高等教育孤儿每人每学年可获 1 万元助学金	2019
湖北省本级	孤儿助学项目	助学金和励志奖学金。累计投入 5000 万元，受助学子 9500 人次	2008—2019
广东省云浮市	福彩圆孤大学梦	每人 5000 元助学金。累计资助孤儿大学生 413 人	2014—2019
河南省洛阳市	福彩圆梦. 善行中原	每年投入 600-1000 万元甚至超 1000 万元，用于福利院儿童手术和康复	2015—2019
广东佛山市顺德区	残疾弃婴康复	三年累计投入 4000 多万元用于残疾弃婴和残疾人康复治疗	2016—2018
江苏省徐州市	孤残儿童国际救治合作	与美国组织合作，非患有严重残疾、有传染病和不适应集体生活孤儿	2017
河北省秦皇岛市	爱在你身边	参与人员和福利院儿童开展文体娱乐游戏活动	2017
西藏自治区本级	福彩与孤残儿童共庆六一	投入 13 万元福利彩票公益金	2017
广西自治区本级	福彩情 与爱童行	带领 17 名孤儿学生前往广州、珠海等地参观学习	2019
重庆市本级	慈幼共创	累计 4000 万元，扶持 40 多家组织 59 个项目，受益儿童超过 1.4 万名	2014—2017

注：本表资料根据各地福利彩票机构官方网站公示的单项救孤活动和项目整理。第四列中年份区间表示本书统计时项目开展区间，上限年份并非该项目停止年份。有些项目到目前仍在运行。

（一）基础设施类项目及社会效益

此类项目主要资助集中供养孤残儿童生活楼、康复楼及配套基础设施设备新建、改扩建项目。此类项目比较普遍，是福利彩票公益金资助最多的一类项目。例如，2013~2019 年，山东省青岛市投入福利彩票公益金 3500 万元资助"蓝天之家"儿童工疗康复中心，受益人数超过了 200 人次。2017 年山东省泰安市投入福利彩票公益金 2700 万资助本市儿童福利院。

（二）生活照顾与服务类项目及社会效益

此类项目主要面向集中供养和分散寄养孤残儿童提供生活用品、现金和服务的救孤项目。例如，2019 年海南省海口市使用福利彩票公益金资助"福彩阳光救济行动"，向每名贫困孤儿资助 6000 元。2017~2019 年，江苏省连云港市赣榆区投入福利彩票公益金 123.26 万元资助 73 名社会散居孤儿生活费，并将集中养育和社会散居孤儿养育标准由 2040 元和 1220 元分别提高到 2222 元和 1329 元。2018 年甘肃省天水市投入本级福利彩票公益金 7 万元资助"慈善情暖万家"活动，资助市儿童福利院 68 名孤残儿童生活用品采购项目。2015~2017 年，广东省佛山市顺德区资助孤儿家庭寄养项目，仅 2016 年就支出福利彩票公益金 29.3 万元。

（三）教育教学类项目及社会效益

此类项目主要资助孤残儿童学前教育、各阶段学历教育和技能教育项目。例如，2019 年河南省开封市使用本级福利彩票公益金资助"福彩圆梦·孤儿助学"工程，SOS 儿童村接受普通高等教育的孤儿每人每学年可获得 1 万元助学金。2008~2019 年，湖北省使用省本级福利彩票公益金资助两类可以同时申请的孤儿助学项目：福彩助学金和福彩励志奖学金。前者每人 5000 元；后者每人 1000~3000 元，用于表彰湖北籍孤儿大学生中品学兼优者。截至 2018 年底，湖北省资助孤儿大学生项目累计投入本级福利彩票公益金近 5000 万元，受助学子近 9500 人次。2014~2019 年，广东省云浮市使用本级福利彩票公益金资助"福彩圆孤大学梦"项目，为 33 名孤儿大学生代表发放 5000 元助学金。截至 2018 年末，云浮市利用本级福利彩票公益金累计资助孤儿大学生 413 人次。

（四）疾病健康诊疗类项目及社会效益

此类项目主要面向孤残儿童疾病诊疗、康复、心理疏导等救孤项目。

例如，2015~2019年，河南省洛阳市使用福利彩票公益金资助"福彩圆梦·善行中原"公益回访活动，每年投入600万~1000万元甚至超1000万元福利彩票公益金，用于福利院儿童手术和康复项目。2016~2018年，广东省顺德区投入福利彩票公益金几百万元资助"残疾弃婴康复"项目，3年累计投入4000多万元用于残疾弃婴和残疾人康复治疗。2017年江苏省徐州市使用福利彩票公益金资助孤残儿童国际救治合作项目，该项目与美国慈善组织合作，接收徐州地区非患有严重残疾、带有传染病和不适应集体生活的孤儿。2016年辽宁省绥中县使用福利彩票公益金2万元资助孤独症康复教育训练中心项目。

（五）文体娱乐活动类项目及社会效益

此类项目主要资助为孤残儿童提供文化、体育、娱乐等提高精神与心理愉悦度的救孤项目。例如，2019年河南省漯河市安排福利彩票公益金10440元资助"庆六一·走进郑州动物园"活动。2018年重庆市使用福利彩票公益金资助"为爱'厨'征"活动，志愿者们和儿童福利院孤儿一起开展文体娱乐游戏活动。2017年河北省秦皇岛市使用福利彩票公益金资助"爱在你身边"活动，参与人员和福利院儿童开展文体娱乐游戏活动。2017年河南省三门峡市使用福利彩票公益金资助孤残儿童为爱"走长城"活动。

（六）节假日慰问类项目及社会效益

此类项目主要资助在节假日向福利机构孤残儿童捐赠物品和现金，并开展联欢活动的救孤项目。例如，2019~2020年春节前，天津市使用福利彩票公益金资助"爱·足迹"福利院孤残儿童新春答谢会。2018年甘肃省张掖市投入福利彩票公益金6万元资助"福彩献爱·粽情端午"活动，向儿童福利院捐赠钢琴、电钢琴以及其他物品。2017年西藏自治区投入福利彩票公益金13万元资助"福彩与孤残儿童共庆六一"活动。

（七）外出游学体验类项目及社会效益

此类项目主要资助带领孤残儿童到异地体验生活、增加阅历和开阔视野等救孤项目。例如，2019年广西使用福利彩票公益金资助"福彩情与爱童行"游学之旅，主办方带领 17 名孤儿学生前往广州市、珠海市等地参观学习。2017 年陕西省渭南市使用福利彩票公益金资助"阳光福彩关爱孤残儿童夏令营"项目，资助 22 名福利院孤残儿童赴青海省参加夏令营活动。

此外，国家和各省市还使用福利彩票公益金资助成年孤残人群创业就业类等项目。例如，2014~2017 年，重庆市使用福利彩票公益金资助的"慈幼共创"项目。由于这些类别项目和上述已述单案例项目相比，社会覆盖面相对狭窄，公众关注度不太高。社会影响力相对较小，故本书不再展开论述。

尽管各省使用本级留存福利彩票公益金资助的救孤项目取得了明显的社会效益，但仍存在一些问题。例如，信息披露工作仍存在不足之处。在 1988~2019 年，各省使用本级留存福利彩票公益金资助的救孤项目或活动公示不尽如人意。项目类别数在 5 类以下的省份数所占比例为 19.35%，6~10 项的省份数所占比例为 29.03%，11~15 项的省份数所占比例为 45.16%，16 项以上的省份数所占比例为 6.45%；项目数在 10 项以下的省份数所占比例合计为 48.4%；项目数在 15 项及 15 项以下的省份数所占比例合计 93.6%。就具体省份而言，西藏自治区、海南省、四川省、宁夏回族自治区、内蒙古自治区、湖北省的项目类别数均在 5 类以下；山西省、安徽省、云南省、黑龙江省、重庆市、陕西省的项目类别数均在 9 类以下。在考察的 26 种项目类别中，67.7% 省份的项目类别数不足 50%；93.5% 省份的项目类别数不足 60%（见表 4-13）。这表明各地区福利彩票机构对福利彩票公益金资助的活动或项目信息披露仍存在不足之处。

表 4-13 1988~2019 年各省福利彩票公益金救孤项目数及占比   单位：%

地区	项目数	占比	地区	项目数	占比
北京	12	46.15	湖北	5	19.23
天津	10	38.46	湖南	11	42.31
河北	12	46.15	广东	16	61.54
山西	6	23.08	广西	15	57.69
内蒙古	4	15.38	海南	3	11.54
辽宁	13	50.00	重庆	9	34.62
吉林	13	50.00	四川	3	11.54

续表

地区	项目数	占比	地区	项目数	占比
黑龙江	9	34.62	贵州	13	50.00
上海	18	69.23	云南	8	30.77
江苏	10	38.46	西藏	1	3.85
浙江	13	50.00	陕西	9	34.62
安徽	7	26.92	甘肃	12	46.15
福建	15	57.69	青海	12	46.15
江西	13	50.00	宁夏	3	11.54
山东	15	57.69	新疆	10	38.46
河南	12	46.15			

注：显著性水平 $p<0.05$。

第五章

福利彩票公益金济困社会责任

  福利彩票公益金济困对象是指需要扶持的贫穷人群和需要接济的困难人群。这些济困对象主体是《社会救助暂行办法》覆盖的 8 类社会救助人群。福利彩票公益金济困社会责任分为中央集中的彩票公益金济困社会责任和地方留成福利彩票公益金济困社会责任。前者体现在医疗救助、法律援助、"两癌救助"和扶贫救助 4 类项目上。本章首先将医疗救助社会责任、法律援助社会责任、"两癌救助"社会责任和扶贫救助社会责任分为 4 个部分,分析资金额、特征、发展趋势和工作机制等内容。其次,分析地方留成福利彩票公益金济困项目社会责任,主要考察各省本级留成福利彩票公益金济困项目的支出额、主要特征、发展趋势、工作机制和社会责任融入等内容。最后,以样例形式分析彩票公益金济困项目及社会效益。

第一节
中央专项彩票公益金医疗救助责任

  中央专项彩票公益金资助的医疗救助项目由国家医疗保障局组织实

施，项目资金主要用于补助参加城乡居民基本医疗保险制度的困难群众难以负担的基本医疗个人自付费用。2013～2014 年，中央专项彩票公益金仅资助农村医疗救助项目。2015～2018 年，中央专项彩票公益金资助城乡医疗救助项目。由于两个阶段统计口径不同，无法对比分析，故本书只分析 2015～2018 年中央专项彩票公益金资助的城乡医疗救助项目资金额、特征和发展趋势、社会责任融入等内容。

一、彩票公益金监管主体履行法定责任

财政部是中央专项彩票公益金管理主体。多年来，财政部依法履行彩票公益金使用信息披露责任。《彩票管理条例》规定，彩票公益金使用和管理单位应在每年向社会公告彩票公益金的使用情况。按照彩票公益金相关管理办法规定，信息披露时间为每年 8 月底之前。2013～2020 年，财政部每年都在 8 月末向社会公告上一年度全国彩票公益金筹集分配情况和中央集中彩票公益金安排使用情况，公告资助医疗救助项目的彩票公益金数额。2020 年的全国彩票公益金筹集分配情况和中央集中彩票公益金安排使用情况公告发布时间在 2021 年 9 月初，主要原因是受新冠肺炎疫情等多因素叠加影响。尽管日期超过了 8 月末，但情有可原。

二、彩票公益金医疗救助社会责任体现

从中央专项彩票公益金历年使用总额方面分析，2015～2018 年，中央专项彩票公益金资助的医疗救助项目分配额分别为 16 亿元、18 亿元、18 亿元、18 亿元，4 年累计 70 亿元。从彩票公益金历年使用规模分省结构方面分析，四川省、云南省、河南省、湖南省、甘肃省的医疗救助项目使用的中央专项彩票公益金最多，使用金额依次为 5.54 亿元、4.05 亿元、3.99 亿元、3.87 亿元、3.52 亿元，占比依次为 7.92%、5.78%、5.71%、5.54%、5.03%。福建省、浙江省、天津市、北京市、上海市的医疗救助项目使用的中央专项彩票公益金最少，使用金额依次为 0.59 亿元、0.37 亿元、0.17 亿元、0.11 亿元、0.11 亿元，占比依次为 0.85%、0.52%、0.24%、0.16%、0.15%。

总体上看，后 5 位省份无论在彩票公益金使用金额上还是彩票公益金所占比例上都远低于前 5 名省份。32 个省（含新疆生产建设兵团）医疗救助项目使用的中央专项彩票公益金占比分为个数接近的 6 个区间，结构

具有比较合理的梯度分布特征（见表5-1）。

表5-1　2015~2018年中央专项彩票公益金资助医疗救助分配额　单位：万元

省份	2015年	2016年	2017年	2018年
北京	248	280	280	309
天津	371	417	417	460
河北	5235	6783	7938	7868
山西	4384	5654	6616	6843
内蒙古	5095	5943	6570	6348
辽宁	3366	3789	3789	4179
吉林	6310	6780	5783	5204
黑龙江	8089	8691	8989	7828
上海	240	270	270	298
江苏	1683	1895	1895	2091
浙江	817	920	920	1015
安徽	7151	7913	8764	9207
福建	1328	1495	1495	1649
江西	8021	8619	9065	7912
山东	3513	3954	3954	4361
河南	9283	9974	10276	10405
湖北	7073	7600	8794	8316
湖南	10087	10839	9133	8696
广东	1662	1871	1871	2064
广西	6398	7992	8094	8669
海南	1972	2724	3188	3306
重庆	4504	5717	6345	5377
四川	14599	15689	13017	12123
贵州	8411	9038	7914	8121
云南	9360	10057	10100	10974
西藏	1900	2625	3072	3292
陕西	7671	8243	6841	6846
甘肃	8965	9633	7994	8600
青海	3245	4161	4869	5087
宁夏	2423	3347	3916	4073
新疆	6596	7087	7831	8479
合计	160000	180000	180000	180000

注：本表资料根据历年全国彩票公益金筹集分配情况和中央集中彩票公益金安排使用情况公告整理。

第二节
中央专项彩票公益金法律援助责任

中央专项彩票公益金资助的法律援助项目是指由国家司法部委托中国法律援助基金会组织实施，旨在保障农民工、残疾人、老年人、妇女和未成年人等弱势群体权益的济困项目。本处采集2013~2018年中央专项彩票公益金资助的法律援助项目数据，分析这些项目使用金额、地域空间结构和社会责任体现等内容。

一、彩票公益金监管主体履行法定责任

财政部是中央专项彩票公益金管理主体。多年来，财政部依法履行彩票公益金使用信息披露责任。《彩票管理条例》规定，彩票公益金使用和管理单位应在每年向社会公告彩票公益金的使用情况。按照彩票公益金相关管理办法规定，信息披露时间为每年8月底之前。2013~2020年，除特殊年份外，财政部每年都在8月末向社会公告上一年度全国彩票公益金筹集分配情况和中央集中彩票公益金安排使用情况，详细公告资助法律援助项目的彩票公益金数额。

二、彩票公益金法律援助社会责任体现

从全国31省（自治区、直辖市）历年使用的中央专项彩票公益金总量方面分析，2014~2018年，中央本级专项彩票公益金资助地方法律援助项目资金总额分别为200万元、200万元、220万元、240万元、260万元，4年累计0.112亿元。

在2013~2018年中央专项彩票公益金资助法律救助项目各省分配额结构方面，北京市、河南省、安徽省、辽宁省、湖南省的法律援助项目使用的中央专项彩票公益金最多，使用金额依次为0.42亿元、0.34亿元、0.33亿元、0.32亿元、0.32亿元，占比依次为6.39%、5.17%、5.12%、4.95%、4.92%。江苏省、西藏自治区、海南省、上海市、广东省的法律援助项目使用的中央专项彩票公益金最少,使用金额依次为0.073亿元、0.063亿元、0.061亿元、0.032亿元、0.031亿元,占比依次为1.1%、0.95%、0.92%、0.49%、0.47%(见表5-2)。

总体看,32个省(含新疆建设兵团)医疗救助项目使用的中央专项彩票公益金占比呈现出无规律性的7个区间,结构未现合理的梯度分布特征。

表5-2　　2013～2018年中央专项彩票公益金资助法律救助各省分配额　　单位:万元

省份	2013年	2014年	2015年	2016年	2017年	2018年
北京	650	620	660	680	738	869
天津	120	140	120	155	116	126
河北	450	450	420	420	510	629
山西	220	220	220	260	310	368
内蒙古	300	300	300	330	335	335
辽宁	500	500	500	530	580	658
吉林	450	450	420	435	440	480
黑龙江	395	390	390	430	480	541
上海	30	30	50	55	80	76
江苏	50	80	80	110	194	213
浙江	80	140	140	170	205	226
安徽	500	500	500	560	620	699
福建	300	300	280	330	330	295
江西	300	330	350	380	440	478
山东	400	420	420	465	533	622
河南	550	480	500	560	610	709
湖北	450	420	390	445	490	470
湖南	520	520	500	530	580	596
广东	70	10	10	30	80	111
广西	400	400	420	450	305	302
海南	120	100	100	100	100	86
重庆	255	270	270	290	310	334
四川	400	400	400	430	535	494
贵州	325	300	300	330	380	442
云南	400	365	365	400	452	510
西藏	145	90	90	95	100	110
陕西	300	365	365	395	432	493

续表

省份	2013年	2014年	2015年	2016年	2017年	2018年
甘肃	375	385	360	390	390	296
青海	225	200	210	255	270	315
宁夏	225	200	210	240	265	285
新疆	255	165	200	230	250	270
新疆兵团	240	260	260	300	300	303
合计	10000	10000	10000	11000	12000	13000

注：本表资料根据历年全国彩票公益金筹集分配情况和中央集中彩票公益金安排使用情况公告整理。

第三节 中央专项彩票公益金"两癌救助"责任

"两癌救助"项目是中央专项彩票公益金资助的面向患有宫颈癌或乳腺癌的农村贫困妇女的济困项目①。本项目由中华全国妇女联合会委托中国妇女发展基金会组织实施。本部分采集2013～2018年中央专项彩票公益金资助的"两癌救助"项目数据，分析这些项目使用金额、地域空间结构和社会责任体现等内容。

一、彩票公益金监管主体履行法定责任

财政部是中央专项彩票公益金管理主体。多年来，财政部依法履行彩票公益金使用信息披露责任。《彩票管理条例》规定，彩票公益金使用和管理单位应在每年向社会公告彩票公益金的使用情况。按照彩票公益金相关管理办法规定，信息披露时间为每年8月底之前。2013～2020年，除特殊年份外，财政部每年都在8月末向社会公告上一年度全国彩票公益金筹集分配情况和中央集中彩票公益金安排使用情况，详细公告资助"两

---

① "贫困母亲两癌救助专项基金"是由全国妇联、中国妇女发展基金会发起，以中央专项彩票公益金为支持的一项大型公益项目。此项目为经有检查资质的医疗机构确诊、患有宫颈癌2B以上或乳腺浸润性癌的农村贫困妇女提供救助，标准一般为每人一次性救助1万元。

癌救助"项目的彩票公益金数额。

二、彩票公益金"两癌救助"社会责任体现

从历年使用彩票公益金规模方面分析,2013~2018年,中央专项彩票公益金资助的"两癌救助"项目分配额依次为100万元、100万元、100万元、220万元、0万元、600万元,六年累计1120万元。从历年中央彩票公益金补助地方规模方面分析,6年来补助金额依次为1亿元、1亿元、1亿元、1.1亿元、3亿元、3.06亿元,累计10.16亿元。

从彩票公益金历年使用规模分省结构方面分析,湖南省、湖北省、广西壮族自治区、江西省、贵州省的"两癌救助"项目使用的中央专项彩票公益金最多,使用金额依次为0.92亿元、0.74亿元、0.61亿元、0.6亿元、0.59亿元,占比依次为9.09%、7.26%、5.96%、5.93%、5.82%。广东省、西藏自治区、浙江省、海南省、上海市的"两癌救助"项目使用的中央专项彩票公益金最少,使用金额依次为0.088亿元、0.079亿元、0.073亿元、0.057亿元、0.014亿元,占比依次为0.87%、0.78%、0.72%、0.56%、0.14%。后5位省份无论在金额上还是比例上都远低于前5位省份(见表5-3)。前五位省份使用额是后五位省份使用额的11倍。

总体上看,全国32个省(含新疆生产建设兵团)的"两癌救助"项目使用的中央专项彩票公益金占比呈现出个数接近的5个区间,结构具有比较合理的梯度分布特征。

表5-3　　2013~2018年中央专项彩票公益金资助两癌救助项目分配额　　单位:万元

省份	2013年	2014年	2015年	2016年	2017年	2018年
北京	63	90	103	680	116	34
天津	52	101	253	155	322	187
河北	67	173	144	420	983	909
山西	252	275	276	260	988	667
内蒙古	284	375	588	330	1273	1865
辽宁	88	253	169	530	386	672
吉林	120	222	119	435	41	63
黑龙江	167	281	331	430	684	726
上海	13	10	15	55	28	22

续表

省份	2013年	2014年	2015年	2016年	2017年	2018年
江苏	451	296	174	110	252	165
浙江	72	137	139	170	131	79
安徽	254	317	462	560	1844	2039
福建	39	64	123	330	187	157
江西	1330	460	466	380	1917	1474
山东	616	372	222	465	882	1127
河南	265	395	345	560	1434	2533
湖北	325	315	520	445	2968	2807
湖南	680	527	462	530	3889	3151
广东	128	165	174	30	237	150
广西	422	830	558	450	1785	2007
海南	95	79	79	100	165	52
重庆	519	721	529	290	1167	1016
四川	785	226	476	430	1819	1317
贵州	1079	700	715	330	1679	1409
云南	105	178	119	400	668	778
西藏	75	53	101	95	284	182
陕西	597	743	514	395	809	1013
甘肃	201	532	504	390	1224	1931
青海	75	101	232	255	232	196
宁夏	179	214	132	240	299	236
新疆	398	387	470	230	853	532
新疆兵团	104	308	386	300	454	504
合计	10000	10000	10000	11000	30000	30600

注：本表资料根据历年全国彩票公益金筹集分配情况和中央集中彩票公益金安排使用情况公告整理。

第四节
中央专项彩票公益金扶贫救助责任

中央专项彩票公益金扶贫救助项目是由原国务院扶贫开发领导小组办

公室组织实施,旨在支持贫困革命老区贫困村内小型生产性公益设施建设,改善贫困村生产条件的济困项目。本部分采集2013~2018年中央专项彩票公益金资助的扶贫救助项目数据,分析这些项目使用金额、地域空间结构和社会责任体现等内容以及资金额、特征和发展趋势等内容。

一、彩票公益金监管主体履行法定责任

财政部是中央专项彩票公益金管理主体。多年来,财政部依法履行彩票公益金使用信息披露责任。《彩票管理条例》规定,彩票公益金使用和管理单位应在每年向社会公告彩票公益金的使用情况。按照彩票公益金相关管理办法规定,信息披露时间为每年8月底之前。2013~2020年,除特殊年份外,财政部每年都在8月末向社会公告上一年度全国彩票公益金筹集分配情况和中央集中彩票公益金安排使用情况,详细公告资助扶贫救助项目的彩票公益金数额。

二、彩票公益金扶贫救助社会责任体现

从全国31个省（自治区、直辖市）历年使用的中央专项彩票公益金总量方面分析,2013~2018年,中央专项彩票公益金补助地方扶贫救助项目分配额分别为12亿元、15亿元、9亿元、15亿元、18亿元、20亿元,6年累计89亿元。

从彩票公益金历年分省补助规模结构方面分析,在获得补助的23个省份中,河北省、四川省、山西省、广西壮族自治区、陕西省的扶贫救助项目使用的中央专项彩票公益金最多,使用金额依次为8.9亿元、8.2亿元、7.7亿元、7.4亿元、6.8亿元,占比依次为10.06%、9.24%、8.65%、8.29%、7.67%。宁夏回族自治区、重庆市、吉林省、海南省、青海省的扶贫救助项目使用的中央专项彩票公益金最少,使用金额依次为1.05亿元、1.02亿元、0.97亿元、0.97亿元、0.2亿元,占比依次为1.18%、1.15%、1.1%、1.1%、0.22%。

总体上看,后5位省份无论在金额上还是比例上都远低于前5位省份（见表5-4）。总体看,23个省份扶贫救助项目使用的中央专项彩票公益金占比呈现出不规律的多个区间,结构不具有比较合理的梯度分布特征。

表 5-4　　2013~2018 年中央专项彩票公益金资助扶贫救助
项目分配额　　　　　　　单位：万元

省份	2013年	2014年	2015年	2016年	2017年	2018年
北京	0	0	0	0	0	0
天津	0	0	0	0	0	0
河北	12500	15000	10000	14000	18000	20000
山西	10000	12000	7000	14000	16000	18000
内蒙古	5000	4000	1000	4000	4000	4000
辽宁	0	0	0	0	0	0
吉林	3750	0	0	2000	2000	2000
黑龙江	3750	6000	2000	4000	6000	4000
上海	0	0	0	0	0	0
江苏	0	0	0	0	0	0
浙江	0	0	0	0	0	0
安徽	3750	0	3000	6000	6000	8000
福建	10000	6000	4000	6000	8000	8000
江西	7250	9000	7000	8000	12000	12000
山东	6000	6000	4000	6000	8000	8000
河南	6250	9000	8000	10000	12000	14000
湖北	7500	10000	5000	10000	12000	14000
湖南	5000	9000	1000	8000	8000	10000
广东	2000	3000	2000	4000	4000	4000
广西	8750	12000	11000	12000	14000	16000
海南	3750	0	0	2000	2000	2000
重庆	1250	2000	1000	2000	2000	2000
四川	7250	14000	11000	14000	16000	20000
贵州	3750	7000	3000	6000	8000	8000
云南	1250	2000	0	2000	2000	4000
西藏	0	0	0	0	0	0
陕西	7250	12000	7000	12000	14000	16000
甘肃	1500	2000	1000	0	4000	4000
青海	0	0	0	2000	0	0
宁夏	2500	2000	2000	0	2000	2000
新疆	0	0	0	0	0	0
新疆兵团	0	0	0	0	0	0
合计	120000	150000	90000	150000	180000	200000

注：本表资料根据历年全国彩票公益金筹集分配情况和中央集中彩票公益金安排使用情况公告整理。

第五节
地方留成福利彩票公益金济困责任

1988 年以来，地方政府使用本级留成的福利彩票公益金资助了很多济困项目。长期以来，各级各地区民政部门和福利彩票机构在年度福利彩票公益金使用管理公告中部分披露了本级实施的济困项目情况。但各级各地区福利彩票公益金使用管理单位公示的济困项目数据不连续、不完整。即便是情况较好的 2015～2018 年，济困项目数据的连续性和完整性也不尽如人意。在 2015～2018 年，各省（自治区、直辖市）投入的本级福利彩票公益金总额超过了 726 亿元。其中，用于资助济困项目的本级福利彩票公益金总额 51.1 亿元（仅限于表 5-5 中的数据），占比 7%。从分省结构方面分析，浙江省、山东省、广东省、北京市、湖北省用于资助济困项目的福利彩票公益金总额位居全国前 5 名，合计 33.2 亿元，占比 65%。总体看，济困项目社会责任建设工作取得了显著成效。

表 5-5　　2015～2018 年各省本级福利彩票公益金济困项目支出额　　单位：万元

地区	2015 年	2016 年	2017 年	2018 年	各项合计
北京	42483	4286.9	3585	7939.25	58294.15
天津	9951.1	6423.6	8688.5	6355.7	31418.9
河北	0	0	500	1500	2000
山西	0	0	0	0	0
内蒙古	0	0	2150	0	2150
辽宁	4545	5878	7789.4	2102	20314.4
吉林	800	0	0	0	800
黑龙江	1486	750	750	0	2986
上海	5200	300	500	0	6000
江苏	730	1780	2223.23	4410	9143.23
浙江	21234.89	25688.53	26940.85	25064.4	98928.67
安徽	4200	4000	5500	4000	17700
福建	3500	200	2200	0	5900

续表

地区	2015年	2016年	2017年	2018年	各项合计
江西	3700	300	800	2500	7300
山东	3000	41500	12770	6350	63620
河南	3479	2101	0	0	5580
湖北	13499	3165	33601	1865.6	52130.6
湖南	0	0	0	0	0
广东	14516.28	22984	15800	5972	59272.28
广西	400	400	4000	11125	15925
海南	300	1626	5100	2098	9124
重庆	4290	0	0	2940	7230
四川	0	0	0	0	0
贵州	0	0	0	0	0
云南	1000	900	1200	0	3100
西藏	0	0	0	0	0
陕西	5466	3100	4940.24	13462.27	26968.51
甘肃					
青海	0	0	0	0	0
宁夏	0	500	0	0	500
新疆	0	2550	1750	0	4300
合计	143780.27	128433.03	140788.22	97684.22	510685.74

注：（1）黑龙江省、青海省、西藏自治区的扶老、助残、救孤、社会福利4类彩票公益金为民政部补助地方的彩票公益金，并非省本级留成的福利彩票公益金。（2）由于各省市项目分类标准不同，本书在统计数据时将部分省市公告中的数据重新分类，按照扶老、助残、救孤、济困、赈灾、社会公益6大类项目统计数据。

以上简要分析了2015~2018年各省（自治区、直辖市）使用本级留成福利彩票公益金资助济困项目资金总额和典型省份资助济困项目情况。这种概要分析尚难以全面了解地方政府是否尽职尽责使用本级留成福利彩票公益金资助济困项目，充分履行社会责任。为此，本书进一步深入论证各地区使用本级福利彩票公益金资助济困项目是否取得明显社会效益。具体采集1988~2019年全国31个省已结束的1452个福利彩票公益金济困项目，分析这些济困项目的覆盖范围、空间布局特征与演变趋势、全流程社会责任机制、过程管理、项目总结、信息披露等内容。

一、济困项目空间结构与演化趋势

福利彩票公益金济困项目空间结构是指全国各省（自治区、直辖市）

使用本级留成的福利彩票公益金资助本地区济困项目的结构。学术界虽对 1987 年以来中央彩票公益金资助的济困项目的类型、彩票公益金总额、分配结构和增长趋势等内容开展了有益探索,但对这一期间地方各省（自治区、直辖市）福利彩票公益金济困项目的空间配置结构、特点与发展趋势、社会责任融入等内容仍缺乏充分讨论。

（一）福利彩票公益金济困项目空间结构及特征

1. 教育助学类济困项目占比高,项目类别多样

1988~2019 年,各省（自治区、直辖市）使用福利彩票公益金资助的济困项目主要是教育助学、资金与物质帮扶两大类项目。在各省资助的前 5 名济困项目中,大学圆梦和贫困助学两大类项目出现频次最高,合计 39 次,占比 28.3%。

尽管如此,地方政府使用本级留成的福利彩票公益金资助的济困项目依然具有多元化特征,涵盖了教育救助、大病救助、"两癌母亲救助"、特困家庭生活帮扶、进城务工人员子女帮扶、特困老党员慰问、特困英烈慰问、贫困教师帮扶、贫困劳模慰问、危房改造、流浪乞讨人员救助、弱势群体知识技能培训、革命老区建设等许多方面。这表明各地区使用本级留存的福利彩票公益金资助上述各类济困项目的做法符合福利彩票发行宗旨,受益者均是特困和贫困群体,充分体现了福利彩票公益金社会责任（见表 5-6）。

表 5-6　1988~2019 年各省福利彩票公益金济困项目空间结构及占比

排序	项目类别	占比（%）	排序	项目类别	占比（%）
1	寒门学子爱心助学	16.2	16	外来务工困难家庭子女资金资助	0.7
2	困难群众资金和物资慰问	14.7	17	贫困家庭患者康复器械捐赠	0.7
3	特困家庭学子大学圆梦	14.5	18	贫困教师帮扶计划	0.7
4	困境儿童捐赠	9.1	19	外来务工子女送物资福利	0.6
5	贫困家庭送物资等生活用品	9	20	多功能教室	0.5
6	贫困家庭重大疾病救助	9	21	特困老党员慰问	0.5
7	残疾人资金和物资捐赠	7.4	22	特困家庭危房改造	0.4
8	敬老院建设	3.6	23	两癌母亲救助	0.4

续表

排序	项目类别	占比(%)	排序	项目类别	占比(%)
9	贫困村建设	2.9	24	农村五保供养服务设施建设	0.3
10	留守儿童捐赠	2.4	25	弱势群体知识技能培训	0.3
11	大病儿童救助福利	2	26	特困劳模慰问	0.2
12	福利院建设	1.1	27	流浪乞讨人员救助机构建设	0.1
13	特困英烈慰问	1	28	贫困地区学校建设	0.1
14	残疾人福利机构建设	0.9	29	贫困革命老区建设	0.1

2. 福利彩票公益金资助的济困项目以集中型结构为主，福利彩票公益金使用以责任型为主，教育助学类项目受到关注

（1）济困项目分布结构以集中型为主。1988～2019年，各省份（自治区、直辖市）使用本级福利彩票公益金资助的济困项目地域空间分布结构可大致分为以下4种类型：集中型、适度型、普惠型和责任型。集中型济困项目是指福利彩票公益金资助的济困项目类别数在5种及5种以下。适度型济困项目是指福利彩票公益金资助的济困项目类别数在6～10种之间。普惠型济困项目是指福利彩票公益金资助的济困项目类别数在11～15种之间。责任型济困项目是指福利彩票公益金资助的济困项目类别数在16种及16种以上。总体上看，在考察的29种济困项目类别中，集中型项目省份数占比35.5%，适度型项目省份数占比29%，普惠型项目省份数占比29%，责任型项目省份数占比6.5%。

（2）福利彩票公益金集中使用特征显著。福利彩票公益金资助的济困项目虽然较多，但福利彩票公益金却是集中使用。从各省福利彩票公益金资助的前5名项目使用额及省份数占比情况看，各省资助的前5名济困项目使用额占比合计在60%以上的省份数共计31个，占比为100%；前5名济困项目使用额占比合计在70%以上的省份数共计30个，占比为96.8%；前5名济困项目使用额占比合计在80%以上的省份数共计21个，占比为67.7%；前5名济困项目使用额占比合计在90%以上的省份数共计13个，占比为41.9%；前5名济困项目使用额占比合计100%的省份数共计9个，占比为29%。从分区间角度考察，前5名济困项目使用额占比合计在60%～70%之间的省份数所占比例为3.2%；前5名济困项目使用额占比合计在71%～80%之间的省份数所占比例为29%；前5名济

困项目使用额占比合计在 81%~90% 之间的省份数所占比例为 25.8%；前 5 名济困项目使用额占比合计在 91%~99% 之间的省份数所占比例为 12.9%；前 5 名济困项目使用额占比合计为 100% 的省份数所占比例为 12.9%。这表明绝大多数省份均集中使用福利彩票公益金资助少数济困项目，前 5 项济困项目使用额占比合计在 70% 以上的省份数所占比例为 96.8%，这些济困项目类别主要是教育助学类项目。绝大多数济困项目类别合计使用的福利彩票公益金不足 30%。

（3）教育助学类项目受到关注。在 31 个省份（自治区、直辖市）资助的前 5 名项目类别中，资助教育助学类项目的省份数为 25 个，占比 80.6%。其中，该项目排在第一名的省份数为 18 个，占比 58.1%。本研究据此可以得出一个大致判断：济困项目已从偏重资金捐赠和物质帮扶转向偏重教育扶贫项目（见表 5-7）。

表 5-7　1988~2019 年各省福利彩票公益金济困项目类别数及前 5 名　　单位：%

地区	第一/占比	第二/占比	第三/占比	第四/占比	第五/占比
北京	大学圆梦 33.3	困境儿童 16.7	残疾人捐赠 16.7	困难群众慰问 16.7	弱势群体知识技能培训 16.7
天津	困难群众慰问 23.1	外来工子女福利 23.1	困境儿童捐赠 15.4	残疾人捐赠 15.4	贫困村、康复器械、敬老院 7.7
河北	寒门助学 32.4	困难群众慰问 18.9	大学圆梦 16.2	困境儿童捐赠 8.1	残疾人捐赠 8.1
山西	残疾人捐赠 44.4	寒门助学 22.2	困难群众慰问 11.1	困境儿童捐赠 11.1	残疾人福利机构 1.1
内蒙古	寒门助学 50	困难群众慰问 33.3	大学圆梦 16.7	—	—
辽宁	大学圆梦 38.6	困难群众慰问 16.9	寒门助学 10.8	困境儿童捐赠 6	特困英烈慰问 4.8
吉林	残疾人捐赠 100	—	—	—	—
黑龙江	困境儿童捐赠 33.3	残疾人捐赠 33.3	大学圆梦 16.7	留守儿童捐赠 16.7	—
上海	困难群众慰问 100	—	—	—	—
江苏	大病救助 40.7	寒门助学 16.7	困难群众慰问 10	贫困家庭生活用品 8	残疾人捐赠 6.7
浙江	大学圆梦 21.8	困难群众慰问 18.8	家庭用品 14.9	困境儿童捐赠 11.9	寒门助学 10.9

续表

地区	第一/占比	第二/占比	第三/占比	第四/占比	第五/占比
安徽	大学圆梦65.3	寒门助学10.2	家庭用品6.1	困境儿童捐赠6.1	残疾人捐赠6.1
福建	残疾人捐赠17.5	家庭用品15.8	困难群众慰问15.8	寒门助学12.3	大学圆梦8.8
江西	寒门助学40	困难群众慰问20	困境儿童捐赠20	大病救助10	敬老院建设10
山东	家庭用品17.8	困难群众慰问14.8	困境儿童捐赠10.6	大病救助10.2	寒门助学8.9
河南	困难群众慰问44.4	寒门助学11.1	残疾人捐赠11.1	敬老院建设11.1	留守儿童和残疾人机构11.1
湖北	大学圆梦44.4	寒门助学22.2	福利院建设11.1	危房改造11.1	两癌母亲11.1
湖南	寒门助学20.2	家庭用品17.3	重大病救助14.4	困难群众慰问12.5	大学圆梦7.7
广东	寒门助学23.4	困难群众慰问23.4	困境儿童捐赠12.8	大病救助10.6	大学圆梦8.5
广西	大学圆梦22	寒门助学18	困境儿童捐赠16	困难群众慰问14	贫困村建设8
海南	寒门助学40	困境儿童捐赠20	困难群众慰问20	危房改造20	—
重庆	寒门助学29.7	困难群众慰问18.8	大学圆梦9.4	残疾人捐赠9.4	困境儿童捐赠7.8
四川	寒门助学36.4	困境儿童捐赠18.2	困难群众慰问9.1	残疾人捐赠9.1	家庭用品9.1
贵州	寒门助学24.2	留守儿童捐赠21.2	困境儿童捐赠12.1	残疾人捐赠12.1	困境儿童捐赠9.1
云南	大学圆梦36.2	困难群众慰问17	困境儿童捐赠17	特困英烈慰问6.4	留守儿童捐赠4.3
西藏	困难群众慰问50	困境儿童捐赠25	贫困教师帮扶25	—	—
陕西	大学圆梦46.7	困难群众慰问20	寒门助学13.3	特困英烈慰问6.7	残疾人福利机构和大病救助6.7
甘肃	大学圆梦33.3	寒门助学22.2	困难群众慰问11.1	残疾人机构11.1	知识技能培训和救助机构11.1
青海	困难群众慰问26.3	困境儿童21.1	残疾人21.1	家庭用品10.5	大学圆梦5.3
宁夏	残疾人捐赠50	贫困村建设50	—	—	—
新疆	敬老院建设33.3	寒门助学22.7	福利院建设9.1	困难群众慰问6.1	困境儿童捐赠6.1

注：显著性水平 $p<0.05$。

(二) 福利彩票公益金济困项目的演变趋势

对考察的 29 种济困项目类别依次做历史演变趋势分析，1988 年到 2019 年，这些济困项目类别的演变趋势大致可分为以下三种类型：增长型济困项目、波动型济困项目和衰退型济困项目。

1. 增长型济困项目演变趋势

增长型济困项目是指 1988 年到 2019 年，福利彩票公益金资助的某种单一的济困项目类别总体上处于增长态势，仅有少数年份呈现不规则波动或下降态势，增减波动趋势不大，不影响总体发展趋势。在考察的 29 种济困项目类别中，只有"贫困家庭重大疾病救助"一种济困项目类别属于增长型济困项目，占比 3.4%。"贫困家庭重大疾病救助"济困项目类别在 2018 年之前增长趋势比较明显，但是在 2019 年开始出现下滑趋势（见图 5-1）。

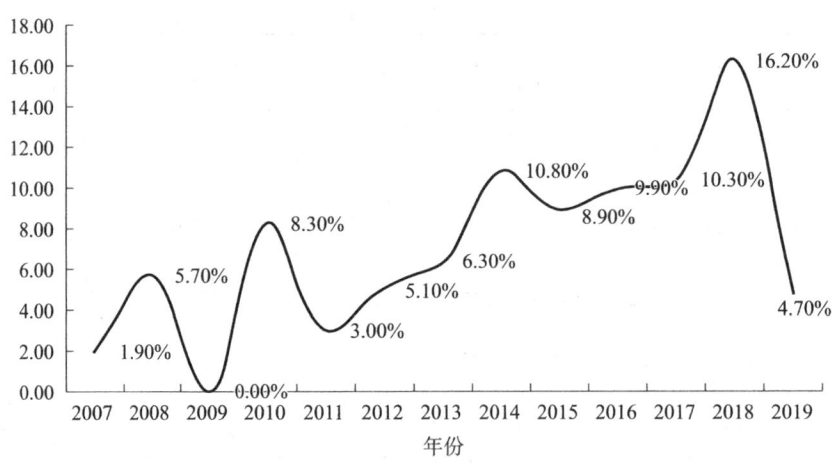

图 5-1　增长型项目类别发展趋势（2007 = 1988~2007 年）

2. 波动型济困项目演变趋势

波动型济困项目是指 1988 年到 2019 年，福利彩票公益金资助的某种单一的济困项目总体上处于不规则波动态势，缺乏规律性，有些年份未开展此类工作。在考察的 29 种济困项目类别中，有 25 种济困项目类别属于波动型济困项目，占比 86.2%（见表 5-8）。

表 5-8　1988~2019 年波动型福利彩票公益金济困项目类别发展趋势

年份	2007	2008	2009	2010	2011	2012	2013	2014	2015	2016	2017	2018	2019
贫困村建设	0	0	4.0%	2.8%	0	6.8%	5.0%	2.2%	0.7%	3.0%	2.4%	5.7%	4.9%
贫困家庭送物资等生活用品	1.9%	0.8%	4%	11.1%	18.2%	11.9%	7.5%	7.5%	8.9%	16.7%	9.1%	5.2%	18%
困境儿童捐赠	13.5%	7.3%	6.0%	13.9%	0	10.2%	11.3%	7.5%	8.2%	8.4%	9.1%	9.3%	16.4%
特困大学生圆梦计划	11.5%	20.3%	12%	0	3%	13.6%	8.8%	10.8%	17.1%	15.3%	19.4%	18.7%	0
特困家庭危房改造	1.9%	1.6%	0	0	0	0	0	2.2%	0	0	0	0	0
农村五保供养服务设施建设	1.9%	0	0	5.6%	0	0	0	1.1%	0	0	0	0	0
流浪乞讨人员救助机构建设	0	0.8%	0	0	0	0	0	0	0	0	0	0	0
困难群众资金物资慰问	17.3%	15.4%	12%	11.1%	18.2%	11.9%	22.5%	9.7%	20.5%	10.3%	14.5%	14%	16.4%
外来务工子女送物资福利	0	0	0	0	0	0	0	0	2.1%	1.5%	0	1%	0
外来务工困难家庭子女资金资助	0	0.8%	0	0	0	0	1.3%	0	0.7%	0.5%	0.6%	2.1%	0
贫困家庭患者康复器械捐赠	0	1.6%	6.%	0	3%	0	0	2.2%	0	0	0	0.5%	0
贫困教师帮扶计划	0	0	0	0	0	0	3.8%	4.3%	0.7%	0	0.6%	0	0
弱势群体知识技能培训	0	0	2%	0	3.0%	0	0	0	0	0.6%	0.5%	0	0
敬老院建设	3.8%	1.6%	4%	8.3%	3%	11.9%	1.3%	7.5%	1.4%	1.5%	4.8%	1.6%	8.2%
福利院建设	0	0.8%	0	2.8%	0	5.1%	0	4.3%	1.4%	0	1.8%	0	0
留守儿童捐赠	0	0	0	0	3.0%	0	2.5%	0	3.4%	2.5%	4.8%	4.1%	3.3%
特困英烈慰问	0	2.4%	0	0	6.1%	0	0	0	2.7%	1.5%	0.6%	0	0
偏远山区弱势群体送物资	1.9%	0	0	0	3%	1.7%	0	3.2%	0.7%	1%	0.6%	0	0
多功能教室	0	0	0	0	0	0	2.5%	1.1%	0.7%	0.5%	0	0.5%	0
大病儿童救助福利	0	0	0	0	3%	0	2.5%	2.2%	1.4%	3.9%	4.2%	1%	3.3%
特困劳模慰问	0	0	0	0	0	0	0	0	0.5%	0	0.5%	0	0
贫困地区学校建设	0	0	0	0	0	0	0	1.1%	0	0	0	0	0
特困老党员慰问	0	0	2%	0	0	0	2.2%	0.7%	0.5%	0.6%	0	0	0

续表

年份	2007	2008	2009	2010	2011	2012	2013	2014	2015	2016	2017	2018	2019
贫困革命老区建设	0	0	0	0	0	0	1.3%	0	0	0	0	0	0
"两癌母亲救助"	0	0	0	0	0	0	0	1.1%	0.7%	0.5%	0	0	0

注：显著性水平 $p < 0.05$；2007 = 1988~2007 年。

在考察 29 种济困项目类别中，流浪乞讨人员救助机构建设、贫困地区学校建设、贫困革命老区建设、特困劳模慰问、特困家庭危房改造、农村五保供养服务设施建设 6 类济困项目更缺乏长期稳定性。各地区开展的济困活动的连续性和非连续性情况见表 5-9。在 29 种项目类别中，未覆盖年份数占比在 60% 以上的项目数为 17 种，占比 58.62%。未覆盖年份数占比在 60% 以上的济困项目数为 15 种，占比 51.72%。未覆盖年份数占比在 80% 以上的济困项目数为 4 种，占比 13.79%。由此可见，1988 年至今，济困项目缺乏长期稳定性。

表 5-9　1988~2019 年各省未开展济困项目的年份数及占比

项目类别	未覆盖年份数（个）	占比（%）	项目类别	未覆盖年份数（个）	占比（%）
贫困村建设	3	23.08	贫困教师帮扶计划	9	69.23
贫困家庭送物资等生活用品	0	0.00	弱势群体知识技能培训	9	69.23
困境儿童捐赠	1	7.69	敬老院建设	0	0.00
寒门学子爱心助学	0	0.00	福利院建设	7	53.85
特困大学生圆梦计划	2	15.38	留守儿童捐赠	6	46.15
残疾人福利机构建设	8	61.54	特困英烈慰问	8	61.54
残疾人资金物资捐赠	0	0.00	偏远山区弱势群体送物资	6	46.15
特困家庭危房改造	10	76.92	多功能教室	8	61.54
农村五保供养服务设施建设	10	76.92	大病儿童救助福利	5	38.46
流浪乞讨人员救助机构建设	12	92.31	特困劳模慰问	11	84.62
困难群众资金物资慰问	0	0.00	贫困地区学校建设	12	92.31
外来务工子女送物资福利	10	76.92	特困老党员慰问	8	61.54
外来务工困难家庭子女资金资助	7	53.85	贫困革命老区建设	12	92.31
贫困家庭患者康复器械捐赠	8	61.54	"两癌母亲"	9	69.23
贫困家庭重大疾病救助	1	7.69			

注：显著性水平 $p < 0.05$。

3. 衰退型济困项目发展趋势

衰退型是指1988年到2019年，某种单一的福利彩票公益金济困项目总体上处于下降态势，仅有少数年份呈现不规则波动或上升态势，增减波动趋势不大，不影响总体趋势。在29种项目类别中，寒门学子爱心助学、残疾人福利机构建设、残疾人资金物资捐赠三种项目类别属于衰退型，占比10.3%（见图5-2）。

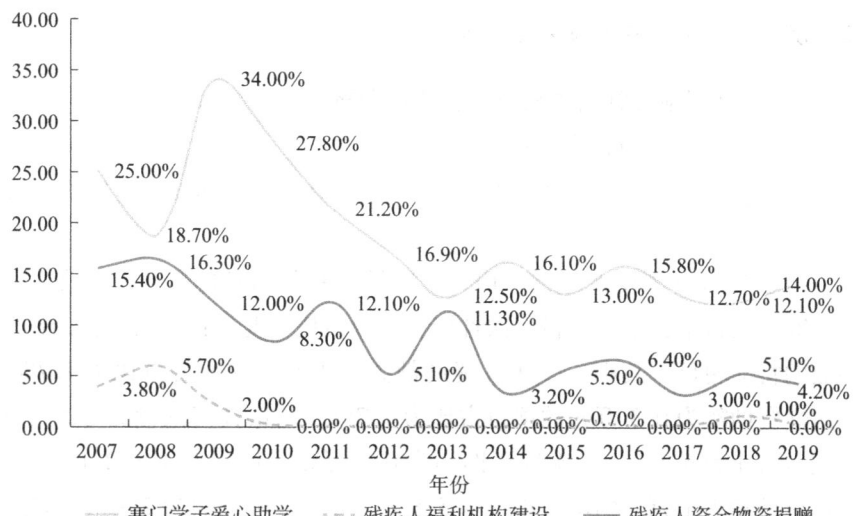

图5-2 衰退型项目类别发展趋势（2007＝1988～2007年）

（三）福利彩票公益金济困项目空间结构调整方向

通过分析1988～2019年全国各省级留成福利彩票公益金济困项目空间结构及演变趋势可知，各地区的济困工作既有共性特征又有地方特色。近年来，我国济困形势已经发生变化，福利彩票公益金济困项目空间结构和重心也需根据新形势、新变化、新问题和新趋势作出相应调整。

1. 根据济困项目类别的演变趋势与特征确定福利彩票公益金项目覆盖范围和工作重心

在考察的29种项目类别中，增长型项目1种，衰退型项目3种，波动型25种（占比86.2%）。据此，今后可继续开展增长型济困项目。衰退型项目可适时停止。波动型项目缺乏规律性，对此国家可牵头制定年度导引目录，以建议、提示或警示等方式引导全国共性济困项目发展，保留一定比例的地区特色济困项目。

2. 根据国家规划的济困项目及本地区特色济困项目确定今后济困保障工作方向和覆盖范围

目前，国家引导的福利彩票公益金济困工作方向是，在资助日常生活帮扶、身体健康、基础设施设备等项目基础上，逐渐偏向教育助学、社会融入、心理健康和高质量服务等项目。

二、济困社会责任融入与主要问题

（一）济困项目社会责任融入全流程分析

1. 前期投入环节社会责任分析

前期投入环节设计了项目资金投入、实施责任主体、资金来源三个指标。

（1）项目资金投入分析。13.8%项目没有公示具体资金额。在公示资金额的项目中，单个项目一次性资助额及占比情况为：一次性资助额为整数的特征明显。其中，一次性资助额为0.2万元的项目占比为1.7%，一次性资助额为0.3万元的项目占比为1.7%，一次性资助额为0.5万元的项目占比为6.1%，一次性资助额为0.8万元的项目占比为2.1%，一次性资助额为1万元的项目占比为5.8%，一次性资助额为2万元的项目占比为3.9%，一次性资助额为3万元的项目占比为1.6%，一次性资助额为4万元的项目占比为1.3%，一次性资助额为5万元的项目占比为3.0%，一次性资助额为10万元的项目占比为3.2%，一次性资助额为20万元的项目占比为2.3%，一次性资助额为50万元的项目占比为1.2%，一次性资助额为100万元的项目占比为1.5%，一次性资助额为200万元的项目占比为1.4%，一次性资助额为1000万元的项目占比为0.1%。除了上述15个整数额以外，其他整数额占比基本在0.1%以下。

从单个项目一次性资助额累计占比方面分析，资助额在1~5000元以下（含）的项目累计占比为18.5%，资助额在5001~10000元之间的项目累计占比为11.9%，资助额在10001~20000元之间的项目累计占比为6.3%，资助额在20001~30000元之间的项目累计占比为3.4%，资助额在30001~50000元之间的项目累计占比为6.3%，资助额在50001~100000元之间的项目累计占比为7.9%，资助额在100001~200000元之间的项目累计占比为8.2%，资助额在200001~500000元之间的项目累计占比为 10.7%，资助额在 500001～2000000 元之间的项目累计占比为 13.3%，资助额在 2000001 万元以上的项目累计占比为 13.3%。总体看，单个项目一次性资助额累计区间前三位依次是：0.5 万元以下、500001～200 万元、200 万元以上。济困类项目和救孤类项目相似，资助额呈现三极化特征。资金额在 1 万元以下的项目累积占比为 30.4%，小额化资助特征明显；资金额在 20 万～50 万元以上的项目累积占比约为 10.7%；50 万元以上约为 26.6%；三者合计 67.7%。在扶老、助残、救孤、济困、赈灾、社会公益 6 大类项目中，济困类项目使用的福利彩票公益金信息公示率最高。

（2）项目实施责任主体分析。从资助的济困项目主体结构方面分析，地方政府福利彩票机构独立资助的济困项目数占比为 75.5%，地方政府福利彩票发行管理机构联合多部门资助的济困项目数占比 16.5%，两者合计接近 92%。对比而言，中央专项彩票公益金独立资助的地方济困项目数占比 1.5%。残联部门独立、环保部门独立、慈善部门主导与慈善部门主导、多部门参与资助的地方济困项目数占比合计仅为 6.5%。这表明是地方政府福利彩票发行管理机构是济困类项目社会责任承担主体，尤其体现在寒门学子助学（含大学圆梦）、困难群体物质和资金捐赠、困境儿童捐赠三大类项目上。

（3）项目资金来源分析。在考察的所有资金拨付渠道中，地市本级福利彩票公益金支付额占比最高，为 68.2%，省本级福利彩票公益金支付额占比 24.3%。对比而言，中央专项彩票公益金资助额占比 2.8%，民政部本级彩票公益金资助额占比 0.1%，中国福利彩票发行管理中心资助额占比 0.5%。教育部门、环保部门、残联系统、慈善系统、红十字会系统和其他渠道的资助额合计占比为 4.1%。总体看，地方政府支出的本级留成福利彩票公益金占比高达 92.5%。这表明济困项目资金主要是地方省、市两级福利彩票发行管理机构留存的本级福利彩票公益金。

2. 中期管理环节社会责任分析

中期管理环节设计了项目说明、过程描述、项目总结三个指标。

（1）项目说明。在几种项目概况说明形式中，福利彩票公益金使用管理单位仅使用"文字"说明济困项目概况的比例为 45.4%。使用"文字＋活动图片"说明济困项目概况的比例为 54.6%，主要体现在寒门学子助学（含大学圆梦）、困难群体物质和资金捐赠、困境儿童捐赠 3 大类项目上。

（2）过程描述。在几种济困项目过程描述形式中，福利彩票公益金使用管理单位仅使用"文字"描述济困项目过程的比例是 28.4%。使用"文字+活动图片"描述济困项目的比例是 14.2%，主要体现在寒门学子助学（含大学圆梦）、困难群体物质和资金捐赠、困难群体重大疾病救助3 大类项目上。仅使用"图片"说明济困项目过程的比例是 0.8%。

（3）项目总结。在几种项目总结说明形式中，福利彩票公益金使用管理单位仅使用"文字"总结济困项目实施情况的比例是 43.7%。使用"文字+图片"总结济困项目实施情况的比例是 10.5%。使用"文字+图片+财务款单凭证"总结济困项目实施情况的比例是 2%，主要体现在寒门学子助学（含大学圆梦）、困难群体物质和资金捐赠、困难群体重大疾病救助 3 大类项目上。未总结济困项目实施情况的比例是 42%。其他情况占比 1.9%。

3. 后期效益环节社会责任分析

后期效益环节设计了项目绩效评估和信息披露两个指标。

（1）绩效评估。地方政府福利彩票公益金使用管理单位对济困项目效果开展了绩效评估。其中，地方政府福利彩票发行管理机构自己开展济困项目绩效评估占比为 30%，主要体现在寒门学子助学（含大学圆梦）、困难群体物质和资金捐赠、困难群体重大疾病救助3 大类项目上。政府其他部门开展济困项目绩效评估占比为 30.3%。第三方民间机构开展济困项目绩效评估占比为 5.3%。没有开展济困项目绩效评估的比例为 32.4%。其他情况占比 2%。

（2）信息披露。仅以福利彩票发行管理机构官方网站信息披露为例，其将济困项目报道内容放在官方网站首页不显著位置的比例是 1.4%，放在官方网站首页显著位置的比例是 0.3%，放在二级链接的比例为 2.7%，放在三级链接的比例是 95.6%。这样的设置路径深，不尽合理，不利于宣传济困项目，不如扶老、助残、救孤三大类项目。

总体看，地方政府福利彩票公益金使用管理单位在济困项目组织实施、资金投入、项目概况说明、过程描述、项目总结、信息披露等多项工作中较好地融入了社会责任。但社会责任融入体系建设中仍存在一些突出问题。

（二）社会责任融入体系建设中面临的主要问题

1. 社会责任融入要素不完整

几乎所有的济困项目都缺少完整计划、工作框架、过程报告、资金使用报告、结项报告。对比而言，这些做法和成效尚不如一些民间公益慈善救助平台的做法和成效。以民政部遴选的首批互联网募捐信息平台——腾讯乐捐平台为例，该平台上很多济困项目都有工作计划、工作框架、活动过程报告、资金使用报告、结项报告。资助工作结束后，腾讯平台会发布《项目执行报告》，公示资助项目背景、工作框架、工作阶段及具体工作、各项目受益人名称及所在地区、受益人数、物品数量和金额、领款回执单等资料扫描件或照片。由此可以反衬出，地方留成的福利彩票公益金济困项目社会责任融入要素极为不完整。

2. 项目过程描述和项目总结管理制度不够健全

在项目实施过程描述环节，未作描述的项目占比56.6%，反映出地方福利彩票公益金使用管理单位对济困项目实施过程疏于管理。在项目总结环节，使用"文字+图片+财务款单凭证"总结济困项目实施情况的比例是2%，未总结济困项目实施情况的比例是42%，其他情况占比1.9%。这表明福利彩票公益金济困项目使用管理情况缺乏透明度。

3. 受益方信息和财务信息不透明

这些不透明问题主要表现为财务单据和凭证缺乏、无受益方签字凭证、无受益方银行款单、无代办人签字单证以及银行电子回单等资料。仍以腾讯乐捐平台为例，该平台向社会公告的结项报告中包括物品金额、金额小计、执行及运费、监管支出、费用合计、受益人签收单、收款收据、领款回执单、发票、银行电子回单等财务类资料扫描件或照片。对比而言，地方留成的福利彩票公益金济困项目社会责任融入和社会责任体系建设仍任重而道远。

4. 信息披露和社会回应不足

济困项目使用金额不透明，12.4%的济困项目未提及使用的福利彩票公益金数额。受益人数不透明，19.8%的救孤项目没有提及受益人数。多方合作披露信息机制不健全，在报道济困项目的媒体中，福利彩票发行管理机构在官方网站披露信息占比92.2%，彩票行业内网络媒体参与比例为0.3%，彩票行业内报纸参与比例为2%，彩票行业外媒体参与比例为

0.3%。济困项目缺少更多彩票行业内外媒体参与报道，传统纸质媒体和彩票行业外网络媒体的社会支持力较弱。

总体看，地方政府福利彩票公益金使用管理单位偏重福利彩票公益金前期投入，疏于过程管理，轻视福利彩票公益金使用效率评估、后期督查监管及产生的影响；偏重项目新闻报道和业绩宣传，轻视与受益方社会责任沟通、受益方感受与需求。这与扶老类、助残类、救孤类项目一致。

第六节
福利彩票公益金济困项目社会效益

福利彩票公益金用于资助济困项目的财政支出额多少是衡量政府相关部门履行济困社会责任的重要且关键指标之一。但评测福利彩票公益金济困社会责任还需看福利彩票公益金济困项目实施后的社会效益如何。本部分从三个方面分析福利彩票公益金济困项目社会效益。首先，分析民政部本级彩票公益金济困工作及社会效益，梳理民政部本级彩票公益金资助济困项目强度和民政部彩票公益金补助地方济困项目强度，并分析两者的项目覆盖范围。其次，分析彩票公益金济困法规制度建设，梳理国家和地方制定实施专项彩票公益金资助济困项目的相关制度，论述济困项目信息披露机制建设成效。最后，以样例形式分析各地区使用彩票公益金资助的贫困助学和单项济困工作及社会效益。

一、济困项目资助强度较大

在考察的扶贫救助项目、医疗救助项目、"两癌救助"项目和法律援助项目中，扶贫救助项目和医疗救助项目使用的资金最多，分别为89亿元和70亿元。"两癌救助"项目和法律援助项目使用的资金少，合计约0.22亿元。4类项目使用的中央专项彩票公益金合计约160亿元。2013～2018年，中央专项彩票公益金补助地方扶贫救助项目使用额累计89亿元。总体看，资助强度很大，济困工作成效较为显著。

二、济困项目覆盖范围较广

济困是扶贫济困或扶危济困的缩写词,是指救济困苦的人,扶助有危难的人。民政部本级彩票公益金和地方政府本级留成彩票公益金资助的济困项目种类多、覆盖范围广。覆盖对象主要为以下 4 大类人群。第一类人群是《社会救助暂行办法》界定的救助对象。该办法将社会救助制度分为 8 种类型:最低生活保障、特困人员供养、受灾人员救助、医疗救助、教育救助、住房救助、就业救助和临时救助制度。这 8 种类型制度覆盖的救助对象基本都是家庭经济困难群体,主要是城乡最低生活保障对象。截至 2018 年末,全国城乡享受最低生活保障待遇人数为 4526.1 万人,特困人员 482.7 万人,临时救助受益人 1108 万人次。这些救助对象都是彩票公益金济困项目资助对象。第二类人群是农村妇女"两癌救助"项目和法律援助(农民工、残疾人、老年人、妇女、未成年人)项目受助对象。第三类人群是励耕计划、滋蕙计划、润雨计划的受助对象。第四类人群是其他经济贫困人群和因突发事故陷入经济困难的人群。总体上看,济困项目覆盖范围较广,涉及人群多,社会关注度较高,普惠程度很高。

三、济困法规制度体系健全

由于我国济困项目对象范围广泛,济困类法规制度较多。每部法规制度均明确了彩票公益金资助济困项目的范围、济困重点、资助济困项目申报流程、资金管理等内容(见表 5-10)。我国济困类法规制度和指导性文件建设工作及成效可概括为以下几点:

(一)法规制度健全,覆盖面宽

在制度类型方面,济困类法规制度囊括了最低生活保障、特困人员供养、受灾人员救助、医疗救助、教育救助、住房救助、就业救助、临时救助、"两癌救助"、法律援助、励耕计划、滋蕙计划、润雨计划等多种法规制度。在济困对象方面,济困类法规制度囊括了低保对象、贫困家庭大学生、孤儿、农民工、残疾人、老年人、妇女、未成年人及其他困难群体。济困群体范围广、人数多、社会关注度高。济困类项目的资助对象比扶老、助残、救孤类项目的资助对象要复杂。健全的法规制度保障了济困群体的合法权益。

（二）比较重视贫困家庭大学生教育助学项目

国家和各级政府对贫困家庭大学生学习教育非常重视。各地区使用彩票公益金资助的大学生教育助学项目可分为两类：一类是资助新考上大学的经济贫困家庭高三毕业生；另一类是资助升入高校后、在读期间表现优秀的大学生。依据的主要法规制度是《中央专项彩票公益金润雨计划管理和实施暂行办法》和《中央专项彩票公益金滋蕙计划管理和实施暂行办法》。每年高考成绩发布后，地方福利彩票机构便开展高三毕业生考入大学的资助活动，资助低保家庭学生，资助标准一般是每人每次 3000 元。在两类大学生教育助学项目中，此类项目社会影响力最大[①]。本书还将在后文进一步介绍。

表 5-10　国家及部分地区福利彩票公益金济困法规制度和要点

部门或地区	制度名称	制度要点	年份
财政部	《农村医疗救助基金管理试行办法》	彩票公益金（第2条）	2004
民政部	《农村五保供养服务设施建设霞光计划》	使用福利彩票公益金修建、改建敬老院等农村五保供养服务机构及散居五保对象集中居住点	2007
民政部	《关于开展救灾款物、"蓝天计划"和"霞光计划"专项资金管理使用情况专项执法监察的通知》	专项资金管理使用，提高资金社会效益	2008
财政部和教育部	《中央专项彩票公益金教育助学项目管理和实施暂行办法》	资助范围、对象、申请办法和标准；资金分配与资助对象核定；资金发放与监管	2008
财政部和司法部	《中央专项彩票公益金法律援助项目实施与管理暂行办法》	资助案件范围、类型、对象（农民工、残疾人、老年人、妇女、未成年人）、申报、资金拨付、监管	2009
湖北省（本级）	《关于做好福利彩票公益金资助孤儿大学生活动的通知》	资助在读和新入学孤儿大学生，在读大学生中品学兼优并受到院校级以上各类表彰优秀学生进行励志奖励	2009

---

① 各地区福利彩票机构一般有继续资助入学后的贫困家庭大学生的项目，资助标准一般为每人每年 2000~3000 元，有的项目资助期为大一到大学毕业。可是，不少大学生不愿意让同学知道自己出身贫寒，所以很多人拒绝受助，导致此类项目难以落地。

续表

部门或地区	制度名称	制度要点	年份
财政部和教育部	《关于开展2019年中央专项彩票公益金教育助学项目的通知》	教育助学项目、奖励资助标准及下达名额分配	2019
财政部和教育部	《关于印发中央专项彩票公益金支持教育项目相关管理实施办法的通知》	落实中央专项彩票公益金资助的滋蕙计划、励耕计划和润雨计划	2011
财政部和全国妇联	《2011年至2015年中央专项彩票公益金支持农村贫困母亲两癌救助项目管理办法》	组织机构及职责、项目实施流程、监督管理	2011
财政部	《自然灾害生活救助资金管理暂行办法》	彩票公益金（第26条）	2011
财政部和教育部	《中央专项彩票公益金励耕计划管理和实施暂行办法》	资助范围、对象、标准、申报程序、审核、资金拨付与发放、资金管理、监督检查	2011
财政部和教育部	《中央专项彩票公益金滋蕙计划管理和实施暂行办法》	资助范围、对象、标准、申报程序、审核、资金拨付与发放、资金管理、监督检查	2011
财政部和教育部	《中央专项彩票公益金润雨计划管理和实施暂行办法》	资助范围、对象、标准、申报程序、审核、资金拨付与发放、资金管理、监督检查	2011
内蒙古自治区呼伦贝尔市	《呼伦贝尔市临时救助办法》	福利彩票公益金（第十三条）	2015
陕西省	《关于进一步健全特困人员救助供养制度的实施意见》	各级福利彩票公益金	2017
财政部和民政部	《中央集中彩票公益金支持社会福利事业资金使用管理办法》	彩票公益金应遵循福利彩票发行宗旨资助济困项目	2017
安徽省	《农村危房改造试点补助经费管理暂行办法》	彩票公益金资助农村贫困残疾人危房改造（第六条）	2018
陕西省西安市	《西安市临时救助办法》	福利彩票公益金（第十五条）	2018
安徽省黄山市徽州区	《特困人员供养及机构运行维护实施办法》	资金来源渠道之一是各级福利彩票公益金	2019
民政部、发展改革委、财政部	《关于实施特困人员供养服务设施（敬老院）改造提升工程的意见》	资金来源渠道是中央集中、地方留成的彩票公益金	2019
财政部	《中央专项彩票公益金支持地方社会公益事业发展资金管理办法》	向困难行业和弱势群体倾斜；资金使用规模、资助项目、执行情况、绩效评价结果、信息公开	2019

注：本表根据各级各地区相关部门公示的规章制度整理。

四、济困信息披露机制完善

（一）信息披露比率较高

2008~2020年财政部向社会公告历年全国彩票公益金筹集、分配和使用情况，详细公示中央集中彩票公益金资助济困类项目实际使用额、项目执行单位和项目简介等信息。1988~2020年民政部每年向社会公告历年部本级彩票公益金资助济困类项目使用额、执行单位和项目简介等信息。2014~2020年中国福利彩票发行管理中心和地方福利彩票机构发布本级福利彩票社会责任报告，公示每一年资助济困类项目资金使用情况。概言之，信息披露比率较高。

（二）信息披露及时明晰

1. 公示时间

2008~2020年，除特殊年份外，财政部每年都依法在8月底之前向社会公告历年全国彩票公益金筹集、分配和使用情况，民政部每年都依法在6月底之前向社会公告历年彩票公益金分配使用情况和补助地方情况，两者都包括资助济困项目情况。各级民政部门每年都依法在6月底之前向社会公告上一年本级彩票公益金资助济困项目情况。总体看，公示时间比较合理。

2. 公示位置和内容易获性

财政部、民政部和各省将本级彩票公益金资助济困项目公报放在网站二级链接上，一般会在首页设置"彩票公益""公益福彩""信息公开""公益之窗"和"社会责任报告"等链接，便于公众快速查找。所有的公告均可在线阅读、下载（Word和PDF）。各省网站还设置了微信客户端模块，方便社会公众下载浏览信息。

（三）信息披露规范细致

财政部、民政部和各省公告上一年本级彩票公益金资助济困项目情况时，能依法依规详细公示受益人数量和资助范围等信息，信息披露相关工作比较细致，数据完整，分类清晰。例如，财政部在《2016年全国彩票公益金筹集、分配和使用情况》中除公示了中央专项彩票公益金资助法律援助项目的金额之外，还公示了法律援助项目的实施主体和目的。

五、助学济困工作成效显著

(一) 大学圆梦类项目及社会效益

此类项目主要资助新考入普通高等院校的经济贫困家庭大学生。主要提供一次性现金资助。此项目是全国各省市开展时间最早、影响力最广泛、知名度最高的福利彩票公益金品牌项目。例如,2002~2019年河北省累计投入福利彩票公益金2.15亿元资助"寒门学子大学圆梦"项目,全省受益贫困家庭大学生超过了5.98万人。2006~2019年江苏省累计投入福利彩票公益金7000万元资助"爱心助学"项目,全省受益贫困家庭大学生超过了2万人。

(二) 基础设施类项目及社会效益

此类项目主要资助教学楼、实验楼、操场、食堂及配套基础设施设备新建、改扩建项目或者建设希望小学项目。例如,2019年重庆市投入福利彩票公益金400万元资助"公益福彩．幸福校园"项目,重点建设和改造贫困山区、库区中小学、高中、职校的图书室、操场、篮球场。

(三) 学习用品和生活照顾类项目及社会效益

此类项目主要资助学习用品或现金。一般是赠送电脑、钢琴、图书、课桌等学习类用品。例如,2003~2018年,安徽省投入福利彩票公益金686万元资助"爱心图书进校园"项目,捐赠图书总价值超过了1500万元,全省受益中小学校合计350所。2019年海南省投入福利彩票公益金17万元资助"福彩情暖校园"项目,为贫困留守学生捐赠420件冬被、运动服和运动鞋。

(四) 勤工俭学类项目及社会效益

此类项目主要资助学生参加短期工作。一般是顶岗实习或勤工俭学。2011~2018年,重庆市累计投入福利彩票公益金505.96万元资助"2小时公益"勤工俭学公益岗位实践活动,累计受益贫困家庭在校大学生6431名。

(五) 才艺技能培训类项目及社会效益

此类项目主要资助职业技能和才艺培训。例如,2015~2020年,重庆市为培养大国工匠精神累计投入福利彩票公益金1100多万元资助"福彩有爱．授人以渔"公益助匠项目，累计受益人数超过了6000人次。

（六）精神文化与体验类项目及社会效益

此类项目主要资助农村公益支教、盲校社会融合教育、助学晚会和社会体验等活动。例如，2017年贵州省使用福利彩票公益金资助"走出大山看世界"资助山区孩子到贵阳市参观游学，开拓视野。以上六类项目见表5-11。

表5-11　全国部分地区福利彩票公益金助学济困工作成效概览

地区	项目	工作及成效	年份
中山市	福彩育苗班	累计投入福彩公益金209万元，累计提供公益学位4000多个	2012~2019
重庆市	福彩有爱．授人以渔	950万元公益金，6000名职教学子公益助匠。2020年拟投200万元	2015~2020
江苏省	爱心助学	累计投入福彩公益金7000万元，全省受益贫困家庭大学生2万余人	2006~2019
河北省	寒门学子大学圆梦	累计投入福彩公益金2.15亿元，全省受益贫困家庭大学生超过5.98万人	2002~2019
重庆市	公益福彩．幸福校园	累计投入福彩公益金超过400万元，基础设施建设，受益学校超过10所	2017~2019
青岛市	青报印刷体验馆	体验了活字印刷术，见证了报纸印刷过程，感受特色素质教育	2019
济宁市	情系英吉沙．捐书助成长	给新疆孩子们捐书1000余本	2019
安徽省	福彩爱心图书进校园	累计投入福彩公益金150万元，受益学校75所	2013~2018
安徽省	爱心图书进校园	累计公益金686万元，捐书总值1500万元，全省受益中小学校350所	2003~2018
承德市	爱心在传递．温暖在蔓延	累计举办十七届晚会，和受助寒门学子联欢	2011~2018
沧州市	媒体记者走近受助生	挖掘寒门学子不畏艰难、立志成才感人事迹，弘扬感恩、孝道传统美德	2018
山东省	微光照亮未来	100余名大学生参加了本次公益支教扶贫活动，覆盖全省	2018
重庆市	2小时公益	累计发放公益金505.96万元，累计6431名贫困家庭在校大学生受益	2011~2018

续表

地区	项目	工作及成效	年份
顺德区	寒假扶苗成才	企业参访,直面企业文化,认识企业发展历程,助力大学生生涯规划	2012~2018
贵州省	走出大山看世界	资助贫困山区孩子到贵阳参观游学,开拓视野,释放心理压力	2017

注:本表资料根据各地福利彩票机构公示的单项救孤活动和项目整理。第四列中年份区间表示本书统计时项目开展区间,上限年份并非该项目停止年份。有些项目到目前仍在运行。

(七)助学项目支出额估算

截至2019年末,全国省级福利彩票机构使用本级福利彩票公益金资助的助学项目总额累计约10亿元,受益贫困家庭学生累计约30万人(见表5-12)。同时,中央专项彩票公益金累计投入约100亿元用于资助教育项目,其中有一部分资金用于助学济困项目。

表5-12　　部分省本级福利彩票公益金助学项目及成效　　单位:人;万元

序号	地区	项目名称	时间	助学人数	资助金额
1	河北	福彩献真情,爱心助学子	2002年	51778	17000
2	辽宁	福彩助学子·大学圆梦	2004~2016年	44031	10900
3	黑龙江	情系孤儿学子·福彩助学	2007年	137	248
4	福建	福彩圆你大学梦助学	2015年	330	170
5	江西	福彩公益行—助圆孤儿大学梦	2013年	300	120
6	甘肃	点燃希望 圆梦大学	2016年	300	90
7	广西	福彩情·学子梦	2013~2016年	600	420
8	河南	助学子圆梦	2017年	300	150
9	江苏	福彩爱心助学	2016年	2100	500
10	四川	慈善·福彩帮困助学	2005年	100000	20000
11	四川	志翔班项目	2005年	1988	3139
12	西藏	公益福彩·情暖高原	2013年	155	212.5
13	重庆	福彩助学·爱心圆梦	2006年	25800	8000
14	重庆	福彩助学·授人以渔	2015年	300	500
15	湖北	资助孤儿大学生项目	2008年	8657	4501.2
16	湖南	福泽潇湘·扶贫助学	2015年	1000	190
17	宁夏	福彩公益行 圆筑贫困学子梦	2017年	550	275
18	陕西	公益福彩·亲情助学	2001年	21868	10170

注:(1)本表资料来源于中国福利彩票发行管理中心官方网站——中国福彩网,数据截至时间为2017年12月31日。网址为:http://www.cwl.gov.cn/ztbd/hd/2018fczxzthd/index.shtml。
(2)2017年以后全国很多地区不再资助该项目。

六、单项济困业务成效明显

单项济困项目是指地方政府每年使用本级留成福利彩票公益金不定期开展的济困类项目。地方政府本级留成福利彩票公益金资助济困项目情况、特征、发展趋势、彩票公益金贡献和社会责任融入等内容已在前文论述。本处仅以样例形式分析济困类项目的社会效益。

(一) 疾病救治类项目及社会效益

此类项目主要资助贫困人群疾病诊治、康复和义诊。受资助的典型疾病是白血病、癌症、尿毒症。资助标准通常为一次性捐赠 3000～10000元。例如，2018 年江苏省无锡市使用福利彩票公益金资助的"福彩·爱基金"疾病救治项目。2017 年河南省福利彩票机构向患有白血病女孩李某某捐赠 5 万爱心款。

(二) 生活照顾与服务类项目及社会效益

此类项目主要资助向贫困群体提供生活用品、现金和照料服务的济困项目。主要赠送米面油、被褥、学习用品、校服。例如，2009～2018 年，河北省投入福利彩票公益金 1616 万元开展"福彩暖冬"活动，受益特困群众 15495 人。2001～2017 年，山东省烟台市累计投入福利彩票公益金 443 万元资助"大爱福彩·情暖万家"项目，受益特困家庭 10505 户。

(三) 节假日慰问类项目及社会效益

此类项目主要在节假日向贫困群体提供生活用品、现金和照料服务。典型节假日是"六一"儿童节和春节。例如，2015～2019 年，陕西省累计投入福利彩票公益金 570 万元在"六一"儿童节开展关爱儿童活动，累计受益农村贫困家庭留守儿童、病残儿童、孤儿达 4000 多人。2017 年春节前山东省聊城市投入福利彩票公益金 100 万元资助"福彩送爱·情暖聊城"活动，受益低保家庭和福利机构 1000 多户。

(四) 救济救难类项目及社会效益

此类项目主要资助因车祸等突发性、临时性事故导致家庭陷入困难的人群。例如，2016～2018 年，陕西省累计投入福利彩票公益金 2500 万元资助"救急难"平台,累计受益救助 681 例。2009~2020 年,内蒙古自治区累计投入福利彩票公益金 3500 万元资助"福彩·草原情"项目,该项目是目前全国福利彩票公益金资助的项目中知名度最高的文化品牌之一。

(五) 脱贫帮扶类项目及社会效益

此类项目旨在资助贫困群体脱贫。主要扶持农业生产、帮农户销售农产品、一户一策扶贫、包村扶贫等三农济困项目。例如,2019 年海南省投入福利彩票公益金 45 万元资助"种子基金"项目,采用购买南瓜籽和肥料等方式帮助农户脱贫。2019 年陕西省投入福利彩票公益金 2200 万元资助 17 个村组道路建设项目,受益农民 25255 人。

(六) 创业与技能培训类项目及社会效益

此类项目主要资助公益创投、职业技能培训和才艺培训等济困项目。例如,2016~2018 年,江苏省扬州市投入福利彩票公益金 200 万元资助养老服务和助残服务类等社会组织公益创投项目。2018 年重庆市使用福利彩票公益金 10 万元资助"福彩有爱·授人以渔"公益助匠活动,职业教育中心 100 名优秀贫困学子受益。

(七) 社会体验类项目及社会效益

此类项目主要资助贫困群体到异地体验生活、增加阅历和开阔视野。代表性活动是游学、参观科技馆和博物馆、野生动物园。例如,2019 年青岛市使用福利彩票公益金资助家庭困难及留守儿童游览青岛市贝林博物馆,完成了一次别开生面的野生动物主题体验之旅。

此外,各省市还使用福利彩票公益金资助见义勇为、留守妇女、流浪儿童救助、环卫工等项目。由于这些类别项目社会覆盖面相对狭窄,社会影响力也不太大,故本书不再展开论述。

尽管地方政府使用本级留成福利彩票公益金资助的济困项目取得了显著成效,但仍存在一些问题。例如,1988~2019 年各省使用本级留存的福利彩票公益金资助的济困项目或活动公示不尽如人意。项目类别数在 5 类以下的省份数所占比例为 32.3%,6~10 项的省份数所占比例为 29%,11~15 项的省份数所占比例为 32.3%,16 项以上的省份数所占比例为

6.45%；项目数在 10 项以下的省份数所占比例合计为 61.29%；项目数在 15 项及 15 项以下的省份数所占比例合计为 93.5%。就具体省份而言，吉林省、上海市、宁夏回族自治区、内蒙古自治区、西藏自治区、黑龙江省、海南省、北京市、山西省、湖北省的项目类别数均在 5 类以下；河南省、陕西省、甘肃省、天津市、安徽省、青海省的项目类别数均在 9 类以下。在 29 个项目类别中，77.4% 省份的项目类别数不足 50%；93.5% 省份的项目类别数不足 60%（见表 5-13）。这表明各地区福利彩票机构对资助的活动或项目信息披露仍存在不足之处。

表 5-13　1988~2019 年各省福利彩票公益金济困项目数及占比　　单位：%

地区	项目数	占比	地区	项目数	占比
北京	5	17.24	湖北	5	17.24
天津	7	24.14	湖南	14	48.28
河北	10	34.48	广东	10	34.48
山西	5	17.24	广西	12	41.38
内蒙古	3	10.34	海南	4	13.79
辽宁	18	62.07	重庆	15	51.72
吉林	1	3.45	四川	11	37.93
黑龙江	4	13.79	贵州	10	34.48
上海	1	3.45	云南	11	37.93
江苏	15	51.72	西藏	3	10.34
浙江	12	41.38	陕西	6	20.69
安徽	7	24.14	甘肃	6	20.69
福建	15	51.72	青海	8	27.59
江西	15	51.72	宁夏	2	6.90
山东	20	68.97	新疆	15	51.72
河南	6	20.69			

注：显著性水平 $p<0.05$。

第六章

福利彩票公益金赈灾社会责任

我国是自然灾害多发频发的国家。彩票公益金在防灾减灾和抗灾救灾中发挥了不可替代的作用。在自然灾害发生后，国家和地方政府采取紧急下拨彩票公益金抗震救灾、发行专项赈灾彩票和福利彩票机构捐款等方式全力赈灾，取得了显著的社会效益。与此同时，赈灾项目实践发展中也存在一些亟需研究解决的现实问题，阻碍了彩票公益金社会责任体系建设。

第一节
彩票公益金赈灾履责概况

从1987年福利彩票诞生之日起到20世纪90年代中期，福利彩票公益金并不是赈灾主要资金来源，赈灾作用并不明显。20世纪90年代中期至今，国家和地方政府相继投入大量福利彩票公益金，用于资助抗震救灾项目和制度体系建设。福利彩票公益金赈灾履责成效颇为显著。

一、中央专项彩票公益金赈灾履责概况

（一）下拨彩票公益金赈灾

2008年四川省汶川县"5·12"大地震自然灾害发生以后，中央财政紧急下拨的1.1亿元赈灾款中有4000万元是中央集中的彩票公益金，这笔赈灾款专项用于食品、药品、棉衣被和帐篷等急需品采购。2009年国家拨付中央集中的彩票公益金44.52亿元用于赈灾，比2008年增长55%。2010~2011年，国家累计拨付彩票公益金61.8亿元资助"5·12"汶川地震后的公共服务、防灾减灾和基础设施恢复重建。2018年8月份，山东省遭遇"温比亚"台风及暴雨洪涝灾灾害，国家减灾委员会、应急管理部会同财政部向灾区拨付1.5亿元中央财政自然灾害生活补助资金，其中部分资金即为彩票公益金。

（二）捐赠彩票公益金赈灾

汶川地震发生后，中国福利彩票发行管理中心第一时间向受灾地区捐赠500万元福利彩票公益金。2009年秋季到2010年春季，云南省、贵州省、广西壮族自治区、四川省等西南地区由于受厄尔尼诺影响，发生了近5年来最严重的旱灾，秋冬春三季连旱，耕地受旱面积占全国同期耕地受旱面积的78%。全国福利彩票系统共向广西壮族自治区、贵州省、云南省捐赠200万元福利彩票公益金，帮助受灾地区居民解决生产和生活困难。2010年4月份，青海省玉树发生最高震级为7.1级的地震灾害，中国福利彩票发行管理中心通过中华慈善总会向灾区捐赠200万元福利彩票公益金，专项资助儿童福利机构和养老机构恢复与重建基础设施。

（三）发行专项赈灾彩票

1998年7月份，长江流域发生特大洪水灾害。国务院特许中国福利彩票发行管理中心发行"抗洪赈灾"专项赈灾福利彩票，募集15亿元福利彩票公益金，支持灾区恢复重建。2003年春季，我国突发"非典"疫情，国务院特许中国福利彩票发行管理中心发行"战胜非典"即开型专项赈灾福利彩票，为抗击"非典"疫情作出了应有贡献。2008年"5·12"汶川地震灾害发生后，国务院特许中国福利彩票发行管理中心

从 2008 年 7 月 1 日到 2010 年 12 月 31 日发行网点即开型福利彩票和中福在线即开型福利彩票专项赈灾彩票，本次活动共筹集赈灾福利彩票公益金 75 亿元。

2010 年上海世博会期间，中国福利彩票发行管理中心通过发售世博会主题即开票，共筹集 4.25 亿元赈灾福利彩票公益金，2.126 亿元由国家专项拨付用于汶川灾区后恢复重建，2.126 亿元用于地方对灾区对口建设。

（四）中国红字十会使用彩票公益金赈灾

2015~2018 年，中国红字十会累计使用 2.01 亿元中央专项彩票公益金赈灾。其中，家庭包 164000 个，棉被 247000 床，毛巾被 102000 条，棉衣 126000 件，夹克衫 106000 件，冲锋衣 5500 件，帐篷和棉帐篷 9332 顶，粮食 4744.58 吨，折叠床 3215 张。受益人数 113.08 万人次，救灾范围覆盖全国 20 个省份（自治区、直辖市）。

二、地方留成彩票公益金赈灾履责概况

1988 年以来，地方政府使用本级留存的福利彩票公益金资助了很多赈灾项目。例如防灾减灾、紧急救灾、灾后恢复重建、赈灾公益宣传、赈灾公共设施建设。长期以来，各级各地区民政部门和福利彩票发行管理机构在年度福利彩票公益金使用管理公告中部分披露了本级实施的赈灾项目情况。但各级各地区福利彩票公益金使用管理单位公示的赈灾项目数据不连续、不完整。即便是情况较好的 2015~2019 年，赈灾项目数据的连续性和完整性也不尽如人意。

在 2015~2019 年，各省（自治区、直辖市）用于资助赈灾类项目的本级福利彩票公益金总额为 17.3 亿元（见表 6-1）。在 31 个省份（自治区、直辖市）中，浙江省、江苏省、湖北省、福建省、广西壮族自治区用于资助救孤类项目的福利彩票公益金总额位居全国前 5 名，合计 14 亿元（仅限于表 6-1 中的数据），占比 81%。总体看，由于自然灾害事件具有突发性、不连续性等非常规化特征，各地区资助赈灾类项目的本级福利彩票公益金投向明确，项目社会效益也比较显著。

表6-1　　2015~2019年各省本级福利彩票公益金赈灾项目使用额　　单位：万元

年份 地区	2015	2016	2017	2018	2019	5年合计
北京	0	0	0	0	0	0
天津	0	0	0	0	0	0
河北	0	0	60	120	180	360
山西	0	0	0	0	0	0
内蒙古	0	0	0	0	0	0
辽宁	0	0	0	0	0	0
吉林	0	0	0	0	0	0
黑龙江	0	0	0	0	0	0
上海	0	0	0	0	0	0
江苏	400	5233.1	1661.59	2326.83	9621.52	19243.04
浙江	12765.46	10043.12	11850.16	9193.65	43852.39	87704.78
安徽	447.5	179.9	472.1	466.3	1565.8	3131.6
福建	4000	1000	560	0	5560	11120
江西	2300	0	2000	0	4300	8600
山东	0	0	769.8	0	769.8	1539.6
河南	260	300	300	0	860	1720
湖北	0	2000	2000	2765	6765	13530
湖南	1500	0	1400	400	3300	6600
广东	0	0	200	0	200	400
广西	1500	700	0	2173	4373	8746
海南	0	0	360	0	360	720
重庆	240	200	0	0	440	880
四川	0	0	0	0	0	0
贵州	0	0	0	0	0	0
云南	0	0	0	0	0	0
西藏	0	0	0	0	0	0
陕西	0	794	0	0	794	1588
甘肃	0	0	600	1600	2200	4400

续表

年份 地区	2015	2016	2017	2018	2019	5年合计
青海	0	0	0	0	0	
宁夏	0	1190	40	240	1470	2940
新疆	0	0	0	0	0	
合计	23412.96	21640.12	22273.65	19284.78	86611.51	173223.02

注：（1）黑龙江省、青海省、西藏自治区的数据为民政部补助地方的彩票公益金，并非省本级留成的福利彩票公益金。（2）由于各省市项目分类标准不同，本书在统计赈灾数据时将部分省市公告中的赈灾数据从社会公益项目数据中提取出来，单独分类。

以上简要分析了 2015~2019 年各省使用本级留存福利彩票公益金资助赈灾项目总额。由于 1988 年以来，各地区公示的赈灾福利彩票公益金数据缺乏完整性和连续性，地方政府履行法定社会责任的情况尚需深入研究。

1987 年以来，各地政府积极使用福利彩票公益金资助赈灾项目。2008 年四川省"5·12"汶川大地震灾害发生后，全国各地区福利彩票机构纷纷向灾区捐赠福利彩票公益金。辽宁省福利彩票机构捐赠福利彩票公益金 100 万元，专项资助受灾地区的孤儿和受伤儿童。广东省福利彩票机构捐赠福利彩票公益金 50 万元，深圳市福利彩票机构捐赠福利彩票公益金 60 万元，江苏省南京市福利彩票机构捐赠福利彩票公益金 20 万元。2009 年福建省漳州市通过发行赈灾彩票刮刮乐筹集福利彩票公益金超过了 560 万元，全部用于汶川地震灾区恢复重建。2009 年秋季到 2010 年春季我国西南 4 省发生近 50 年来最大旱灾，全国各地区福利彩票机构再次向灾区捐赠福利彩票公益金。江苏省苏州市福利彩票机构向贵州省捐赠福利彩票公益金 50 万元。2010 年内蒙古自治区锡林郭勒盟、乌兰察布市和巴彦淖尔市遭受严重的雪灾和冻灾，内蒙古自治区福利彩票机构紧急投入 60 万元福利彩票公益金采购救灾物资，3 个盟市各获赠价值 20 万元救灾物资。2010 年青海省玉树发生地震灾害，重庆市、南京市、兰州市福利彩票机构合计捐赠 25 万元。2008~2010 年，广东省各级福利彩票机构不仅为汶川地震灾区和玉树地震灾区筹集 1.67 亿元福利彩票公益金，还捐赠福利彩票公益金 300 万元。由于广东省福彩系统赈灾贡献大，2010 年 4 月，民政部将"2009 年度中华慈善奖—特别奖"殊荣颁给广东省福利彩票机构①。

  2016年福建省使用本级福利彩票公益金1000万元补助防灾减灾设施建设项目，2017年补助防灾减灾设施建设项目560万元，2018年补助自然灾害避灾点提升建设500万元。2018年9月，山东省菏泽市遭受台风"温比亚"袭击，菏泽市紧急拨款100万元本级福利彩票公益金支援救灾工作。2019年8月，山西省阳城县遭受洪涝灾害，山西省红十字会向受灾地区捐赠500箱赈济包，2000条毛巾被，100顶帐篷，100张折叠床，总价值超过了40万元。2020年1月23日以来，全国部分地区福利彩票机构捐赠福利彩票公益金或物品，抗击新型冠状病毒肺炎疫情。例如，湖南省怀化市福利彩票机构捐赠福利彩票公益金10万元，衡阳市福利彩票机构捐赠1020件一层手术隔离衣和2100件三层手术隔离衣，总价值超过了8.2万元。广东省深圳市福利彩票机构向奋战在一线抗击新冠疫情的社会工作者捐赠首批250份新春食品礼盒，合计3万元，全市受益超过了2000人②。

  除了上述捐款捐物赈灾以外，各地区福利彩票机构还制定实施相关法规制度，规范福利彩票公益金使用管理。例如，2015年9月江西省出台了《江西省省级福利彩票公益金资助综合减灾示范社区项目管理办法》，旨在提高福利彩票公益金使用绩效。

第二节
彩票公益金赈灾履责主要特征和社会效益

  中央专项彩票公益金赈灾支出和地方政府使用本级福利彩票公益金赈

---

① 1987~2009年广东省福彩系统共筹集福利彩票公益金160元。2003年非典疫情暴发后捐赠福利彩票公益金500万元，专门购置了配有防护隔离设施的救护车。2005~2006年广东省福彩系统累计捐赠福利彩票公益金800万元，用于抗洪救灾与灾后重建。

② 人们对"赈灾"一词常理解为赈济受到地震、洪水、风灾等自然灾害的灾民。"灾害"一词不仅指自然灾害，还应包括人为灾害和生物性灾害等灾害类型。本书将新冠肺炎疫情界定为生物性灾害。

灾支出主要用于突发性自然灾害事故，例如地震、水灾、旱灾、雪灾。除此之外，国家和地方政府还在常规工作中使用彩票公益金开展赈灾、防灾、减灾体系建设工作。例如，救灾救助基础设施建设、防灾减灾公益宣传活动。这些常规赈灾工作和紧急赈灾工作不同，虽无解燃眉之急大功，但有解忧济困之效。本部分采集2008年1月1日到2019年12月31日全国彩票公益金赈灾支出数据，进一步分析中央政府和地方政府使用彩票公益金赈灾履责工作、主要特征和社会效益。

一、彩票公益金时空配置结构合理

（一）地区结构

在各个省份中，四川省（29.1%）和山东省（27.3%）使用的赈灾彩票公益金占比合计为56.4%。重庆市（8.2%）、甘肃省（3.6%）、青海省（3.6%）位居第三名到第五名，使用的赈灾彩票公益金占比合计为15.4%。5省市使用的赈灾彩票公益金占比合计为72.1%。这些省市的自然灾害具有频发、长期性、受灾严重、类型多样等特征。2008~2019年，四川省自然灾害频发，受灾严重，使用的赈灾彩票公益金最多，符合实际情况，彩票公益金配置合理。例如，2008年的汶川地震、2013年的芦山地震、2013~2014年的风雹洪涝灾害。山东省遭受干旱、洪涝、台风、冰雹灾害较多，这些灾害使用的彩票公益金相对较多。例如，2013~2014年，山东省遭受的旱灾和洪涝灾害。甘肃省和青海省地震灾害救援救助使用的彩票公益金较多。例如，2013年的甘肃省岷县地震和2010年青海省玉树地震。重庆市遭受的灾害主要是洪涝灾害和旱灾。例如，2014年9月份的洪涝灾害。除了上述5个省市外，其他省市使用的赈灾彩票公益金不多，且分布较为均匀。这表明我国彩票公益金赈灾支出结构合理，效果显著，彩票公益金社会责任明显。

（二）年份结构

在考察的12年份中，2010年、2013~2014年、2008年是我国自然灾害损失最严重的4个年份，彩票公益金赈灾支出最多的年份也是这4个年份。2010年使用的彩票公益金占比为20%，2013年和2014年使用的彩票公益金占比各为12.7%，2008年使用的彩票公益金占比为10.9%，4个年份使用的彩票公益金占比合计56.3%。2018年、2015年、2016年使用的彩票公益金额紧随其后，占比分别为 8.2%、7.3%、6.4%，合计 21.9%①。其他年份使用的彩票公益金占比在 3%~5% 之间，且分布较为均匀。这表明彩票公益金赈灾支出结构合理，效果显著，彩票公益金社会责任明显。

（三）月份结构

在考察的 12 年份中，彩票公益金赈灾支出额最多的月份是 4~8 月份，5 个月份使用的累计彩票公益金占比分别为 15%、10%、10%、9.1%、7.3%，合计 51.9%。1 月份和 12 月份累计使用的彩票公益金占比分别为 9.1% 和 7.3%，合计 16.4%。这表明彩票公益金赈灾支出最集中的季节是春季、夏季和冬季，这一支出特征与我国自然灾害集中发生的季节、三个季节发生的自然灾害类型一致。其他年份使用的彩票公益金占比主体在 4%~6% 之间，且分布较为均匀。这表明彩票公益金赈灾支出的结构比较合理，项目效果显著，彩票公益金社会责任非常明显。

二、赈灾资金主要用于三大类灾害

2008~2010 年彩票公益金主要用于地震灾害救援救助，其次是救灾救助物资储备投入。2011 年彩票公益金全部用于地震灾害救援救助和水灾救援救助②。2012~2014 年彩票公益金全部或主要用于火灾救援救助③。2015~2017 年彩票公益金用于多种自然灾害救灾救助项目，彩票公益金使用具有多元化特征。2018~2019 年，彩票公益金主要用于水灾救

---

① 2013 年 12 月 31 日国家减灾委员会办公室公布 2013 年中国十大自然灾害事件：四川芦山 7.0 级强烈地震灾害；8 月份东北地区洪涝风雹灾害；7 月上中旬四川盆地西北华北地区洪涝灾害；甘肃岷县漳县 6.6 级地震灾害；7 月初至 8 月中旬南方地区高温干旱灾害；"尤特"台风灾害；"3·29"西藏墨竹工卡县山体滑坡灾害；"菲特"台风灾害；6 月底至 7 月初四川盆地江淮江汉地区风雹洪涝灾害；吉林松原市地震灾害。2015 年 1 月 5 日国家减灾委员会办公室公布 2014 年全国十大自然灾害事件：云南鲁甸 6.5 级地震灾害、"威马逊"超强台风灾害、7 月中旬南方洪涝灾害、5 月中下旬长江以南洪涝灾害、6~8 月东北黄淮等地旱灾、6 月中下旬南方洪涝灾害、9 月中上旬华西洪涝灾害、9 月上旬重庆洪涝灾害、7 月上旬云南洪涝泥石流灾害、新疆于田 7.3 级地震灾害。2018 年我国自然灾害以洪涝、台风灾害为主，直接经济损失 2644.6 亿元，较过去 5 年均值明显偏轻。

② 2011 年全国 31 个省均不同程度遭受洪涝灾害，直接经济损失约 1301 亿元。2011 年云南和新疆发生地震灾害，直接经济损失超过了 385 万元，占全国当年自然灾害造成的直接经济损失 64.1%。2011 年 3 月 10 日云南省盈江县发生 5.8 级地震，中央紧急下拨 5000 万救灾资金。

③ 2012 年全国共发生火灾 15.2 万起，直接财产损失 21.8 亿元。

援救助，其次是地震灾害救援救助（见表6-2）。总体看，各年份彩票公益金主要用于地震灾害、水灾和火灾三种自然灾害的救援救助，这与前文分析结果基本一致。

表6-2　2008~2019年各年份彩票公益金赈灾支出结构

年份	2008	2009	2010	2011	2012	2013	2014	2015	2016	2017	2018	2019
购买救灾储备物资	14.3%	0	0	0	0	0	0	0	0	0	0	0
减灾救助社区建设	0	0	0	0	0	0	0	12.5%	0	0	0	0
旱灾救助	0	0	0	0	0	0	0	12.5%	0	0	0	0
火灾救助	0	0	0	0	66.7%	21.4%	16.7%	25%	28.6%	0	11.1%	0
避灾安置场所	0	0	0	0	0	0	8.3%	0	14.3%	20%	11.1%	0
地震救助	50%	20%	9.1%	40%	0	7.1%	0	0	0	20%	0	20%
火灾慰问	0	0	0	0	0	0	0	12.5%	0	0	0	0
爱心捐赠	0	0	9.1%	0	0	21.4%	0	0	0	0	0	0
水灾慰问	0	0	13.6%	40%	0	0	0	12.5%	14.3%	20.%	33.3%	40%
灾后重建慰问金	21.4%	60%	54.5%	20%	0	7.1%	16.7%	0	14.3%	20%	0	0
赠送春耕化肥	0	20%	9.1%	0	0	0	0	0	0	0	0	0
救灾应急车辆采购	0	0	4.5%	0	0	0	0	0	0	0	0	0
防灾减灾宣传活动	7.1%	0	0	0	0	0	0	0	0	0	11.1%	0
灾区公益助学	7.1%	0	0	0	0	7.1%	0	0	0	0	0	0
紧急帮扶	0	0	0	0	33.3%	35.7%	58.3%	25.%	28.6%	20%	33.3%	40%

注：显著性水平$p<0.05$。

三、赈灾资金发展趋势无规律可循

2008~2019年，在彩票公益金资助的所有赈灾项目中，大多数赈灾项目使用的彩票公益金均无规律可循，这符合自然灾害发生规律（见表6-3）。

表 6-3 2008~2019 年彩票公益金资助的赈灾项目发展趋势

项目类别 \ 年份	2008	2009	2010	2011	2012	2013	2014	2015	2016	2017	2018	2019
购买救灾储备物资	100%	0	0	0	0	0	0	0	0	0	0	0
减灾救助社区建设	0	0	0	0	0	0	0	100%	0	0	0	0
旱灾救助	0	0	0	0	0	0	0	100%	0	0	0	0
火灾救助	0	0	0	0	16.7%	25%	16.7%	16.7%	16.7%	0	8.3%	0
避灾安置场所	0	0	0	0	0	0	25%	0	25%	25%	25%	0
地震救助	46.7%	6.7%	13.3%	13.3%	0	6.7%	0	0	6.7%	0	0	6.7%
火灾慰问	0	0	0	0	0	0	0	100%	0	0	0	0
爱心捐赠	0	0	40%	0	0	60%	0	0	0	0	0	0
水灾慰问	0	0	23.1%	15.4%	0	0	0	7.7%	7.7%	7.7%	23.1%	15.4%
灾后重建慰问金	12%	12%	48%	4%	0	4%	8%	0	4%	4%	0	0
赠送春耕化肥	0	33.3%	66.7%	0	0	0	0	0	0	0	0	0
救灾应急车辆采购	0	0	100%	0	0	0	0	0	0	0	0	0
防灾减灾宣传活动	50%	0	0	0	0	0	0	0	0	0	50%	0
灾区公益助学	50%	0	0	0	0	50%	0	0	0	0	0	0
紧急帮扶	0	0	0	0	4.3%	21.7%	30.4%	8.7%	8.7%	4.3%	13%	8.7%

注：显著性水平 $p < 0.05$。

从表 6-3 中数据可知，只有"避难安置场所建设"项目使用的彩票公益金相对稳定，2014~2018 年彩票公益金使用比例总体波动在 25% 左右。火灾、水灾、地震灾害救援救助使用彩票公益金的年份数较多，不过总体趋势是稳中略降。

四、福利彩票机构是赈灾项目履责主体

（一）福利彩票机构是开展赈灾活动的组织主体

地方福利彩票发行管理机构独立资助的赈灾项目数占比为 68.2%，地方福利彩票发行管理机构联合多个部门资助的赈灾项目数占比为

13.6%。中央专项彩票公益金独立资助的赈灾项目数占比为13.6%。慈善部门主导、多部门参与资助的赈灾项目数占比为1.8%。慈善部门独立资助、红十字会及红十字主导资助、联合多部门资助的赈灾项目数占比为0.9%。这表明是地方福利彩票机构是开展赈灾工作的组织主体。

(二) 省市两级留成福利彩票公益金是赈灾资金主要来源

在考察的所有资金拨付渠道中,地市级留成的福利彩票公益金支付额占比最高,为58.2%,省本级留成的福利彩票公益金支付额占比21.8%。对比而言,中央专项彩票公益金资助额占比10.9%,中国福利彩票发行管理中心资助额占比7.3%。全国慈善总会系统和其他渠道资助额占比分别为0.9%和0.9%。总体上看,地方政府支出的本级留成的福利彩票公益金占比高达80%。这表明赈灾资金支付主体是地方政府留存的本级福利彩票公益金。

五、中期管理和后期效益履责显著

中期管理环节设计了项目说明、过程描述、项目总结三个指标。后期效益环节设计了绩效评估一个指标。

(一) 中期管理环节社会责任承担

1. 项目说明

在几种赈灾项目概况说明形式中,福利彩票公益金使用管理单位仅使用"文字"说明赈灾项目概况的比例为59.1%。使用"文字+活动图片"形式说明赈灾项目概况的比例为40.9%,主要体现在火灾紧急救援、水灾紧急救援和灾后重建三大类项目上。

2. 过程描述

在几种赈灾项目过程描述形式中,福利彩票公益金使用管理单位仅使用"文字"描述赈灾项目过程的比例是60.9%。使用"文字+活动图片"形式描述赈灾项目的比例是4.5%,主要体现在水灾紧急救援、灾后重建和救灾物资储备三大类项目上。其他情况占比34.5%。

3. 项目总结

在几种赈灾项目总结说明形式中,福利彩票公益金使用管理单位仅使用"文字"总结赈灾项目实施情况的比例是60.9%。使用"文字+图片"形式总结赈灾项目实施情况的比例是4.5%。

(二) 后期效益环节社会责任承担

后期效益环节设计了项目绩效评估一个指标。地方政府福利彩票公益金使用管理单位对赈灾项目效果开展了绩效评估。其中，地方政府福利彩票发行管理机构自己开展赈灾项目绩效评估占比为29.1%，主要体现在火灾紧急救援、水灾紧急救援和爱心捐赠三大类项目上。政府其他部门开展赈灾项目绩效评估占比为39.1%。第三方民间机构开展赈灾项目绩效评估占比为13.6%。没有开展赈灾项目绩效评估的比例为18.2%。

总体上看，地方政府福利彩票公益金使用管理单位在赈灾项目组织实施、资金投入、项目概况说明、过程描述、项目总结、绩效评估、信息披露等社会责任体系建设全流程多项工作中较好地融入了社会责任。

第三节
赈灾项目实践发展中存在的主要问题

尽管地方留成福利彩票公益金资助赈灾项目社会责任融入体系建设取得了比较显著的社会效益，但是赈灾项目实践发展中仍存在一些问题。

一、社会责任融入要素不够完整

几乎所有的赈灾项目都缺少完整计划、工作框架、过程报告、资金使用报告、结项报告、绩效评估报告。对比而言，有些做法和成效尚不如一些民间公益慈善救助平台的做法和成效。以民政部遴选的首批互联网募捐信息平台——腾讯乐捐平台为例，该平台上很多赈灾项目都有工作计划、工作框架、活动过程报告、资金使用报告、结项报告。在资助工作结束后，腾讯平台会发布《项目执行报告》，公示资助项目背景、工作框架、工作阶段及具体工作、各项目受益人名称及所在地区、受益人数、物品数量和金额、领款回执单等资料扫描件或照片。例如，2013年四川省芦山地震发生后，壹基金（李连杰发起创办）在腾讯乐捐平台发起赈灾公益众筹，本次活动设有捐助说明、项目进展、结项报告。在赈灾工作结束后，腾讯乐捐平台发布了《芦山4.20地震壹基金紧急赈灾项目执行报告》，公示了灾情背景、赈灾工作框架、工作阶段及具体工作、各个项目的受益人名称及所在地区、受益农户数和受益人数等具体信息。由此可以反衬出，地方留成的福利彩票公益金资助的赈灾项目社会责任融入要素仍然不够完整。

二、受益信息和财务信息不健全

这些不健全问题主要表现为财务单据和凭证缺乏、无受益方签字凭证、无受益方银行款单、无代办人签字单证以及银行电子回单等资料。仍以腾讯乐捐平台为例，该平台向社会公告的结项报告中包括物品金额、金额小计、执行及运费、监管支出、费用合计、受益人签收单、收款收据、领款回执单、发票、银行电子回单等财务类资料扫描件或照片。《芦山4.20地震壹基金紧急赈灾项目执行报告》公告了受益农户数和受益人数等具体信息。对比而言，地方留成的福利彩票公益金资助的赈灾项目社会责任融入和社会责任体系建设仍任重而道远。

三、赈灾项目中后期管理履责不到位

（一）项目总结

对几种赈灾项目总结说明形式中，使用"文字+图片+财务款单凭证"总结赈灾项目实施情况的比例是0。未总结赈灾项目实施情况的比例是30.9%。其他情况占比3.6%。这表明赈灾项目管理中存在不规范问题，反映出赈灾彩票公益金使用管理单位不重视赈灾项目总结工作，未能充分履行相应的管理责任。

（二）效果评估

赈灾彩票公益金使用管理单位自己开展效果评估的比例为29.1%，政府其他部门开展效果评估的比例为39.1%，第三方民间机构开展效果评估的比例13.6%，没有开展效果评估的比例为18.2%。这表明赈灾项目效果评估缺乏公开性、公正性和权威性。

四、信息披露和社会回应均不足

（一）信息披露机制不健全

1. 地方福利彩票机构对披露信息不够重视

仅以地方福利彩票机构官方网站披露赈灾项目信息为例，地方福利彩票机构将赈灾项目披露信息放在官方网站三级链接下面的比例是96.4%，放在二级链接下面的比例为1.8%，链接放在首页不显著位置的比例是1.8%。赈灾项目披露信息放在二级链接下面较为合适。然而，地方福利彩票机构将赈灾项目信息放在三级链接下面且比例如此之高，导致访问路径深，不尽合理，不利于宣传赈灾项目。这与济困类项目和社会公益项目相近，不如扶老、助残、救孤三大类项目。

2. 社会媒体支持力度弱

在报道赈灾活动的媒体中，地方福利彩票机构官方媒体占比97.3%，彩票行业内媒体参与比例为0.9%，彩票行业外媒体参与比例仅占1.8%。赈灾活动缺少更多彩票行业内外媒体参与报道。这反映出社会参与和支持力度不够大。

3. 社会回应不足

主要表现有赈灾金额和受益人数不透明。35.5%的赈灾项目没有公示使用的彩票公益金数额。76.4%的赈灾项目没有提及受益人数。如果地方政府赈灾彩票公益金使用管理单位因技术等原因未完整发布项目执行报告、项目总结报告、项目绩效报告或三者之一尚情有可原，然而在资助项目新闻报道中公示赈灾金额和受益人数并无技术难度。这表明地方政府赈灾彩票公益金使用管理单位对社会回应不够重视，反映了彩票公益金社会责任建设存在明显不足。

（二）赈灾项目信息披露率低

从赈灾项目信息披露地区分布结构方面分析，1988～2019年，各省使用本级留成的福利彩票公益金资助的赈灾项目信息披露情况较低。在披露的项目类别数及占比方面，项目类别数在5类（含）以下的省份数所占比例为90.5%，项目类别数在6～10项之间的省份数所占比例为9.5%；项目数在10项以上的省份数所占比例仅为3.2%。就具体省份而言，山西省、黑龙江省、江苏省、福建省、河南省、贵州省、新疆维吾尔自治区的项目类别数均在1类以下;除了甘肃省、四川省、山东省的项目类别数分别为3类、6类和10类之外,其余省份的项目类别数均为2类。在考察的21种项目类别中,将近95.2%省份的项目类别数不足50%(见表6-4)。这表明各地区福利彩票机构对资助的赈灾项目信息披露仍存在不足之处。但需要说明的是,本书考察的21类赈灾项目中,有一部分项目是自然灾害救助项目,这些自然灾害因其具有突发性特点,不宜与扶老、助残、救孤、济困四大类项目对比分析。但除自然灾害以外的常规赈灾体系建设类项目可与扶老、助残、救孤、济困四大类项目对比分析,例如避灾安置场所建设、防灾减灾宣传、赈灾类公益活动。各地区福利彩票机构资助的这些常规性赈灾项目的信息披露机制也不够健全。

表6-4 1988~2019年各省福利彩票公益金赈灾项目类别数及占比

单位:类;%

地区	项目数	占比	地区	项目数	占比
河北	2	13.33	广西	2	13.33
山西	1	6.67	海南	2	13.33
黑龙江	1	6.67	重庆	2	13.33
江苏	1	6.67	四川	6	40.00
浙江	2	13.33	贵州	1	6.67
福建	1	6.67	云南	2	13.33
江西	2	13.33	陕西	2	13.33
山东	10	66.67	甘肃	3	20.00
河南	1	6.67	青海	2	13.33
湖南	2	13.33	新疆	1	6.67
广东	2	13.33			

注:显著性水平 $p < 0.05$。

总体看,地方政府使用本级留成的福利彩票公益金资助突发性和常规性赈灾项目中偏重福利彩票公益金前期投入,疏于项目过程管理,轻视福利彩票公益金使用效率评估、后期督查监管及产生的影响;偏重项目新闻报道和业绩宣传,轻视与受益方社会责任沟通、受益方感受与需求。

第七章

福利彩票公益金公益社会责任

　　彩票公益金资助的社会公益项目分为中央本级彩票公益金资助的社会公益项目和地方政府本级留成福利彩票公益金资助的社会公益项目。本章分三个部分展开论述。首先，分析中央专项彩票公益金资助社会公益项目社会责任，主要考察其资助的社会公益项目的合法合规性、使用规模、特征和结构等内容以及民政部使用本级彩票公益金资助的社会公益类项目合法合规性、使用规模、特征和结构等内容。其次，分析地方政府本级留成福利彩票公益金资助社会公益项目社会责任，主要考察各省本级福利彩票公益金资助社会公益项目支出额、特征、发展趋势、工作机制和社会责任融入等内容。最后，分析彩票公益金资助社会公益项目社会责任体系建设成效。

第一节
中央专项彩票公益金资助的社会公益项目责任

　　中央专项彩票公益金资助的社会公益项目广泛，包括地方社会公益事业、未成年人校外教育、文化事业、教育助学和大学生创新创业、其他社会公益项目。其中，其他社会公益项目包括精神病人福利机构建设、乡村学校少年宫、婴幼儿营养补助、留守儿童快乐家园、出生缺陷干预救助和禁毒关爱工程，这些项目并非逐年连续开展，资助时间长度一般为1个年度或2个年度。本部分采集2011~2018年中央专项彩票公益金资助社会公益类项目数据，考察其资助的社会公益项目使用额、特征、发展趋势和工作机制等内容。

一、中央专项彩票公益金补助地方社会公益事业责任

地方社会公益事业项目是指国家为改善中西部等地区落后现状，促进全国各地区社会公益事业协调发展而使用彩票公益金重点资助的养老、扶贫、基本公共文化等社会公益事业发展薄弱项目。

（一）彩票公益金分配和使用管理主体履行法定责任

1. 财政部依法履行彩票公益金分配使用信息披露责任

《彩票管理条例》规定，彩票公益金使用和管理单位应在每年向社会公告彩票公益金的使用情况。按照彩票公益金相关管理办法规定，信息披露时间为每年8月底之前。2013~2020年除特殊年份外，财政部每年都在8月末向社会公告上一年度全国彩票公益金筹集分配情况和中央集中彩票公益金安排使用情况，详细公告资助地方社会公益类项目的彩票公益金数额。

2. 民政部依法履行彩票公益金使用管理信息披露责任

按照彩票公益金相关管理办法规定，各级民政部门应在每年6月底之前向社会公告上一年度本级彩票公益金使用情况。2013~2020年，民政部每年都在6月底之前向社会公告上一年度本级彩票公益金使用情况，详细公告使用方向、覆盖范围、项目类别和具体金额等事项。

（二）彩票公益金社会责任体现

2017~2018年，中央专项彩票公益金资助的地方社会公益类项目分配额各为50亿元。从彩票公益金历年使用规模分省结构方面分析，西藏自治区、贵州省、新疆维吾尔自治区、青海省、江西省原中央苏区5个地区的地方社会公益类项目使用的中央专项彩票公益金最多，使用金额依次为14亿元、10亿元、10亿元、6.66亿元、5.78亿元，占比依次为14.8%、10%、10%、6.66%、5.78%。陕西省、黑龙江省、内蒙古自治区、山东省沂蒙革命老区、广东省原中央苏区5个地区的地方社会公益项目使用的中央专项彩票公益金最少，使用金额依次为2.09亿元、1.78亿元、1.77亿元、1.5亿元、1.16亿元，占比依次为2.09%、1.78%、1.77%、1.5%、1.16%。后5位省份无论在金额上还是比例上都远低于前五位地区。使用金额占比在2%~4%之间的省份数共计15个，所占比例为46.9%，这表明中央专项彩票公益金资助的地方社会公益类项目具有明显倾斜性特征（见表7-1）。

表7-1　　2017~2018年中央专项彩票公益金资助地方社会公益事业分配额　　单位：万元

省份	2017年	2018年
河　北	13550	13550
山　西	14150	14150
内蒙古	8825	8825
吉　林	10475	10475
黑龙江	8900	8900
安　徽	14525	14525
福建原中央苏区	16500	16500
江西原中央苏区	28875	28875
山东沂蒙革命老区	7500	7500
河　南	19825	19825
湖　北	11450	11450
湖　南	16175	16175
广东原中央苏区	5775	5775
广　西	18025	18025
重　庆	12475	12475
四　川	16600	16600
贵　州	50000	50000
云　南	13250	13250
西　藏	70375	70375
陕　西	10450	10450
甘　肃	13525	13525

续表

省份	2017年	2018年
青　海	33275	33275
宁　夏	24250	24250
新　疆	50000	50000
新疆生产建设兵团	11250	11250
合　计	500000	500000

注：本表资料根据历年全国彩票公益金筹集分配情况和中央集中彩票公益金安排使用情况公告整理。

二、中央专项彩票公益金资助未成年人校外教育责任

未成年人校外教育项目是指教育部组织实施的、主要用于资助校外活动保障和能力提升、中小学生研学旅行营地建设的社会公益项目[①]。

（一）彩票公益金分配和使用管理主体履行法定责任

财政部依法履行彩票公益金分配使用信息披露责任。2014~2020年，财政部每年依规在8月末向社会公告上一年度全国彩票公益金筹集分配情况和中央集中彩票公益金安排使用情况，详细公告资助未成年人校外教育事业类项目的彩票公益金数额。

（二）彩票公益金责任体现

2013~2018年，中央专项彩票公益金连续资助未成年人校外教育事业发展项目。2013~2018年，中央专项彩票公益金资助的未成年人校外教育事业类项目分配额依次为37.7亿元、41.98亿元、33.58亿元、9.2亿元、9.2亿元、9.2亿元，6年累计140.86亿元。从彩票公益金历年使用规模分省结构方面分析，河南省、四川省、山东省、湖南省、河北省的未成年人校外教育事业类项目使用的中央专项彩票公益金最多，使用金额依次为9.11亿元、8.41亿元、7.55亿元、6.67亿元、6.46亿元，占比

---

① 未成年人校外活动保障和能力提升项目是指由财政部安排利用中央专项彩票公益金，开展的未成年人校外活动场所活动补助、能力提升和人员培训等工作。未成年人校外活动场所是指由各级人民政府投资建设的专门为未成年人提供公益服务的青少年校外活动中心、青少年宫、少年宫、儿童活动中心、综合实践基地等公益性单位。

依次为 6.47%、5.97%、5.36%、4.73%、4.59%。海南省、宁夏回族自治区、天津市、新疆生产建设兵团、上海市的未成年人校外教育事业项目使用的中央专项彩票公益金最少，使用金额依次为 1.62 亿元、1.42 亿元、1.39 亿元、1.27 亿元、1.04 亿元，占比依次为 1.15%、1.01%、0.99%、0.9%、0.74%。后 5 位省份无论在金额上还是比例上都远低于前 5 位地区。使用金额占比在 2%~4% 之间的省份数共计 16 个，所占比例为 50%，这表明中央专项彩票公益金资助的未成年人校外教育事业类项目具有倾斜性和普惠性结合特征（见表 7-2）。

表 7-2　2013~2018 年中央专项彩票公益金资助未成年人校外教育事业分配额　　　单位：万元

省份	2013 年	2014 年	2015 年	2016 年	2017 年	2018 年
北京	6350	4205	4327	443	1943	2638
天津	2803	6419	3465	350	571	346
河北	15652	19496	15987	6257	4862	2337
山西	10729	13113	10582	4129	3117	2964
内蒙古	9859	11946	8168	2993	4004	2532
辽宁	10727	10160	11672	1575	1370	2959
吉林	7949	9468	6667	1213	1009	2532
黑龙江	13860	9904	9468	2814	3171	2647
上海	165	449	540	465	3025	5775
江苏	16606	16584	13609	2730	2846	3686
浙江	8016	16676	10955	2002	2620	3753
安徽	17331	19843	13531	3997	3872	2189
福建	11643	16846	11161	1667	4272	3366
江西	15427	15353	12143	4216	2877	2719
山东	18986	19679	16821	4102	10106	5819
河南	26557	25199	21470	7810	5955	4158
湖北	15935	12308	11678	2502	2520	8896
湖南	17698	21507	15212	5145	4180	2926
广东	15814	19244	16486	4887	2275	510
广西	12355	14664	11921	3968	4100	1551
海南	3020	6677	3902	901	981	688
重庆	8537	10459	7665	1938	1300	934

续表

省份	2013年	2014年	2015年	2016年	2017年	2018年
四川	25167	23297	23465	5031	3715	3470
贵州	14597	14452	12239	3970	1780	1529
云南	15853	12261	12086	4359	3012	2058
西藏	6269	6987	6008	1035	1370	576
陕西	18258	18111	12953	3265	4150	6611
甘肃	10471	12846	10364	2857	1296	5935
青海	3002	7176	4482	1274	818	2392
宁夏	2230	6401	3728	802	510	573
新疆	12902	12136	10376	2729	3343	2589
新疆生产建设兵团	2232	5884	2619	574	1031	343
合计	377000	419750	335750	92000	92000	92000

注：本表资料根据历年全国彩票公益金筹集分配情况和中央集中彩票公益金安排使用情况公告整理。

三、中央专项彩票公益金资助文化公益事业社会责任

文化公益事业项目是指国家文化和旅游部组织实施的、主要用于资助国家艺术基金设立的艺术创作生产、传播交流推广、人才培养以及补助城市社区文化中心（文化活动室）设备购置的社会公益项目。

（一）彩票公益金使用和管理主体履行法定责任

财政部依法履行彩票公益金使用信息披露责任。《彩票管理条例》规定，彩票公益金使用和管理单位应在每年向社会公告彩票公益金使用情况。按照彩票公益金相关管理办法规定，信息披露时间为每年8月底之前。2014~2020年，财政部每年在8月末向社会公告上一年度全国彩票公益金筹集分配情况和中央集中彩票公益金安排使用情况，详细公告资助文化公益事业类项目的彩票公益金数额。

（二）彩票公益金责任体现

1. 中央专项彩票公益金支出总额

2013~2017年，中央专项彩票公益金连续资助文化公益事业发展项目。2013~2017年，中央专项彩票公益金本级留成部分资助国家艺术基

金项目额依次为3亿元、5亿元、8亿元、4亿元、3.68亿元,6年累计23.68亿元。2013~2017年,中央专项彩票公益金资助的文化公益事业类项目(城市社区文化中心设备购置)各省分配额依次为37.7亿元、41.98亿元、33.58亿元、9.2亿元、9.2亿元、9.2亿元,六年累计140.86亿元。

2. 彩票公益金历年使用规模分省结构

河南省、湖北省、黑龙江省、陕西省、湖南省的文化公益事业类项目使用的中央专项彩票公益金最多,使用金额依次为1.3亿元、1.09亿元、0.91亿元、0.71亿元、0.69亿元,占比依次为11.82%、9.95%、8.29%、6.45%、6.29%。上海市、宁夏回族自治区、天津市、西藏自治区、青海省的文化公益事业项目使用的中央专项彩票公益金最少,使用金额依次为0.04亿元、0.031亿元、0.02亿元、0.0048亿元、0.0012亿元,占比依次为0.36%、0.28%、0.18%、0.04%、0.01%。后5位省份无论在中央专项彩票公益金使用总额上还是占比上都远低于前五位地区。使用中央专项彩票公益金占比在4%以下的省份数共计23个,所占比例为65.7%,这表明中央专项彩票公益金资助文化公益事业项目具有明显倾斜性特征(见表7-3)。

表7-3　2013~2017年中央专项彩票公益金资助文化公益事业各省分配额

单位:万元

省份	2013年	2014年	2015年	2016年	2017年
北京	0	0	0	0	0
天津	0	200	0	0	0
河北	0	1350	975	975	156
山西	0	840	750	750	1900
内蒙古	1152	440	0	0	861
辽宁	0	200	650	650	0
吉林	747	2044	0	0	0
黑龙江	678	2328	2953	2953	208
上海	300	100	0	0	0
江苏	0	300	510	510	0
浙江	350	400	500	500	0
安徽	386	1026	2343	2343	0
福建	100(厦门)	0	650	650	0
江西	915	900	604	604	525

续表

省份	2013 年	2014 年	2015 年	2016 年	2017 年
山东	100（青岛）	200	950	950	0
河南	2268	3018	3000	3000	1720
湖北	2945	1800	2450	2450	1300
湖南	2234	1914	1350	1350	72
广东	400	400	900	900	0
广西	94	453	309	309	0
海南	49	1460	0	0	0
重庆	1587	618	1525	1525	48
四川	2394	0	0	0	2497
贵州	686	700	556	556	0
云南	489	1640	1920	1920	168
西藏	0	0	0	0	48
陕西	1956	1750	1695	1695	
甘肃	461	519	410	410	108
青海	12	0	0	0	0
宁夏	155	150	0	0	0
新疆	1251	250	0	0	389
新疆生产建设兵团	0	0	0	0	0
合计	25000	25000	25000	25000	10000

注：本表资料根据历年全国彩票公益金筹集分配情况和中央集中彩票公益金安排使用情况公告整理。2018 年至今，中央专项彩票公益金未资助文化公益事业项目。

四、中央专项彩票公益金教育助学和大学生双创责任

教育助学项目是教育部委托中国教育发展基金会实施的、主要用于奖励普通高中品学兼优的家庭困难学生，资助家庭经济特别困难的教师，救助遭遇突发灾害的学校的社会公益项目。教育助学项目分为滋蕙计划、励耕计划和润雨计划（三项计划）[①]。大学生创新创业项目是教育部为推动

---

① 滋蕙计划是指使用中央专项彩票公益金奖励品学兼优的普通高中家庭经济困难学生。滋蕙计划由财政部、教育部委托中国教育发展基金会负责具体操作。励耕计划是经国务院批准，财政部、教育部委托中国教育基金会由中央财政从中央彩票公益金中安排专项资金开展教育助学的项目，该项目采取逐年申请的方式，资助标准为每人每年 1 万元，资助范围与对象包括公办小学、初中、普通高中和中职学校家庭经济特别困难的教师。润雨计划是指使用中央专项彩票公益金资助学校或相关单位教育发展中遇到的特殊困难或突发紧急事件。润雨计划由财政部、教育部委托中国教育发展基金会负责具体操作。

创新创业教育改革发展，委托中国教育发展基金会实施的、主要用于资助创新创业教育成效显著的高等院校的社会公益项目。

（一）彩票公益金使用和管理主体履行法定责任

财政部依法履行彩票公益金使用信息披露责任。按照《彩票管理条例》规定，彩票公益金使用和管理单位应在每年向社会公告彩票公益金的使用情况。按照彩票公益金相关管理办法规定，信息披露时间为每年8月底之前。2014~2020年，财政部每年在8月末向社会公告上一年度全国彩票公益金筹集分配情况和中央集中彩票公益金安排使用情况，详细公告资助教育助学和大学生创新创业项目的彩票公益金数额。

（二）彩票公益金责任体现

2013~2015年，中央专项彩票公益金资助了滋蕙计划、励耕计划和润雨计划，并未资助大学生创新创业项目。三项计划三年资助额分别为8.5亿元、8亿元、7.5亿元，合计24亿元。从彩票公益金历年使用规模分省结构方面分析，安徽省、河南省、湖南省、湖北省、云南省的三项计划使用的中央专项彩票公益金最多，使用金额依次为2.16亿元、2.1亿元、2.07亿元、1.93亿元、1.8亿元，占比依次为8.98%、8.76%、8.64%、8.05%、7.53%。天津市、上海市、江苏省、浙江省、山东省和广东省未获资助，福建省和北京市受资助额均低于100万元（见表7-4）。这表明中央专项彩票公益金资助的教育助学类项目具有明显倾斜性特征。

表7-4 中央专项彩票公益金资助的三项计划各省分配额　　　单位：万元

省份	2013年				2015年				2016年			
	滋蕙	励耕	润雨	合计	滋蕙	励耕	润雨	合计	滋蕙	励耕	润雨	合计
北京	0	0	0	0	0	0	0	0	0	0	60	60
天津	0	0	0	0	0	0	0	0	0	0	0	0
河北	0	0	2281	2281	0	0	922	922	2680	6301	1550	10531
山西	2760	4100	1275	8135	0	0	500	500	2080	3947	970	6997
内蒙古	0	0	324	324	1200	2300	774	4274	0	0	202	202
辽宁	0	0	0	0	0	0	0	0	0	54	260	314

续表

省份	2013年				2015年				2016年			
	滋蕙	励耕	润雨	合计	滋蕙	励耕	润雨	合计	滋蕙	励耕	润雨	合计
吉林	0	0	351	351	1120	2400	695	4215	0	0	198	198
黑龙江	0	3300	430	3730	1460	3200	800	5460	0	0	255	255
上海	0	0	0	0	0	0	0	0	0	0	0	0
江苏	0	0	0	0	0	0	0	0	0	0	0	0
浙江	0	0	0	0	0	0	0	0	0	0	0	0
安徽	4280	5400	1585	11265	756	756	756	756	3080	5200	1255	9535
福建	0	0	0	0	0	0	0	0	0	0	90	90
江西	2480	4200	1638	8318	682	682	682	682	2140	4100	1130	7370
山东	0	0	0	0	0	0	0	0	0	0	0	0
河南	0	0	2886	2886	1424	1424	1424	1424	4620	9500	2585	16705
湖北	4140	4900	1619	10659	0	0	562	562	2420	4400	1270	8090
湖南	3420	5600	1769	10789	0	0	777	777	2540	5300	1340	9180
广东	0	0	0	0	0	0	0	0	0	0	0	0
广西	0	0	585	585	1900	4100	2536	8536	0	0	331	331
海南	540	1000	275	1815	0	0	106	106	440	998	235	1673
重庆	0	0	500	500	1580	2500	908	4988	0	0	287	287
四川	0	0	1074	1074	3600	6600	2110	12310	0	0	640	640
贵州	0	3800	504	4304	1840	3800	940	6580	0	0	306	306
云南	0	4500	5430	9930	1680	4300	1440	7420	0	0	717	717
西藏	140	0	63	203	120	300	283	703	0	0	210	210
陕西	0	0	744	744	2240	3700	1500	7440	0	0	390	390
甘肃	0	3000	1081	4081	1580	2900	738	5218	0	0	290	290
青海	360	0	112	472	260	500	492	1252	0	0	60	60
宁夏	480	0	106	586	380	700	224	1304	0	0	69	69
新疆	1140	200	307	1647	900	2400	718	4018	0	200	250	450
新疆兵团	260	0	63	323	140	300	113	553	0	0	50	50
合计	20000	40000	25000	85000	20000	40000	20000	80000	20000	40000	15000	75000

注：本表资料根据历年全国彩票公益金筹集分配情况和中央集中彩票公益金安排使用情况公告整理。

1. 使用总额

2016~2018年，中央专项彩票公益金既资助了教育助学项目，也资助了大学生创新创业项目。3年中，中央本级专项彩票公益金资助教育助学项目金额依次为0.98亿元、0.85亿元、0.59亿元。3年中，中央专项彩票公益金资助地方教育助学项目金额各为10.5亿元，累计31.5亿元。

2. 彩票公益金历年使用规模分省结构

云南省、四川省、河南省、贵州省、河北省使用的中央专项彩票公益金最多，使用金额依次为 3.18 亿元、2.68 亿元、1.98 亿元、1.96 亿元、1.74 亿元，占比依次为 10.1%、8.5%、6.27%、6.22%、5.53%。福建省、浙江省、广东省、上海市、天津市受资助额最少，均低于 0.1 亿元，占比也低于 0.3%（见表 7-5）。这表明中央专项彩票公益金资助的教育助学项目和大学生创新创业项目具有一定的倾斜性特征。

3. 中央专项彩票公益金资助大学生创新创业项目实践中，彩票公益金使用管理单位认真履行责任

2018 年，教育部办公厅下发《关于做好 2018 年深化创新创业教育改革示范高校建设工作的通知》（教高厅函〔2018〕20 号）规定，教育部使用中央彩票公益金资助大学生创新创业教育项目，教育部（高等教育司负责）将根据各受助高校实际工作成效等情况确定具体资助额度。从实际效果方面看，教育部门和受到资助的高校切实履行责任。例如 2017 年，天津市教育委员会按照教育部的年度工作部署，进驻天津大学等高校，评估中央彩票公益金资助的大学生创新创业教育项目绩效。2019 年，四川省成都理工大学公告了中央彩票公益金大学生创新创业教育专项资金资助的地方本科高校创新创业教育研究基地项目申报信息。2020 年 6 月，东南大学公示了中央彩票公益金资助的 30 项年度大学生创新创业训练计划项目。

表 7-5　2016~2018 年中央专项彩票公益金资助教育助学和大学生双创各省分配额　　单位：万元

地区	2016 年			2017 年			2018 年		
	助学	双创	金额	助学	双创	金额	助学	双创	金额
中国教育发展基金会	9760	50	9810	8486.00	0	8486.00	5931	0	5931
北京	280	250	530	0	250	250.00	350	243	593
天津	0	50	50	0	100	100.00	0	102	102
河北	2176	200	2376	12097.25	250	12347.25	2471	221	2692
山西	506	150	656	6741.00	150	6891.00	563	160	723
内蒙古	4211	50	4261	281.25	50	331.25	4202	61	4263
辽宁	4764	250	5014	700.00	250	950.00	5520	238	5758
吉林	3423	150	3573	253.75	150	403.75	3403	125	3528

续表

地区	2016年			2017年			2018年		
	助学	双创	金额	助学	双创	金额	助学	双创	金额
黑龙江	4428	150	4578	547.50	150	697.50	4438	119	4557
上海	0	150	150	0	150	150.00	0	150	150
江苏	180	300	480	0	250	250.00	0	323	323
浙江	0	250	250	0	250	250.00	0	296	296
安徽	669	200	869	9226.25	200	9426.25	650	136	786
福建	300	150	450	0	150	150.00	120	197	317
江西	760	150	910	8112.50	150	8262.50	775	142	917
山东	670	250	920	500.00	250	750.00	1160	221	1381
河南	1156	200	1356	16832.50	200	17032.50	1213	158	1371
湖北	3236	300	3536	7575.30	300	7875.30	474	352	826
湖南	1370	200	1570	9331.00	200	9531.00	1181	204	1385
广东	0	250	250	0	250	250.00	0	288	288
广西	6845	150	6995	715.00	150	865.00	7502	146	7648
海南	110	50	160	2990.25	50	3040.25	100	29	129
重庆	4510	100	4610	375.00	100	475.00	4493	116	4609
四川	11160	200	11360	1567.50	200	1767.50	13459	202	13661
贵州	8661	100	8761	2100.00	100	2200.00	8572	56	8628
云南	11020	150	11170	6043.70	150	6193.70	14308	153	14461
西藏	1130	50	1180	70.50	50	120.50	901	24	925
陕西	6195	200	6395	491.25	200	691.25	6395	289	6684
甘肃	4747	100	4847	1591.45	100	1691.45	4686	111	4797
青海	1543	50	1593	1215.75	50	1265.75	1605	0	1605
宁夏	1620	50	1670	93.75	50	143.75	1194	30	1224
新疆	4050	100	4150	1980.50	50	2030.50	3803	68	3871
新疆兵团	520	0	520	80.75	50	130.75	531	40	571
合计	100000	5000	105000	100000	5000	105000	100000	5000	105000

注：本表资料根据历年全国彩票公益金筹集分配情况和中央集中彩票公益金安排使用情况公告整理。

五、中央专项彩票公益金资助其他社会公益事业责任

其他社会公益项目并非中央专项彩票公益金资助的一类独立社会公益

项目，而是指包括精神病人福利机构建设、乡村学校少年宫、婴幼儿营养补助、留守儿童快乐家园、出生缺陷干预救助、禁毒关爱工程等项目在内的社会公益项目集合体。由于中央专项彩票公益金资助这些项目的连续性相对较短，稳定性相对较弱，故本书将6类社会公益项目合并界定为"其他社会公益项目"。

（一）精神病人福利机构建设项目

精神病人福利机构建设项目是民政部组织实施的、主要用于资助全国各地区新建、迁建、改扩建地级精神病人社会福利机构和配置设备的社会公益项目。

1. 彩票公益金分配和使用管理主体履行法定责任

财政部依法履行彩票公益金分配使用信息披露责任。按照《彩票管理条例》规定，彩票公益金使用和管理单位应在每年向社会公告彩票公益金的使用情况。按照彩票公益金相关管理办法规定，信息披露时间为每年8月底之前。2015～2016年，财政部每年在8月末向社会公告上一年度全国彩票公益金筹集分配情况和中央集中彩票公益金安排使用情况，详细公告资助精神病人福利机构建设项目的彩票公益金数额。

2. 彩票公益金社会责任体现

从使用总额上看，2014～2015年，中央专项彩票公益金资助精神病人福利机构建设项目金额为5亿元和15.4亿元。从彩票公益金历年使用规模分省结构方面分析，江西省、江苏省、安徽省、新疆维吾尔自治区、河北省使用的中央专项彩票公益金最多，使用金额在1亿~1.2亿元。海南省、浙江省、广东省、广西壮族自治区、陕西省使用额在0.2亿元左右（见表7-6）。中央专项彩票公益金资助精神病人福利机构建设项目具有地域倾斜特征。

表7-6 2013～2015年中央专项彩票公益金资助精神病人机构和婴幼儿营养补助分配额

单位：万元

地区	精神病人福利机构建设项目		婴幼儿营养补助项目		
	2014年	2015年	2013年	2014年	2015年
中央本级	0	0	236	100	100
北京	0	0	0	0	0
天津	0	0	0	0	0

续表

地区	精神病人福利机构建设项目		婴幼儿营养补助项目		
	2014 年	2015 年	2013 年	2014 年	2015 年
河北	2000	8000	0	0	0
山西	2000	5000	0	0	0
内蒙古	3000	3000	257	927	723
辽宁	0	3000	0	0	0
吉林	3000	5000	0	0	0
黑龙江	3000	7000	0	0	0
上海	0	0	0	0	0
江苏	3000	8000	0	0	0
浙江	0	2000	0	0	0
安徽	3000	8000	0	0	0
福建	2000	6000	0	0	0
江西	3000	9000	0	0	0
山东	2000	7000	0	0	0
河南	2000	5000	0	0	0
湖北	3000	6000	0	0	0
湖南	2000	8000	0	0	0
广东	0	2000	0	0	0
广西	0	2000	0	0	0
海南	0	3000	0	0	0
重庆	2000	8000	0	0	0
四川	3000	7000	976	439	230
贵州	0	6000	0	0	0
云南	0	6000	0	0	0
西藏	0	0	0	0	0
陕西	2000	0	857	336	330
甘肃	3000	3000	941	2035	1645
青海	3000	6000	0	0	0
宁夏	2000	3000	769	760	1321
新疆	2000	9000	963	403	651
新疆兵团	0	9000	0	0	0
合计	50000	154000	5000	5000	5000

注：本表资料根据历年全国彩票公益金筹集分配情况和中央集中彩票公益金安排使用情况公告整理。2016—2019 年均无资助。

(二) 婴幼儿营养补助项目

婴幼儿营养补助项目是中国儿童少年基金会组织实施的、主要资助为部分贫困地区6个月到36个月婴幼儿免费发放爱心营养包和开展健康宣传教育活动的社会公益项目。

1. 彩票公益金分配和使用管理主体履行法定责任

财政部依法履行彩票公益金分配使用信息披露责任。按照《彩票管理条例》规定，彩票公益金使用和管理单位应在每年向社会公告彩票公益金的使用情况。按照彩票公益金相关管理办法规定，信息披露时间为每年8月底之前。2014～2016年，财政部每年在8月末向社会公告上一年度全国彩票公益金筹集分配情况和中央集中彩票公益金安排使用情况，详细公告资助婴幼儿营养补助项目的彩票公益金数额。

2. 彩票公益金社会责任体现

从使用总额上看，2013～2015年，中央本级彩票公益金投入436万元资助婴幼儿营养补助项目。从彩票公益金历年使用规模分省结构方面看，只有甘肃省、宁夏回族自治区、新疆维吾尔自治区、内蒙古自治区、四川省、陕西省6个西部省份获得资助，6个省受资助金额分别为4621万元、2850万元、2017万元、1907万元、1645万元、1523万元。26个省份未获资助（含新疆生产建设兵团）。总体看，中央专项彩票公益金资助的婴幼儿营养补助项目具有明显地区倾斜特征（见表7-6）。

(三) 乡村学校少年宫项目

乡村学校少年宫项目是中央精神文明建设指导委员会办公室组织实施的、主要资助新建、已建成的乡村学校少年宫及相关活动、更新设备的社会公益项目。

1. 彩票公益金分配和使用管理主体履行法定责任

财政部依法履行彩票公益金分配使用信息披露责任。按照《彩票管理条例》规定，彩票公益金使用和管理单位应在每年向社会公告彩票公益金的使用情况。按照彩票公益金相关管理办法规定，信息披露时间为每年8月底之前。2017～2019年，财政部每年在8月末向社会公告上一年度全国彩票公益金筹集分配情况和中央集中彩票公益金安排使用情况，详细公告资助乡村学校少年宫项目的彩票公益金数额。

2. 彩票公益金社会责任体现

从使用总额上看，2016~2018年，中央专项彩票公益金资助乡村学校少年宫项目金额分别为6.79亿元、7.3亿元、7.39亿元，3年累计21.5亿元。从彩票公益金历年使用规模分省结构方面分析，四川省使用额度最高，为2.5亿元。河南省、湖南省、河北省、山东省、贵州省紧随其后，使用额度在1亿~1.3亿元之间。海南省、新疆生产建设兵团、北京市、上海市、天津市使用额度最低，低于0.16亿元，甚至不足0.01亿元。海南省、浙江省、广东省、广西壮族自治区、陕西省获助额在0.2亿元左右（见表7-7）。中央专项彩票公益金资助的乡村学校少年宫项目地域分布结构总体合理。

（四）留守儿童快乐家园项目

该项目是中华全国妇女联合会委托中国儿童少年基金会组织实施的、主要资助农村留守儿童关爱服务与改善留守儿童生存状况的社会公益项目。

1. 彩票公益金分配和使用管理主体履行法定责任

财政部依法履行彩票公益金分配使用信息披露责任。按照彩票公益金相关管理办法规定，信息披露时间为每年8月底之前。2017~2019年，财政部每年在8月末向社会公告上一年度全国彩票公益金筹集分配情况和中央集中彩票公益金安排使用情况，详细公告资助留守儿童快乐家园项目的彩票公益金数额。

2. 彩票公益金社会责任体现

从使用总额上看，2016~2018年，中央专项彩票公益金资助留守儿童快乐家园项目金额分别为6.79亿元、7.3亿元、7.39亿元，3年累计21.5亿元。从彩票公益金历年使用规模分省结构方面分析，四川省使用额度最高，为2.5亿元。河南省、湖南省、河北省、山东省、贵州省紧随其后，使用额度在1亿~1.3亿元之间。海南省、新疆生产建设兵团、北京市、上海市、天津市使用额度最低，低于0.16亿元，甚至不足0.01亿元。海南省、浙江省、广东省、广西壮族自治区、陕西省获助额在0.2亿元左右。中央专项彩票公益金资助的留守儿童快乐家园项目地域分布结构总体合理（见表7-7）。

表7-7　2016~2018年中央专项彩票公益金资助乡村少年宫和
留守儿童家园分配额　　　　　　　　单位：万元

地区	乡村学校少年宫项目			留守儿童快乐家园		
	2016年	2017年	2018年	2016年	2017年	2018年
中央本级	0	0	0	36	0	0
中国儿童少年基金会	0	0	0	30	0	30
北京	354	377	355	0	0	0
天津	277	297	272	287	0	0
河北	3416	3695	3713	0	100	98
山西	1806	1955	1949	0	0	0
内蒙古	1494	1615	1628	0	0	0
辽宁	1487	1585	1498	0	0	0
吉林	1244	1331	1280	0	100	49
黑龙江	1583	1704	1672	0	80	0
上海	305	325	300	0	0	0
江苏	2492	2650	2565	287	0	0
浙江	1941	2062	1985	0	0	0
安徽	2701	2903	2902	287	0	59
福建	1610	1711	1629	47	150	0
江西	2478	2667	2658	0	200	196
山东	3230	3466	3364	0	0	0
河南	4223	4556	4583	0	0	49
湖北	2220	2389	2405	0	0	98
湖南	3482	3755	3690	239	70	98
广东	2672	2875	2775	0	50	0
广西	2762	2970	2977	0	0	0
海南	516	553	530	0	0	0
重庆	1948	2075	2154	0	230	294
四川	7895	8498	8637	0	0	0
贵州	3116	3333	3590	287	100	0
云南	2851	3079	3406	0	0	98
西藏	1014	1084	1331	0	0	0
陕西	2715	2910	3042	0	0	0
甘肃	2464	2650	2938	0	300	235

续表

地区	乡村学校少年宫项目			留守儿童快乐家园		
	2016年	2017年	2018年	2016年	2017年	2018年
青海	745	796	922	0	0	196
宁夏	516	553	560	0	120	0
新疆	1978	2113	2140	0	0	0
新疆兵团	455	480	502	0	0	0
合计	67990	73012	73952	1500	1500	1500

注：本表资料根据历年全国彩票公益金筹集分配情况和中央集中彩票公益金安排使用情况公告整理。

（五）出生缺陷干预救助项目

出生缺陷干预救助项目是国家卫生健康委员会委托中国出生缺陷干预救助基金会组织实施的，主要资助出生缺陷救助、出生缺陷防治宣传和健康教育的社会公益项目。

1. 彩票公益金分配和使用管理主体履行法定责任

财政部依法履行彩票公益金分配使用信息披露责任。按照《彩票管理条例》规定，彩票公益金使用和管理单位应在每年向社会公告彩票公益金的使用情况。按照彩票公益金相关管理办法规定，信息披露时间为每年8月底之前。2017年8月末财政部向社会公告上一年度全国彩票公益金筹集分配情况和中央集中彩票公益金安排使用情况，公告了资助出生缺陷干预救助项目的彩票公益金数额。

2. 彩票公益金社会责任体现

2016年中央专项彩票公益金资助出生缺陷干预救助项目金额为1亿元。从彩票公益金使用规模分省结构方面分析，湖南省和山西省使用额度位居前两名，分别为0.16亿元和0.13亿元。四川省、河北省、山东省紧随其后，使用额度在0.06亿~0.1亿元之间。天津市、吉林省、黑龙江省、上海市、广东省、重庆市、云南省、西藏自治区、新疆维吾尔自治区、新疆生产建设兵团未获资助。但因彩票公益金只在2017年一个年份资助出生缺陷干预救助项目，故无法考证彩票公益金社会责任连续性（见表7-8）。

表7-8 2016年、2017年中央专项彩票公益金资助缺陷干预和禁毒关爱分配额

单位：万元

地区	缺陷干预（2016年）	禁毒关爱（2017年）	地区	缺陷干预（2016年）	禁毒关爱（2017年）
中国出生缺陷干预救助基金会	340	0	湖北	376.5	0
北京	210	0	湖南	1657.5	0
天津	0	0	广东	0	0
河北	0	0	广西	0	80
山西	0	65	海南	0	60
内蒙古	20	0	重庆	0	0
辽宁	113	0	四川	997.5	505
吉林	0	40	贵州	516.5	1150
黑龙江	0	0	云南	0	615
上海	0	0	西藏	0	35
江苏	20	0	陕西	492.5	0
浙江	194	0	甘肃	462.5	40
安徽	258.5	0	青海	20	180
福建	239.5	0	宁夏	160	50
江西	358	150	新疆	0	30
山东	664.5	0	新疆兵团	0	0
河南	546	0	合计	10000	3000

注：本表资料根据历年全国彩票公益金筹集分配情况和中央集中彩票公益金安排使用情况公告整理。2018~2019年份未资助两类项目。

（六）禁毒关爱工程项目

禁毒关爱工程项目是公安部委托中国禁毒基金会组织实施的、主要资助部分毒品危害严重地区的学校建设校园禁毒图书角的社会公益项目。

1. 彩票公益金分配和使用管理主体履行法定责任

财政部依法履行彩票公益金分配使用信息披露责任。按照《彩票管理条例》规定，彩票公益金使用和管理单位应在每年向社会公告彩票公益金的使用情况。按照彩票公益金相关管理办法规定，信息披露时间为每年8月底之前。2018年8月末财政部向社会公告上一年度全国彩票公益金筹集分配情况和中央集中彩票公益金安排使用情况，公告了资助禁毒关

爱工程项目的彩票公益金数额。

2. 彩票公益金社会责任体现

2017年中央专项彩票公益金资助禁毒关爱工程项目金额为0.3亿元。从彩票公益金使用规模分省结构方面分析，四川使用额度最高，为1.15亿元。云南省和四川省紧随其后，使用额度分别为615万元和505万元。开展禁毒关爱工程的青海省、江西省、广西壮族自治区、山西省、海南省、宁夏自治区、吉林省、甘肃省、西藏自治区、新疆维吾尔自治区受助额不高，80%省份都低于100万元。资助的禁毒关爱工程项目分布在13个省份中，其中有12个省份在中西部地区，有10个省份在西部地区（见表7-8）。总体看，中央专项彩票公益金投向明确。但因彩票公益金只在2017年一个年份资助禁毒关爱工程项目，故无法考证彩票公益金社会责任连续性。

六、民政部本级彩票公益金资助的社会公益项目责任

民政部本级彩票公益金使用分为两部分：民政部本级使用部分和民政部补助给地方、由地方政府使用部分。研究民政部本级彩票公益金资助社会公益项目责任需分别论述两部分彩票公益金资助项目的社会责任。

（一）民政部履行信息披露责任

按照彩票公益金相关管理办法规定，民政部门每年应在6月底前向社会公告上年度本级彩票公益金使用情况。2013年以来，民政部每年都在6月底前向社会公告上年度彩票公益金使用情况，详细公告资金使用方向、覆盖范围、项目类别和具体金额等事项。这些做法符合社会责任国家标准，也符合本书界定的彩票公益金社会责任内涵中的合法合则、透明与社会回应。

表7-9　2010~2018年民政部彩票公益金资助的社会公益项目覆盖范围及金额　　　　　　　　　单位：万元

项目＼年份	2010	2011	2012	2013	2014	2015	2016	2017	2018
中西部地区殡葬设施改造	1200	2000	0	0	0	0	0	0	0
政府购买社会组织服务	2000	2300	0	0	0	0	0	0	0
慈善超市示范化建设	0	5000	5000	0	0	0	0	0	0

续表

年份 项目	2010	2011	2012	2013	2014	2015	2016	2017	2018
红军长征路图书援建	0	1200	1200	0	0	0	0	0	0
县区流浪未成年人救助保护中心建设	0	5700	0	0	0	0	0	0	0
彩票公益金信息系统	0	0	350	100	300	320	0	0	0
社会工作培训	0	0	1000	0	0	0	0	0	0
西部城乡社区服务人才队伍能力建设	0	0	500	0	0	0	0	0	0
福利彩票公益金绩效管理与制度建设	0	0	600	600	200	162	0	0	0
殡葬基础设施设备建设更新改造	0	0	3000	0	0	0	0	0	0
流浪未成年人救助保护中心建设	0	0	6000	0	0	0	0	0	0
福利机构数字服务项目	0	0	1500	0	0	0	0	0	0
全国志愿者动员管理和社会服务技能提升	0	0	0	500	0	0	0	0	0
社会福利和社区服务人才队伍能力建设	0	0	0	3000	2400	0	166	0	0
流浪未成年人救助保护中心建设（补助地方）	0	0	0	6000	0	0	0	0	0
殡葬设施建设项目（补助地方）	0	0	0	5000	0	0	0	0	0
慈善超市示范化建设项目（补助地方）	0	0	0	5000	0	0	0	0	0
红军长征路图书援建项目（补助地方）	0	0	0	1200	220	0	0	0	0
关爱支持两岸婚姻家庭弱势人群项目	0	0	0	0	300	133	0	0	0
低收入家庭经济核对工作人员能力建设培训	0	0	0	0	270	500	0	0	0
特殊困难老年人社会工作服务示范项目	0	0	0	0	1000	0	0	0	0
地方社会公益项目（流浪未成年人、殡葬、捐助和社工，未列明细）	0	0	0	0	17132	21000	25000	0	0
社会福利和社工培训及培训评估平台研发	0	0	0	0	0	2000	828	0	52

续表

项目 \ 年份	2010	2011	2012	2013	2014	2015	2016	2017	2018
社会福利及相关公益事业科技和标准化建设	0	0	0	0	0	0	882	0	0
农村留守流动儿童调查及相关政策支持体系研究	0	0	0	0	0	0	218	0	0
我国儿童、老年人福利保障政策绩效评估项目	0	0	0	0	0	0	97	0	0
社会福利及相关公益事业制度建设	0	0	0	0	0	0	53	0	0
社会福利服务人才技能竞赛项目	0	0	0	0	0	0	82	0	0
社会捐助体系建设和捐赠废旧纺织品综合利用（补助地方）	0	0	0	0	0	0	0	5000	0
未成年人救助保护中心建设项目（补助地方）	0	0	0	0	0	0	0	10554	12132
殡葬基础设施设备建设更新改造项目（补助地方）	0	0	0	0	0	0	0	7387	12535
社会工作和志愿服务项目（补助地方）	0	0	0	0	0	0	0	3166	4933
彩票公益金第三方绩效评价、评审和审计项目	0	0	0	0	0	0	0	0	209

注：本表主要介绍项目覆盖范围，数据为辅助指标。资料根据民政部历年本级彩票公益金使用情况公告整理。

（二）彩票公益金社会责任体现

1. 彩票公益金覆盖范围

2010~2018 年，民政部使用中央专项彩票公益金资助的本级社会公益项目和地方社会公益项目共计 33 大类，民政部本级彩票公益金资助的地方社会公益项目（流浪未成年人、殡葬、捐助和社工）使用的彩票公益金相对更多。彩票公益金绩效管理制度建设与信息系统建设项目使用的彩票公益金相对更加稳定。2012 年、2013 年和 2016 年资助的项目相对较多一些，多元化和普惠性更好（见表 7-9）。

2. 民政部彩票公益金资助的社会公益项目的地位

2009~2018 年,在民政部本级彩票公益金资助的老年人社会福利项目、残疾人社会福利项目、儿童社会福利项目、社会公益项目等四大类项目中,社会公益项目使用的彩票公益金总额及占比都位于第四名,地位不如其他三类项目(见表 7-10)。

表 7-10　2009~2018 年民政部本级彩票公益金资助社会公益项目金额及占比　　单位:万元

年份	老年人福利 (金额/占比)	残疾人福利 (金额/占比)	儿童福利 (金额/占比)	社会公益 (金额/占比)
2009	77840(74.1%)	4350(4.1%)	16130(15.4%)	6680(6.4%)
2010	59400(56.4%)	1000(0.9%)	41700(39.6%)	3200(3.0%)
2011	76724(53.6%)	9080(6.3%)	40020(28%)	17200(12%)
2012	110345(54.9%)	23000(11.4%)	47553(23.7%)	20150(10%)
2013	124144(58.5%)	20000(9.4%)	51000(24%)	17200(8.1%)
2014	104000(46.24%)	30000(13.34%)	40000(17.79%)	17132(7.62%)
2015	140605(53.75%)	40000(15.29%)	60000(22.94%)	21000(8.03%)
2016	131072(53.30%)	30000(12.20%)	59824(24.33%)	25000(10.17%)
2017	131613(51.4%)	49264(19.2%)	49264(19.2%)	26107(10.2%)
2018	148268(51.2%)	55890(19.3%)	55890(19.3%)	29600(10.2%)

注:本表资料根据历年民政部彩票公益金使用情况公告整理。

3. 全国各省使用的彩票公益金规模

2014~2018 年,民政部分配给各省用于地方社会公益项目的中央专项彩票公益金分别为 1.71 亿元、2.1 亿元、2.5 亿元、2.61 亿元、2.96 亿元,5 年累计资助 11.89 亿元。四川省、湖南省、江西省、河南省、云南省使用的彩票公益金最多,分别为 0.61 亿元、0.54 亿元、0.5 亿元、0.5 亿元、0.5 亿元;占比为 5.13%、4.52%、4.22%、4.22%、4.21%。北京市、浙江省、天津市、上海市、新疆生产建设兵团使用的彩票公益金最少,分别为 0.21 亿元、0.19 亿元、0.14 亿元、0.13 亿元、0.04 亿元;占比为 1.75%、1.65%、1.21%、1.11%、0.36%。在 32 个省份中(含新疆生产建设兵团),彩票公益金占比在 2%~4% 之间的省份数为 20 个,占比为 62.5%(见表 7-11)。综上分析,彩票公益金分配具有多元化和普惠性特征。

表 7-11 2014~2018 年民政部补助地方社会公益项目彩票公益金 单位：万元

地区	2014 年	2015 年	2016 年	2017 年	2018 年
北京	544	500	509	265	258
天津	580	129	331	203	198
河北	578	968	790	1024	1115
山西	501	627	971	898	1035
内蒙古	500	903	740	971	996
辽宁	1136	720	996	679	1085
吉林	470	535	642	713	1020
黑龙江	477	637	760	823	1142
上海	480	109	327	218	182
江苏	432	950	906	683	389
浙江	138	583	604	310	329
安徽	577	792	912	1030	1306
福建	342	439	725	526	614
江西	1198	765	884	933	1237
山东	1000	950	1063	683	823
河南	719	888	977	1056	1374
湖北	870	916	902	996	1305
湖南	820	900	1141	1142	1371
广东	729	704	778	453	467
广西	502	799	1013	1276	1295
海南	198	363	696	689	847
重庆	466	851	807	685	961
四川	899	1272	1209	1248	1471
贵州	530	709	823	1252	1349
云南	449	800	866	1632	1257
西藏	267	363	764	936	879
陕西	513	688	961	931	1164
甘肃	341	525	779	999	1129
青海	266	593	631	796	915
宁夏	261	390	602	809	986
新疆	439	562	796	1103	1031
新疆兵团	50	70	95	145	70
合计	17132	21000	25000	26107	29600

注：本表资料根据历年全国彩票公益金筹集分配情况和中央集中彩票公益金安排使用情况公告整理。

（三）彩票公益金扶老责任贡献度与趋势分析

在民政部本级彩票公益金资助地方的老年人社会福利项目、残疾人社会福利项目、儿童社会福利项目、社会公益项目等四大类项目中，社会公益项目受资助额最少。为进一步探求民政部本级彩票公益金资助地方四类项目总额对社会公益项目资助强度、因果关系、贡献率趋势以及后者对前者的长期均衡弹性，本书引入计量模型加以分析。

1. 长期均衡弹性分析

对2009~2018年度民政部本级彩票公益金资助地方4类项目总额（解释变量）与社会公益项目使用额做线性回归估计（取自然对数），模型估计结果拟合度较高，修正调节系数 $R^2 = 0.79$，显著性水平值 $P = 0.000$，小于0.05，回归估计系数 $B = 1.68$。这表明民政部本级彩票公益金资助地方4类项目总额与社会公益项目使用额之间存在较为稳定的长期均衡关系，这表明当民政部本级彩票公益金资助地方4类项目总额每增加1%（减少）时，同期的社会公益项目使用额平均波动比例要大于1%，这说明2009~2018年社会公益项目使用额平均增长速度比民政部本级彩票公益金资助地方4类项目总额增长速度更快。从两者年度名义增长率对比分析可知，在2010~2018年的9个年份中，社会公益项目有6个年份名义增长率超过了民政部本级彩票公益金资助地方4类项目总额年度名义增长率。从前文分析结果可知，老年人社会福利项目使用额增长速度、残疾人社会福利项目使用额增长速度、救孤类项目使用额的增长速度均低于民政部本级彩票公益金资助地方4类项目总额增长速度。由此可知，民政部本级彩票公益金资助地方4类项目年度增加额逐渐转移给了社会公益项目。

2. 因果关系检验

将原假设 H_0 设置为"民政部本级彩票公益金资助地方4类项目总额对社会公益项目使用额没有因果预测关系"，将备择假设 H_1 设置为"民政部本级彩票公益金资助地方4类项目总额对社会公益项目使用额存在因果预测关系"。在民政部本级彩票公益金资助地方4类项目总额与社会公益项目使用额通过平稳性检验后，在滞后1期、滞后2期时及5%显著性水平下，民政部本级彩票公益金资助地方4类项目总额与社会公益项目使用额之间的格兰杰因果检验接受了原假设，拒绝了备择假设，民政部本级彩票公益金资助地方4类项目总额与社会公益项目使用额之间没有格兰杰因果预测关系。

3. 长期贡献度分析

使用脉冲响应和方差分解两种方法分析，社会公益项目使用额对民政部本级彩票公益金资助地方4类项目总额脉冲响应分析结果显示，当在十期给民政部本级彩票公益金资助地方4类项目总额一个正冲击之后，社会公益项目使用额第一期呈增长态势，第二、第三期开始下降，第四期以后趋于平稳（见图7-1）。社会公益项目使用额方差分解结果显示，民政部本级彩票公益金资助地方4类项目总额对社会公益项目使用额的贡献率一直在上升，前3期有些波动，第四期以后趋于平稳在18%左右。这与脉冲响应分析结果基本相同。

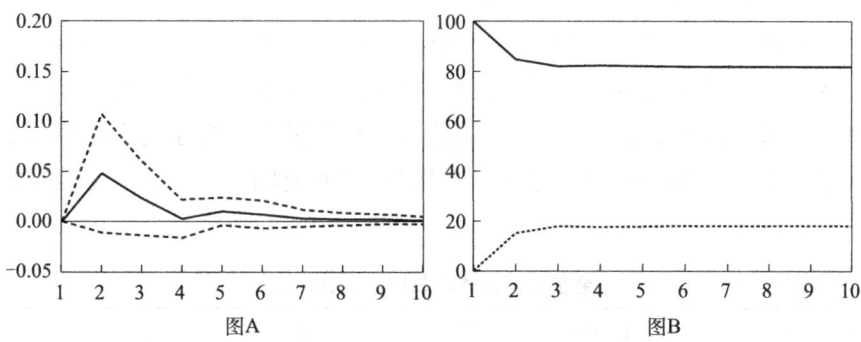

图7-1 社会公益项目使用额对民政部支出额脉冲响应（图A）和方差分解趋势（图B）

通过上述计量检验可知，民政部本级彩票公益金资助地方社会公益项目的额度虽然低于老年人社会福利项目、儿童社会福利项目和残疾人社会福利项目。但是，民政部本级彩票公益金对社会公益项目的贡献率呈增长趋势，方差贡献率（18%）高于儿童社会福利项目方差贡献率（9%）和残疾人社会福利项目的方差贡献率（3.67%）。这表明民政部尽职尽责履行应尽义务，逐渐将本级彩票公益金转而资助地方社会公益项目，完善了民政部本级彩票公益金资助地方社会公益项目社会责任体系（见图7-2）。

需要说明的是，关于变量之间不存在因果关系是否可以继续做脉冲分析和方差分解，学术界存在争议。本书认为，格兰杰因果关系检验法是从预测角度考虑变量之间因果关系，只要时间序列平稳就可以对差分项做脉冲分析和方差分解。此处所做的脉冲分析、方差分解得出的结论和线性回

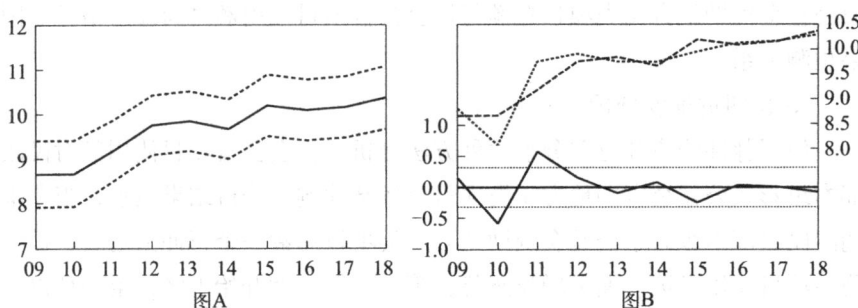

图 7-2　社会公益项目使用额对民政部支出额预测线（图 A）与拟合线（图 B）

归估计得出的结论基本一致。这表明脉冲分析和方差分解可以作为辅助分析指标。

4. 长期贡献度影响因素分析

对社会公益项目使用额（LNgy）、残疾人社会福利项目使用额（LNzc）、儿童社会福利项目使用额（LNjg）、老年人社会福利项目使用额（LNfl）做多重共线性检验，发现四者存在多重共线性关系，两两相关系数值在 0.56 到 0.96 之间。采取逐步回归法修正多重共线性问题（见表 7-12）。

表 7-12　多重共线性修正与回归估计检验

回归估计方程	R^2	T（Prob）	回归估计方程	R^2	T（Prob）
LNgy c LNze	0.81	0.00	LNgy c LNzc、LNze	0.92	LNZc=0.01；LNze=0.97
LNgy c LNfl	0.77	0.00	LNgy c LNzc、LNfl	0.93	LNZc=0.00；LNfl=0.42
LNgy c LNzc	0.92	0.00	LNgy c LNzc、LNjg	0.93	LNZc=0.00；LNjg=0.54
LNgy c LNjg	0.34	0.07	LNgy c LNzc、LNfl、LNjg	0.94	LNZc=0.00；LNfl=0.29；LNjg=0.35
LNgy c LNzc、LNfl、LNze	0.93	LNzc=0.00；LNfl=0.29；LNze=0.45	LNgy c LNzc、LNze	0.91	LNZe=0.00；LNjg=0.00

经过多重共线性问题修正检验和线性回归估计结果可知，社会公益项目使用额与残疾人社会福利项目使用额、民政部本级彩票公益金资助额（LNze）拟合好（图 7-3）。

社会公益项目使用额与儿童社会福利项目使用额、老年人社会福利项目使用额未通过回归估计检验。故本书对社会公益项目使用额与残疾人社

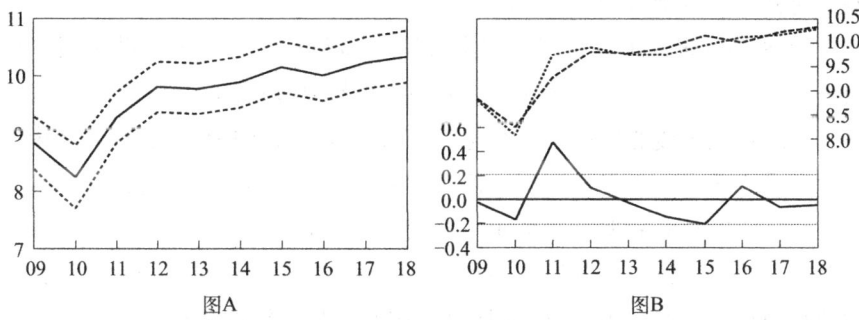

**图 7-3　社会公益项目使用额对助残使用额、民政部支出额预测线
（图 A）与拟合线（图 B）**

会福利项目使用额、民政部本级彩票公益金资助额做回归估计检验。通过检验可知，从 2009 年至今，社会公益项目使用额受残疾人社会福利项目使用额和民政部本级彩票公益金资助额两个因素影响。社会公益项目使用额对民政部本级彩票公益金总额、残疾人社会福利项目使用额的回归估计系数均为正值，这表明社会公益项目使用额对民政部本级彩票公益金总额、残疾人社会福利项目使用额具有同向增长关系，在民政部本级彩票公益金总额、老年人社会福利项目使用额、儿童社会福利项目使用额不变情况下，民政部本级彩票公益金总额和残疾人社会福利项目使用额增加，社会公益项目使用额也会增加。一个可能的原因是社会公益项目覆盖群体与残疾人社会福利项目覆盖群体存在部分重合人群。这一推断有待进一步验证。

第二节
地方留成福利彩票公益金社会公益责任

在中央专项彩票公益金和地方本级留成福利彩票公益金资助的扶老、助残、救孤、济困、赈灾、社会公益 6 大类项目中，社会公益类项目都极为广泛。近年来，中央专项彩票公益金和地方本级留成福利彩票公益金资助的社会公益类项目数量呈增长趋势，这一点可从上述民政部本级彩票公益金对社会公益项目的方差贡献率（18%）分析中知晓。

1988年以来，地方政府使用本级留成福利彩票公益金资助了很多社会公益项目。例如，抗战老兵节日慰问、英雄家庭慰问活动、社区慰问活动、一线环卫工爱心驿站、爱心轮椅捐赠、爱心义卖捐赠、新增养老床位资助、爱心送考、老党员慰问。长期以来，各级各地区民政部门和福利彩票机构在年度福利彩票公益金使用管理公告中部分披露了本级实施的社会公益项目情况。但各级各地区福利彩票公益金使用管理单位公示的社会公益项目数据不连续、不完整。即便是2015~2018年的最近五年中，社会公益项目数据的连续性和完整性也不尽如人意。

从使用总额上看，在2015~2018年，各省（自治区、直辖市）投入的本级福利彩票公益金总额超过了726亿元。其中，用于资助社会公益类项目的本级福利彩票公益金总额超过了124亿元（仅限于表7-13中的数据），占比17.1%。从福利彩票公益金使用额地区空间结构方面分析，陕西省、浙江省、广东省、天津市、北京市用于资助社会公益类项目的福利彩票公益金总额位居全国前5名，合计61.7亿元，占比49.7%。总体看，地方政府本级留成福利彩票公益金资助社会公益项目力度较大。

表7-13　2015~2018年各省本级福利彩票公益金资助的社会公益项目支出额　　单位：万元

地区	2015年	2016年	2017年	2018年	5年合计
北京	27322	20245	24031.7	3476.04	75074.74
天津	41309.9	26681	23481	1096.8	92568.7
河北	0	0	5630	3680	9310
山西	1050	2040	8380	3020	14490
内蒙古	0	0	13410	0	13410
辽宁	8986	6228	8654.2	5159.3	29027.5
吉林	5842	5908	0	5083	16833
黑龙江	8314	8866	3940	1142	22262
上海	8900	9200	4500	8691	31291
江苏	9100	8246	4394.81	7451.34	29192.15
浙江	26877.95	31872.75	27075.63	29696.56	115522.89
安徽	8621.5	7153.8	7136.6	8549.1	31461
福建	5675.94	4104.9	2432	0	12212.84
江西	9737.71	5261.74	13822	14233	43054.45

续表

地区	2015 年	2016 年	2017 年	2018 年	5 年合计
山东	34235.3	9100	2000	8173	53508.3
河南	6165.21	6030	9160	10696	32071.21
湖北	15070	5590	26811	11166.62	58637.62
湖南	10873	1141	14738	13500	40252
广东	978.93	48847	18172	30642	98639.93
广西	22665.96	33487	696.8	13304.18	70153.94
海南	1525	804	2590	852	5771
重庆	1600	11330	0	8156	21086
四川	0	0	0	0	0
贵州	0	0	0	0	0
云南	3600	11580	11600	11530	38310
西藏	0	0	0	879	879
陕西	40127	45317	101489.61	48847.51	235781.12
甘肃	0	0	2105	4875	6980
青海	0	0	3060	915	3975
宁夏	0	12754.54	6625	7436.3	26815.84
新疆	0	2445	12598.1	0	15043.1
合计	298577.4	324252.73	358533.45	262250.75	1243614.33

注：(1) 黑龙江、青海、西藏的扶老、助残、救孤、社会福利项目数据为民政部补助地方彩票公益金，并非省本级留成的福利彩票公益金。(2) 各省市项目分类标准不同，本书在统计数据时将部分省市公告中的数据重新分类，按照扶老、助残、救孤、济困、赈灾、社会公益六大类项目统计数据。

以上简要分析了2015～2018年各省使用本级留成福利彩票公益金资助社会公益项目资金总额和典型省份资助社会公益项目情况。这种概要分析尚难以全面了解地方政府是否尽职尽责使用本级留成的福利彩票公益金资助社会公益项目，充分履行社会责任。为此，本书进一步深入论证各地区使用本级福利彩票公益金资助社会公益项目覆盖范围、空间布局演进特征与发展趋势等内容。具体从全国31个省福利彩票发行管理机构采集了1988年到2019年各省已结束的1696个福利彩票公益金资助的社会公益项目，分析这些项目的社会责任融入等内容，归纳福利彩票事业发展一般规律，进而促进福利彩票公益金社会公益项目社会责任体系建设。

一、社会公益项目空间结构与历史演化趋势

福利彩票公益金资助社会公益项目空间结构是指全国各省份使用本级福利彩票公益金资助本地区社会公益项目的结构。学术界虽对 1987 年以来中央彩票公益金资助的社会公益项目的类型、彩票公益金总额、分配结构和增长趋势等内容开展了有益探索，但对这一期间地方各省（自治区、直辖市）福利彩票公益金社会公益项目的空间配置结构、特点与发展趋势等内容仍缺乏充分讨论。

（一）福利彩票公益金资助社会公益项目空间结构及特征

1. 社会责任履行适度且合理

福利彩票公益金资助社会公益项目具有覆盖范围面窄、资金少、比例低特征。福利彩票机构虽然将一些项目归入社会公益类，但其中有些项目实际上并非社会公益类项目，而是扶老、助残、救孤、济困类项目。主要体现在两个方面：

（1）从单类项目使用额看，在福利彩票公益金资助的 32 大类社会公益发展事业项目中，公益助学行动、爱心敬老物资捐赠和紧急帮扶行动三个项目使用的资金最多，合计接近四成，其中公益助学行动实际上主要指以低保户为主的经济贫困家庭学子大学圆梦项目，属于济困类项目。

（2）从归类项目使用额看，养老保障与老年服务类项目、儿童福利机构建设与款物资助类项目、教育助学等济困帮扶类项目的使用额最多，这符合福利彩票发行宗旨（见表 7-14）。反之，社会公益类项目使用的资金额有限。这表明福利彩票公益金并没有被广泛使用于社会公益事业，一个主要原因是我国一些地区限制福利彩票公益金资助社会公益事业项目最高比例，例如不得超过年度预算总额 10%。2014~2019 年，民政部本级彩票公益金资助社会公益项目金额均未超过总额 11%。我国之所以限制福利彩票公益金资助社会公益项目最高比例的主要原因是国家财力弱，暂不具备使用福利彩票公益金大力发展社会公益事业的条件。这一特征和欧洲、北美等国家和地区不同，欧洲、北美和地区等一些发达国家的财政实力雄厚，国民福利水平较高，无需彩票公益金资助扶老、助残、救孤、济困类项目，彩票公益金主要用于社会公益项目。在上述约束条件下，我国各地区使用福利彩票公益金资助社会公益事业的做法和尺度较为合理且

适度，社会责任履行得当。

表7-14　福利彩票公益金资助社会公益事业发展项目统计　　单位:%

项目	占比	项目	占比	项目	占比	项目	占比
公益助学行动	17.1	福利院儿童节日慰问	4.0	抗战老兵节日慰问	1.3	英雄家庭慰问活动	0.8
爱心敬老物资捐赠	10.9	爱心图书捐赠	3.7	社区慰问活动	1.2	一线环卫工爱心驿站	0.6
紧急帮扶行动	10.8	贫困家庭送温暖	3.5	贫困村建设	1.2	革命老区建设	0.5
残疾患者和资金康复器械捐赠	7.1	一线工作者慰问捐赠	3.2	儿童福利院建设	1.2	爱心轮椅等车辆捐赠	0.4
改善养老机构条件建设	6.3	乡村校园捐赠	1.9	爱心义卖捐赠	1.1	新增养老床位资助	0.4
困境儿童捐赠	6.1	免费义诊	1.6	居家养老服务组织建设	1.0	两癌母亲救助	0.3
公益行爱心捐赠活动	4.7	爱心路费及车票赠送	1.4	孤寡老人慰问	0.9	爱心送考	0.1
志愿者服务活动	4.0	赈灾支援	1.4	老党员慰问	0.9	免费法律援助	0.1

2. 覆盖范围地区空间结构

在考察的31个省份中，山东省、重庆市、湖南省使用的彩票公益金位居前3名。福利彩票公益金资助的社会公益事业项目没有明显的东部、中部、西部地区差异特征。受益额最多的前5名省份中包括东部、中部、西部地区省份，受益额最少的后5名省份中也包括东部、中部、西部地区省份（见表7-15）。

表7-15　福利彩票公益金资助的社会公益事业项目受益省份占比排序　　单位:%

受益地区	占比	受益地区	占比	受益地区	占比	受益地区	占比
山东	21.9	辽宁	4.1	河北	2.0	北京	0.5
重庆	7.4	安徽	4.0	黑龙江	1.6	湖北	0.5
湖南	7.1	四川	3.6	青海	1.2	西藏	0.4
江苏	6.3	贵州	3.5	山西	1.1	内蒙古	0.1
甘肃	5.8	云南	3.5	河南	1.1	吉林	0.1
广西	4.7	新疆	3.3	江西	0.9	上海	0.1
浙江	4.3	广东	3.1	天津	0.8	宁夏	0.1
福建	4.3	陕西	2.1	海南	0.7	31个省份	100

注：显著性水平 $p < 0.05$。

1987~2019年，32种社会公益项目在各省分布结构如何呢？每个项目覆盖的省份数有何差异呢？爱心敬老物资捐赠、公益助学行动、残疾患者资金与康复器械捐赠、紧急帮扶行动、改善养老机构建设五个项目覆盖的省份数位居前五名，覆盖的省份数依次为26个省、24个省、24个省、23个省、20个省。32种社会公益项目主要覆盖养老、助残、贫困助学和救急救难。在每种项目中，使用彩票公益金数额最多的前五名省份中，山东省合计16项，占比11.19%，其中第一名项目占比50%；重庆市12项，占比8.4%；湖南11项，占比7.69%（见表7-16）。这与上述山东省、重庆市、湖南省使用的彩票公益金位居前3名相对应。由于省本级和地市本级福利彩票公益金是资助本地区社会公益事业项目的主要资金来源，据此可知各地区福利彩票发行管理机构的资助偏好和福利彩票公益金的具体投向。尽管国家和地方政府将32种项目列为社会公益项目，但实际上福利彩票发行管理机构仍围绕福利彩票发行宗旨使用福利彩票公益金，侧重资助扶老、助残、救孤、济困4大类项目，资助的纯社会公益项目占比其实并不高。这表明各地区福利彩票公益金使用总体上合则，充分履行了社会责任。

表7-16　每种项目受益最多前五名省份的分布（含并列）　　单位：%

项目 分布省份数	第一名（%）	第二名（%）	第三名（%）	第四名（%）	第五名（%）
公益助学行动/24	重庆(12.1)	山东(10.9)	甘肃(8.6)	云南(7.4)	广西、四川、安徽(7)
爱心路费及车票/11	广东(23.8)	重庆(14.3)	安徽(14.3)	福建(9.5)	湖南(9.5)
免费义诊/12	山东(33.3)	重庆(12.5)	湖南(12.5)	江苏(8.3)	其他多数省(4.2)
爱心图书捐赠/10	安徽(58.2)	山东(23.6)	湖南(3.6)	海南(3.6)	其他多数省(1.8)
孤寡老人慰问/10	山东(21.4)	贵州(14.3)	陕西(14.3)	其他7省均为(7.1)	—
残疾患者资金康复器械捐赠/24	山东(15.1)	贵州(10.4)	山西(8.5)	福建(8.5)	青海(8.5)
社区慰问活动/7	山东(50)	辽宁(16.7)	福建(11.1)	其他4省均为(5.6)	—
一线工作者慰问物资/12	山东(20.8)	重庆(20.8)	辽宁(20.8)	浙江(8.3)	江苏、福建(6.3)

续表

项目 分布省份数	第一名（%）	第二名（%）	第三名（%）	第四名（%）	第五名（%）
一线环卫工爱心驿站/6	浙江(33.3)	山东(22.2)	其他4省均为(11.1)	—	—
英雄家庭慰问活动/8	山东(25)	甘肃(16.7)	山西(16.7)	其他5省均为(8.3)	—
老党员慰问/7	山东(42.9)	辽宁(14.3)	湖南(14.3)	其他4省均为(7.1)	—
紧急帮扶行动/23	山东(24.1)	江苏(21.6)	湖南(11.1)	重庆(7.4)	广西(6.8)
贫困村建设/6	辽宁(33.3)	广西(33.3)	重庆(11.1)	云南(11.1)	福建新疆(5.6)
爱心义卖捐赠/5	山东(29.4)	湖南(29.4)	浙江(23.5)	福建(11.8)	广东(5.9)
爱心送考/2	山东(50)	河北(50)	—	—	—
爱心轮椅等车辆捐赠/4	山东(50)	浙江(16.7)	福建(16.7)	广东(16.7)	—
免费法律援助/2	福建(50)	甘肃(50)	—	—	—
公益行爱心捐赠活动/11	山东(50.7)	福建(16.9)	浙江(9.9)	广西(7)	云南、湖南(2.8)
志愿者服务活动/11	山东(45)	江苏(13.3)	黑龙江(8.3)	湖南(8.3)	浙江(6.7)
新增养老床位/3	福建(50)	辽宁(33.3)	浙江(16.7)	—	—
困境儿童捐赠/18	山东(13.2)	重庆(13.2)	甘肃(13.2)	云南(12.1)	贵州(11)
爱心敬老物资捐赠/26	山东(26.2)	湖南(14.6)	甘肃(11)	江苏(8.5)	重庆(5.5)
改善养老机构建设/20	山东(18.9)	新疆(13.7)	黑龙江(9.5)	重庆(8.4)	福建(7.4)
赈灾支援/11	四川(38.1)	山东(9.5)	重庆(9.5)	河北(9.5)	其他4省均为(4.8)
居家养老服务组织建设/10	北京(13.3)	河北(13.3)	山东(13.3)	陕西(13.3)	浙江(13.3)
革命老区建设/5	天津(25)	福建(25)	湖北(25)	广西(12.5)	甘肃(12.5)
乡村校园捐赠/13	重庆(21.4)	山东(17.9)	贵州(14.3)	河南、广东、云南、陕西(7.1)	其他省均为(3.6)
福利院儿童节日慰问/16	甘肃(23.3)	山东(11.7)	湖南(10)	江苏(8.3)	辽宁(8.3)
抗战老兵节日慰问/6	山东(50)	辽宁(30)	江苏(5)	广西(5)	重庆、甘肃(5)
贫困家庭送温暖/14	山东(32.1)	湖南(11.3)	江苏(7.5)	四川(7.5)	广西(7.5)
两癌救助/3	黑龙江(60)	山东(20)	重庆(20)	—	—
儿童福利院建设/10	广东(22.2)	新疆(22.2)	福建(11)	江西(11)	其他省均为(5.6)

注：比例是指该项目在31个省份的比例结构，即每个省受益的彩票公益金占比多少。显著性水平 $p < 0.05$。

在1988~2019年，各省福利彩票公益金资助了哪些本省社会公益项目呢？吉林省全部用于资助残疾患者（100%）；内蒙古自治区全部用于资助爱心敬老物资（50%）和免费义诊（50%）；上海市全部用于资助爱心敬老物资捐赠（50%）和改善养老机构建设（50%）；北京市用于资助残疾人济困（42.9%）、一线工作者慰问（14.3%）、紧急帮扶行动（14.3%）和居家养老机构建设（28.6%）。宁夏回族自治区本级福利彩票公益金全部用于资助儿童福利院建设（100%）（见表7-17）。

表7-17　　1988~2019年各省福利彩票公益金资助社会公益项目结构　　单位：%

项目类型	天津	河北	山西	辽宁	黑龙江	江苏	浙江	安徽	福建	江西	山东	河南
公益助学	0	43.3	6.3	11.3	4.2	9.5	7.8	30	4.6	7.7	8.5	18.8
爱心车票	0	0	0	0	0	1.1	1.6	5	3.1	0	0.3	0
免费义诊	0	0	0	1.6	0	2.1	1.6	0	1.5	7.7	2.4	0
爱心图书	0	3.3	0	0	0	0	0	53	1.5	0	4	0
孤寡老人慰问	8.3	0	12.5	1.6	0	0	0	0	1.5	0	0.9	0
残疾患者捐赠	0	3.3	56.3	0	4.2	5.3	3.1	3.3	13.8	7.7	4.9	12.5
社区慰问活动	0	0	0	4.8	4.2	0	1.6	0	3.1	0	2.7	0
一线工作者慰问	0	0	0	16.1	0	0	3.2	6.3	0	4.6	0	3
环卫工爱心驿站	0	0	0	1.6	4.2	0	4.7	0	0	0	0.6	0
英雄家庭慰问	0	3.3	12.5	1.6	0	0	0	0	0	0	0.9	0
老党员慰问	0	0	0	3.2	0	0	1.6	0	0	0	1.8	0
紧急帮扶行动	0	3.3	0	3.2	0	36.8	4.7	5	4.6	15.4	11.9	0
贫困村建设	0	0	0	9.7	0	0	0	0	1.5	0	0	0
爱心义卖捐赠	0	0	0	0	0	0	6.3	0	3.1	0	1.5	0
爱心送考	0	3.3	0	0	0	0	0	0	0	0	0.3	0
爱心轮椅等车辆捐赠	0	0	0	0	0	0	1.6	0	0	0	0.9	0
免费法律援助	0	0	0	0	0	0	0	0	1.5	0	0	0
公益行爱心捐赠	0	0	0	1.6	0	0	10.9	0	18.5	0	11	6.3
志愿者服务	0	0	0	3.2	20.8	8.4	6.3	0	3.1	0	8.2	6.3
新增养老床位	0	0	0	3.2	0	0	1.6	0	4.6	0	0	0
困境儿童捐赠	0	3.3	6.3	6.5	0	3.2	7.8	0	1.5	0	3.7	6.3
爱心敬老物资捐赠	8.3	20	6.3	1.6	4.2	14.7	12.5	1.7	7.7	15.4	13.1	12.5
改善养老机构建设	50	3.3	0	1.6	37.5	3.2	6.3	0	10.8	23.1	5.5	6.3
赈灾支援	8.3	6.7	0	1.6	4.2	1.1	0	0	1.5	0	0.6	0
居家养老机构建设	8.3	6.7	0	0	0	0	3.1	1.7	0	7.7	0.6	0

续表

项目类型	天津	河北	山西	辽宁	黑龙江	江苏	浙江	安徽	福建	江西	山东	河南
革命老区建设	16.7	0	0	0	0	0	0	0	3.1	0	0	0
乡村校园捐赠	0	0	0	1.6	0	1.1	1.6	0	0	0	1.5	12.5
福利院儿童节日慰问	0	0	0	8.1	4.2	5.3	6.3	0	0	0	2.1	6.3
抗战老兵节日慰问	0	0	0	9.7	0	1.1	0	0	0	0	3	0
贫困家庭送温暖	0	0	0	4.8	0	4.2	3.1	0	1.5	0	5.2	12.5
两癌救助	0	0	0	0	12.5	0	0	0	0	0	0.3	0
儿童福利院建设	0	0	0	1.6	0	0	0	0	3.1	15.4	0.3	0

注：显著性水平 $p < 0.05$。

湖北省用于资助公益助学（42.9%）、革命老区建设（28.6%）、紧急帮扶（14.3%）、赈灾（14.3%）。西藏自治区用于资助紧急帮扶（33.3%）、一线工作者慰问（16.7%）、老党员慰问（16.7%）、福利院儿童节日慰问（16.7%）和儿童福利院建设（16.7%）。各省福利彩票公益金资助社会公益项目结构见表7-17和表7-18。

表7-18　1988~2019年各省福利彩票公益金资助社会公益项目结构（续表7-17）　　　　单位：%

项目类别	湖南	广东	广西	海南	重庆	四川	贵州	云南	陕西	甘肃	青海	新疆
公益助学	14.2	21.7	25.4	20	27.9	33.3	21.2	36.5	29	25.3	5.6	18
爱心车票	1.9	10.9	0	0	2.7	0	1.9	0	3	0	5.6	0
免费义诊	2.8	0	1.4	0	2.7	0	0	0	3.2	0	0	2
爱心图书	1.9	0	0	20	0.9	0	1.9	1.9	0	1.1	0	0
孤寡老人慰问	0.9	0	0	0	0.9	0	3.8	1.9	0	0	0	2
残疾患者捐赠	4.7	2.2	5.6	20	1.8	7.4	21.2	5.8	6.5	2.3	50	16
社区慰问活动	0.9	2.2	0	0	0	0	0	0	0	0	0	0
一线工作者慰问	1.9	0	28	0	9	1.9	0	0	0	0	5.6	0
环卫工爱心驿站	0	0	1.4	0	0.9	0	0	0	0	0	0	0
英雄家庭慰问	0	0	1.	0	0.9	0	1.9	0	0	2.3	0	0
老党员慰问	1.9	2.2	1.4	0	0	0	0	0	0	0	0	0
紧急帮扶行动	17	6.5	15.5	20	10.8	11.1	9.6	1.9	3.2	6.9	5.6	8
贫困村建设	0	0	8.5	0	1.8	0	0	3.8	0	0	0	2
爱心义卖捐赠	4.7	2.2	0	0	0	0	0	0	0	0	0	0
爱心送考	0	0	0	0	0	0	0	0	0	0	0	0
爱心轮椅等车辆捐赠	0.9	2.2	0	0	0	0	0	0	0	0	0	0

续表

项目类别	湖南	广东	广西	海南	重庆	四川	贵州	云南	陕西	甘肃	青海	新疆
免费法律援助	0	0	0	0	0	0	0	0	0	1.1	0	0
公益行爱心捐赠	1.9	6.5	7	0	09	1.9	0	3.8	0	0	0	0
志愿者服务	4.7	4.3	0	0	0.9	0	0	3.8	0	0	0	2
新增养老床位	0	0	0	0	0	0	0	0	0	0	0	0
困境儿童捐赠	0.9	2.2	7	0	10.8	1.9	19.2	21.2	16.1	13.8	22.2	2
爱心敬老物资捐赠	22.6	2.2	4.2	10	8.1	9.3	5.8	13.5	6.5	20.7	5.6	6
改善养老机构建设	3.8	6.5	2.8	0	7.2	3.7	1.9	1.9	16.1	2.3	0	26
赈灾支援	0	0	0	0	1.8	14.8	0	0	0	1.1	0	0
居家养老机构建设	0	2.2	0	0	0.9	0	0	0	6.5	0	0	0
革命老区建设	0	0	1.4	0	0	0	0	0	0	1.1	0	0
乡村校园捐赠	0.9	4.3	1.4	0	5.4	0	7.7	3.8	6.5	0	0	0
福利院儿童节日慰问	5.7	6.5	5.6	10	0.9	7.4	0	0	3.2	16.1	0	4
抗战老兵节日慰问	0	0	1.4	0	0	0	0	0	0	1.1	0	0
贫困家庭送温暖	5.7	6.5	5.6	0	0.9	7.4	1.9	0	0	3.4	0	4
"两癌救助"	0	0	0	0	0	0.9	0	0	0	0	0	0
儿童福利院建设	0	8.7	0	0	0	0	1.9	0	0	1.1	0	8

注：显著性水平 $p < 0.05$。

除了上述的吉林省、内蒙古自治区、上海市、北京市、宁夏回族自治区、湖北省、西藏自治区 7 个省市外，其他 24 个省市使用本级福利彩票公益金资助的社会公益项目具有多元化特征。其中，山东省、重庆市、辽宁省、福建省、浙江省、湖南省、广东省、广西壮族自治区、江苏省、甘肃省的多元化特征更加明显，各省资助的社会公益项目类别数依次为 28 类、23 类、22 类、22 类、21 类、20 类、18 类、18 类、15 类、15 类（见表 7-17 和表 7-18）。

（二）福利彩票公益金资助社会公益项目的演变趋势

1988～2019 年各项目发展趋势如何呢？对考察的 32 种项目类别依次做历史演变趋势分析，这些项目的演变趋势大致可分为四种类型：增长型、波动型、稳定型和衰退型。

1. 增长型项目演变趋势

增长型是指 1988 年到 2019 年，某种单一项目类别总体上处于增长态势，仅有少数年份呈现不规则波动或下降态势，增减波动趋势不大，不影响总体趋势。在32种项目类别中，捐赠爱心车船票与路费、捐赠爱心图书、慰问一线工作者、志愿者服务等四种项目类别属于增长型。除了"捐赠爱心车船票与路费"一种项目类别之外，后三种项目类别在2019年出现小幅下降趋势。四种项目类别的增长趋势如图7-4所示。

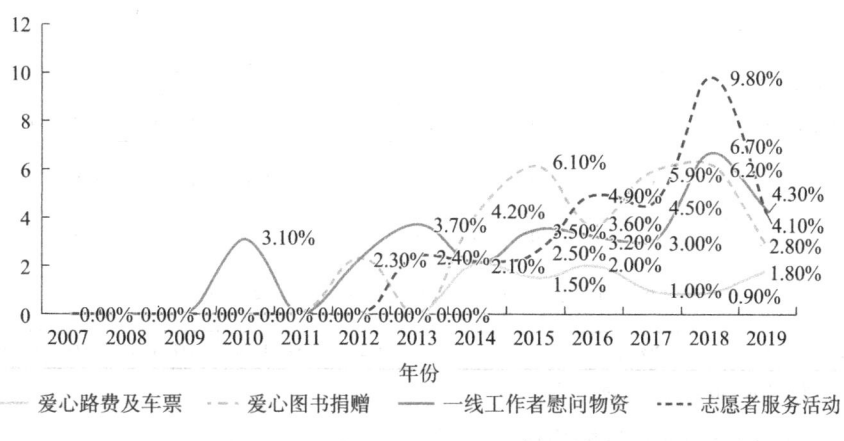

图7-4 增长型项目类别发展趋势（2007＝1988~2007年）

2. 波动型项目演变趋势

波动型是指1988年到2019年，某种单一项目总体上处于不规则波动态势，缺乏规律性，有些年份未开展此项工作。在32种项目类别中，有17种项目类别属于波动型，占比53.1%。例如，慰问孤寡老人、一线环卫工爱心驿站、慰问老党员、爱心送考和"两癌救助"等项目的波动性都很大（见表7-19）。

表7-19　　　　　1988~2019年波动型项目类别发展趋势

项目类别	2007年	2008年	2009年	2010年	2011年	2012年	2013年	2014年	2015年	2016年	2017年	2018年	2019年
免费义诊	3%	0	0	9.4%	0	2.3%	0	1.1%	1%	2%	3%	0	2.4%
孤寡老人慰问	3%	1%	0	3.1%	0	0	0	0	0	0.8%	1.5%	1.4%	1.4%
社区慰问活动	0	0	0	0	0	2.3%	1.2%	1.1%	2%	2%	1%	1.9%	0
一线环卫工爱心驿站	0	0	0	0	0	0	1.2%	0	1.5%	0	0	2.3%	0
老党员慰问	0	0	0	0	5.9%	0	0	1.1%	0	2%	1%	0.5%	1.9%
贫困村建设	3%	0	0	0	0	0	4.9%	1.1%	3%	0	0.5%	0.9%	1.4%
爱心送考	0	0	0	0	0	0	0	0.5%	0	0	0.5%	0	0

续表

项目类别	2007年	2008年	2009年	2010年	2011年	2012年	2013年	2014年	2015年	2016年	2017年	2018年	2019年
爱心轮椅等车辆捐赠	0	0	0	0	5.9%	0	0	0	1%	0.8%	0.5%	0	0
免费法律援助	0	0	0	0	0	0	1.2%	1.1%	0	0	0	0	0
公益行爱心捐赠活动	3%	0	0	0	0	2.3%	6.1%	4.2%	6.1%	7.7%	6.4%	5.1%	2.4%
新增养老床位	0	0	0	0	0	0	0	3.2%	1%	0	0	0	0.5%
居家养老服务组织建设	0	2%	4%	3.1%	0	2.3%	0	2.1%	0.5%	0.8%	0.5%	1.9%	0
乡村校园捐赠	0	1%	4%	0	0	4.5%	1.2%	2.1%	0	2%	0.5%	2.3%	4.8%
抗战老兵节日慰问	0	0	0	0	0	2.3%	0	0	6.1%	1.2%	0.5%	0.5%	1%
两癌救助	0	0	0	0	0	0	0	0	0	1.2%	0	0.5%	0.5%
儿童福利院建设	0	0	4%	0	0	0	1.2%	7.4%	2%	0.4%	1%	0	1%
困境儿童捐赠	3%	2%	0	6.3%	0	0	1.2%	2.1%	1.5%	3.6%	6.4%	8%	12.2%

注：本表中的2007年=1988~2007年。

3. 稳定型项目发展趋势

稳定型是指1988年到2019年，某种单一项目总体上处于连续开展的态势，尽管项目存在一定程度的增减波动特征，但这些活动从未中断。在32种项目类别中，各地区连续开展的、最稳定的两项活动为：公益助学项目和爱心敬老物资捐赠项目（见图7-5）。

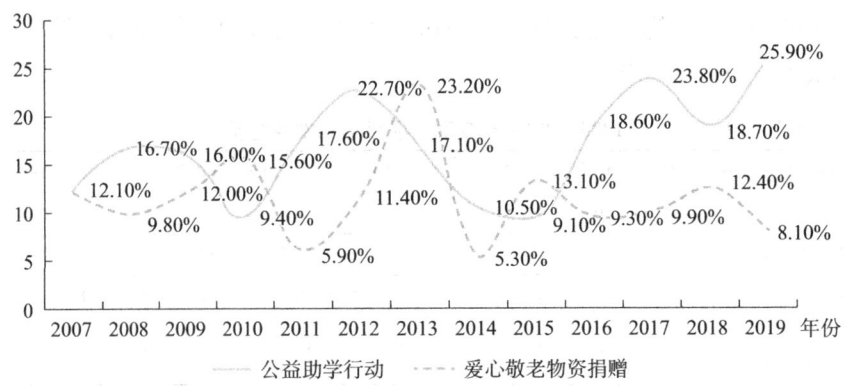

图7-5 稳定型项目发展趋势

各地区开展的社会公益项目或活动连续性和非连续性情况见表7-

20。1988~2019年连续开展的项目只有三项：公益助学、捐赠爱心敬老物资、改善养老机构建设（波动型）。免费法律援助等8种非连续开展的项目实施年份数不足50%，赠送爱心车船票和路费等8种非连续开展的项目实施年份数不足60%。也就是说，在非连续开展的29种项目类别中，实施年份数不足60%的项目类别数占比50%。

表7-20　　1988~2019年各地未开展项目的年份数及占比　　单位：个；%

项目类别	未覆盖年份数（个）	占比（%）	项目类别	未覆盖年份数（个）	占比（%）
公益助学	0	0.00	免费法律援助	12	92.31
爱心车票	6	46.15	公益行爱心捐赠	4	30.77
免费义诊	5	38.46	志愿者服务	6	46.15
爱心图书	6	46.15	新增养老床位	10	76.92
孤寡老人慰问	6	46.15	困境儿童捐赠	3	23.08
残疾患者捐赠	2	15.38	爱心敬老物资捐赠	0	0.00
社区慰问活动	6	46.15	改善养老机构建设	0	0.00
一线工作者慰问	4	30.77	赈灾支援	2	15.38
环卫工爱心驿站	10	76.92	居家养老机构建设	4	30.77
英雄家庭慰问	5	38.46	革命老区建设	6	46.15
老党员慰问	7	53.85	乡村校园捐赠	4	30.77
紧急帮扶行动	1	7.69	福利院儿童节日慰问	1	7.69
贫困村建设	6	46.15	抗战老兵节日慰问	6	46.15
爱心义卖捐赠	7	53.85	贫困家庭送温暖	2	15.38
爱心送考	11	84.62	两癌救助	10	76.92
爱心轮椅等车辆捐赠	9	69.23	儿童福利院建设	7	53.85

4. 衰退型项目发展趋势

衰退型是指1988年到2019年，某种单一项目总体上处于下降态势，仅有少数年份呈现不规则波动或上升态势，增减波动趋势不大，不影响总体衰退趋势。在32种项目类别中，有9种项目类别属于衰退型（见图7-6）。残疾患者捐赠、慰问英雄家庭、爱心义卖捐赠、革命老区建设4种项目的衰退趋势比较明显。紧急帮扶和节假日慰问福利院儿童两种项目虽出现阶段性增长趋势，但总体趋势仍属于衰退型。

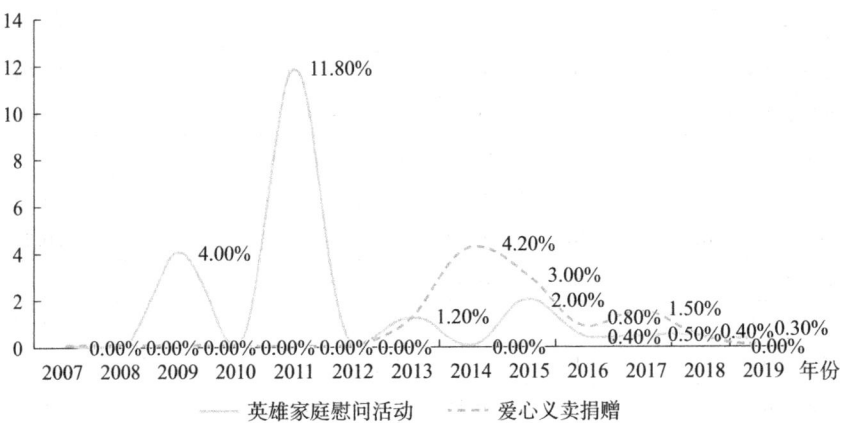

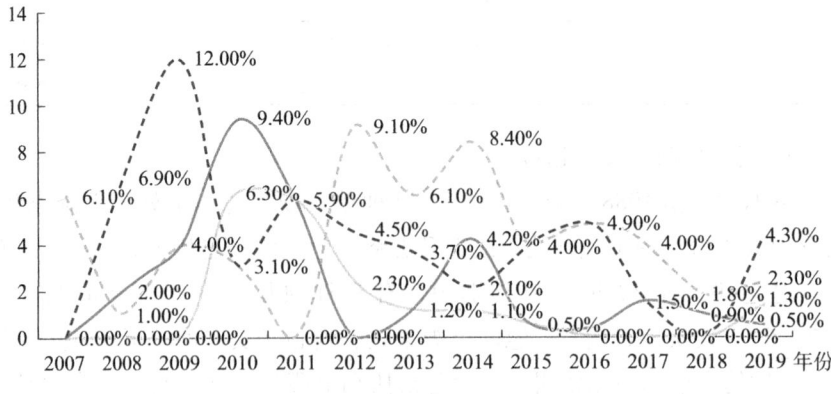

图 7-6 衰退型项目类别发展趋势（2007 = 1988~2007 年）

二、社会公益项目社会责任融入与主要问题

（一）社会公益项目社会责任融入全流程分析

1. 前期投入环节社会责任分析

前期投入环节设计了项目资金投入、实施责任主体、资金来源三个指标。

（1）项目资金投入分析。22.1% 项目没有公示具体资金额。在公示资金额的项目中，单个项目一次性资助额及占比情况为：一次性资助额为整数的特征明显。其中，一次性资助额为 0.2 万元的项目占比为 1.9%，一次性资助额为 0.3 万元的项目占比为 1.6%，一次性资助额为 0.5 万元的项目占比为 3.8%，一次性资助额为 0.7 万元的项目占比为 1.0%，一次性资助额为 1 万元的项目占比为 4.3%，一次性资助额为 2 万元的项目占比为 2.8%，一次性资助额为 3 万元的项目占比为 1.6%，一次性资助额为 4 万元的项目占比为 1.7%，一次性资助额为 5 万元的项目占比为 3.4%，一次性资助额为 10 万元的项目占比为 3.3%，一次性资助额为 20 万元的项目占比为 2.5%，一次性资助额为 50 万元的项目占比为 1.2%，一次性资助额为 100 万元的项目占比为 1.4%，一次性资助额为 200 万元的项目占比为 1.2%，一次性资助额为 500 万元、1000 万元的项目占比均为 0.1%。除了上述 15 个整数额以外，其他整数额占比基本在 0.1% 以下。

从单个项目一次性资助额累计占比方面分析，资助额在 1000~5000

元以下（含）的项目累计占比为22.1%，资助额在5001～10000元之间的项目累计占比为9.1%，资助额在10001～20000元之间的项目累计占比为6.6%，资助额在20001～30000元之间的项目累计占比为3.6%，资助额在30001～50000元之间的项目累计占比为8.0%，资助额在50001～100000元之间的项目累计占比为8.8%，资助额在100001～200000元之间的项目累计占比为8.0%，资助额在200001～500000元之间的项目累计占比为8.7%，资助额在500001～2000000元之间的项目累计占比为11.7%，资助额在2000001万元以上的项目累计占比为13.3%。总体看，单个项目一次性资助额累计区间前三位依次是：200万元以上、1万元以下、20万～50万元。社会公益项目和扶老类项目相似，资助额呈现两极化特征。资金额在1万元以下的项目累计占比为31.3%；资金额在50万～200万元以上的项目累计占比约为25%；两者合计56.3%。

（2）项目实施责任主体分析。从资助的社会公益项目主体结构方面分析，地方政府福利彩票发行管理机构独立资助的社会公益项目数占比为78.5%，地方政府福利发行管理彩票机构联合多部门资助的社会公益项目数占比13.6%，两者合计接近92.1%。对比而言，中央专项彩票公益金独立资助的地方社会公益项目数占比2.3%。残联部门独立、环保部门独立、慈善部门主导与慈善部门主导、多部门参与资助的地方社会公益项目数占比合计仅为5.7%。这表明是地方政府福利彩票发行管理机构是社会公益类项目社会责任承担主体，尤其体现在公益助学、紧急帮扶、捐赠爱心敬老物质三大类项目上。

（3）项目资金来源分析。在考察的所有资金拨付渠道中，地市本级福利彩票公益金支付额占比最高，为69.7%，省本级福利彩票公益金支付额占比24.4%。对比而言，中央专项彩票公益金资助额占比3.3%，中国福利彩票发行管理中心资助额占比0.3%。教育部门、环保部门、残联系统、慈善系统、红十字会系统和其他渠道的资助额合计占比2.3%。总体看，地方政府支出的本级留成福利彩票公益金占比高达94.1%。这表明社会公益项目资金主要是地方省、市两级福利彩票中心留存的本级福利彩票公益金。

2. 中期管理环节社会责任分析

中期管理环节设计了项目说明、过程描述、项目总结三个指标。

（1）项目说明。在几种项目概况说明形式中，福利彩票公益金使用管理单位仅使用"文字"说明社会公益项目概况的比例为36.5%。使用"文字+活动图片"说明社会公益项目概况的比例为63.3%，主要体现在公益助学、紧急帮扶、捐赠爱心敬老物质三大类项目上。其他情况占比0.2%。

（2）过程描述。在几种社会公益项目过程描述形式中，福利彩票公益金使用管理单位仅使用"文字"描述社会公益项目过程的比例是29.8%。使用"文字+活动图片"描述社会公益项目的比例是13.5%，主要体现在公益助学、养老机构改扩建、向残疾人捐赠康复器械和资金三大类项目上。仅使用"图片"说明社会公益项目过程的比例是0.3%。

（3）项目总结。在几种项目总结说明形式中，福利彩票公益金使用管理单位仅使用"文字"总结社会公益项目实施情况的比例是46.9%。使用"文字+图片"总结社会公益项目实施情况的比例是7.2%。使用"文字+图片+财务款单凭证"总结社会公益项目实施情况的比例是1.7%，主要体现在困境儿童捐赠、公益助学、公益行爱心捐赠行动三大类项目上。未总结社会公益项目实施情况的比例是43.4%。其他情况占比0.9%。

3. 后期效益环节社会责任分析

后期效益环节设计了项目绩效评估和信息披露两个指标。

（1）绩效评估。地方政府福利彩票公益金使用管理单位对社会公益项目效果开展了绩效评估。其中，地方政府福利彩票发行管理机构自己开展社会公益项目绩效评估占比为33.9%，主要体现在公益助学、紧急帮扶、爱心敬老物质捐赠三大类项目上。政府其他部门开展社会公益项目绩效评估占比为32.1%。第三方民间机构开展社会公益项目绩效评估占比为4.5%。没有开展社会公益项目绩效评估的比例为28%。其他情况占比1.5%。

（2）信息披露。仅以福利彩票发行管理机构官方网站信息披露为例，其将资助的社会公益项目报道内容放在官方网站首页不显著位置的比例是1.3%，放在官方网站首页显著位置的比例是0.5%，放在二级链接的比例为1.3%，放在三级链接的比例是96.9%。这样的设置路径深，不尽合理，不利于宣传社会公益项目，与济困类项目相近，但不如扶老、助残、救孤三大类项目。

总体看，地方政府福利彩票公益金使用管理单位在社会公益项目组织实施、资金投入、项目说明、过程描述、项目总结、信息披露等多项工作中较好地融入了社会责任。但社会责任融入体系建设中仍存在一些突出问题。

（二）社会责任融入体系建设中面临的主要问题

1. 社会责任融入要素不完整

几乎所有的社会公益项目都缺少完整的计划、工作框架、过程报告、资金使用报告、结项报告。对比而言，这些做法和成效尚不如一些民间公益慈善救助平台的做法和成效，如腾讯乐捐平台。

2. 项目过程描述和项目总结管理制度不够健全

在项目实施过程描述环节，未作描述的项目占比56.3%，反映出地方福利彩票公益金使用管理单位对社会公益项目实施过程疏于管理。在项目总结环节，使用"文字+图片+财务款单凭证"总结社会公益项目实施情况的比例是1.7%，未总结济困项目实施情况的比例是43.4%，其他情况占比0.9%。这表明福利彩票公益金资助的社会公益项目使用管理情况缺乏透明度。

3. 受益方信息和财务信息不透明

这些不透明问题主要表现为财务单据和凭证缺乏、无受益方签字凭证、无受益方银行款单、无代办人签字单证以及银行电子回单等资料。

4. 信息披露和社会回应不足

社会公益项目使用金额不透明，20.9%的社会公益项目未提及使用的福利彩票公益金数额。受益人数不透明，39.3%的社会公益项目没有提及受益人数。多方合作披露信息机制不健全，在报道社会公益项目的媒体中，福利彩票发行管理机构在官方网站披露信息占比95.5%，彩票行业内网络媒体参与比例为0.2%，彩票行业内报纸参与比例为0.3%，彩票行业外媒体参与比例为4.1%。社会公益项目缺少更多彩票行业内外媒体参与报道，传统纸质媒体和彩票行业外网络媒体的社会支持力较弱。

总体看，地方政府福利彩票公益金使用管理单位偏重福利彩票公益金前期投入，疏于过程管理，轻视福利彩票公益金使用效率评估、后期督查监管及产生的影响；偏重项目新闻报道和业绩宣传，轻视与受益方社会责任沟通、受益方感受与需求。

第三节
福利彩票公益金资助的公益项目社会效益

从上述分析中可知,彩票公益金资助的社会公益项目广泛。项目成效也比较明显。本部分继续分析彩票公益金资助的社会公益项目的社会效益。依次从资助强度、覆盖范围、法规制度建设、信息披露和单项效益五个方面归纳彩票公益金资助的社会公益项目工作及社会效益。

一、资助强度较大

在上述研究的各类社会公益项目中,中央专项彩票公益金资助地方社会公益类项目 100 亿元、未成年人校外教育事业类项目 140.86 亿元、国家艺术基金项目 23.68 亿元、文化公益事业类项目 140.86 亿元、三项计划 24 亿元、教育助学和大学生创新创业 33.87 亿元、精神病人福利机构建设项目 20.4 亿元、乡村学校少年宫项目 21.5 亿元、留守儿童快乐家园项目 21.5 亿元、出生缺陷干预救助项目 1 亿元、禁毒关爱工程项目 0.3 亿元。各项目使用金额合计 527.97 亿元。民政部本级彩票公益金和补助地方彩票公益金用于资助社会公益类项目总额约为 24 亿元。中央政府资助社会公益事业的彩票公益金总额超过了 550 亿元。总体看,资助强度大,成效显著。

二、覆盖范围较广

中央专项彩票公益金资助的社会公益类项目超过了 13 大类,民政部使用中央专项彩票公益金资助的本级社会公益类项目和地方社会公益类项目有 33 大类,两者合计 46 大类,覆盖了所有"应助尽资"的社会公益事业项目。社会公益类项目覆盖范围较广,社会关注度较高,普惠程度很高。

三、法规制度健全

社会公益项目资助对象广泛,仅中央政府资助的社会公益类项目就有

46 大类，每种项目都在相应社会公益类法规制度调节约束下运作，这表明社会公益类法规制度比较健全。由于有些法规制度已在前文论述。例如，励耕计划、润雨计划、滋穗计划等教育助学类法规制度；面向残疾人制定实施的助残类法规制度。所以，此处仅梳理部分社会公益类法规制度及要点（见表 7-21）。

表 7-21　国家及部分地区彩票公益金社会公益法规制度和要点

部门或地区	制度名称	制度要点	年份
教育部	关于做好 2018 年度中央专项彩票公益金支持未成年人校外教育项目支出绩效评价工作的通知	绩效考核与信息公开范围、绩效考核、验收期限	2018
福建省	关于组织编报 2019 年中央专项彩票公益金支持未成年人校外教育项目预算的通知	中小学生研学实践教育营地、基地名称和数量；未获资助青少年学生校外活动中心名称和地区	2019
教育部	中央专项彩票公益金支持未成年人校外教育项目管理办法	资金使用范围、分配考虑要素、管理、监督、公示	2019
浙江省	关于做好浙江省中央专项彩票公益金支持未成年人校外教育事业发展项目支出绩效评价工作的通知	绩效考核与验收工作范围、公开信息范围、绩效考核与验收期限、工作要求、报送规定	2020
教育部	中央专项彩票公益金支持未成年人校外活动保障和能力提升项目资金管理办法	资金使用范围、分配考虑要素、管理、监督、公示	2011
国家艺术基金管理中心	国家艺术基金项目资助管理办法	中央专项彩票公益金是国家艺术基金资金主要来源	2014
宁夏	关于印发中央专项彩票公益金支持中国出生缺陷干预救助基金会宁夏回族自治区新生儿遗传代谢病检测及主要出生缺陷救助项目实施方案的通知	范围、对象、检测项目、内容、经费管理、检测流程、检测知情同意书、代金券发放、疾病筛查种类	2016
内蒙古自治区	中央专项彩票公益金支持内蒙古社会公益事业发展资金管理办法	中央专项彩票公益金资助困境青少年禁毒（第三条）	2018
山西省	2017—2020 年中央专项彩票公益金支持地方社会公益事业发展项目指南	中央专项彩票公益金资助困境青少年禁毒（第三条）	2018

注：本表根据各级各地区相关部门公示的规章制度整理。

四、信息披露高效

(一) 信息披露比率较高

2008~2020年,财政部向社会公告历年全国彩票公益金筹集、分配和使用情况,详细公示中央集中彩票公益金资助社会公益类项目实际使用额、项目执行单位和项目简介等信息。1988~2020年,民政部每年也向社会公告历年民政部本级彩票公益金资助社会公益类项目的目的、实际使用额、项目执行单位和项目简介等信息。2014~2020年,中国福利彩票发行管理中心和各省市福利彩票机构发布本级福利彩票社会责任报告,公示每一年资助社会公益类项目资金使用情况。上述各类公告均公示了相关年份的受助社会公益项目情况。概言之,信息披露工作成绩显著。

(二) 信息披露及时明晰

1. 公示时间

2008年以来财政部每年都依法在8月底之前向社会公告历年全国彩票公益金筹集、分配和使用情况,民政部每年都依法在6月底之前向社会公告历年彩票公益金分配使用情况和补助地方情况,两者都包括资助社会公益项目情况。各级民政部门每年都依法在6月底之前向社会公告上一年本级彩票公益金资助社会公益项目情况。总体看,公示时间合法合规。

2. 公示位置和内容易获性

财政部、民政部和各省将本级彩票公益金资助社会公益项目公报放在官方网站二级链接上,一般会在首页设置"彩票公益""公益福彩""信息公开""公益之窗"和"社会责任报告"等链接,便于公众快速查找。所有的公告均可在线阅读、下载(Word和PDF)。各省网站还设置了微信客户端模块,方便社会公众下载浏览信息。

(三) 信息披露规范细致

财政部、民政部和各省公告上一年本级彩票公益金资助社会公益项目情况时,能依法依规详细公示受益人数量和资助范围等信息,信息披露相关工作比较细致,数据完整,分类清晰。例如,2016年宁夏回族自治区下发了中央专项彩票公益金支持该区新生儿遗传代谢病检测及主要出生缺陷救助项目实施方案,对项目范围、救助对象、检测项目、检测内容、检测流程、经费管理、检测知情同意书、代金券发放、疾病筛查种类等均作出了细致规定。2019年4月，陕西省发布《关于对2018年度中央专项彩票公益金支持未成年人校外教育项目支出绩效评价结果进行公示的公告》，该公告显示了绩效评估项目数量、评价方法与程序、评价等级及项目数、实施单位名称与合格等级[①]。

五、单项效益显著

单项社会公益类项目是指地方政府每年使用本级留成福利彩票公益金不定期开展的社会公益类项目。地方政府本级留成福利彩票公益金资助社会公益项目情况、特征、发展趋势、彩票公益金贡献和社会责任融入等内容已在前文论述。本处仅以样例形式分析社会公益类项目的社会效益。

（一）创业创投类项目及社会效益

此类项目主要资助各种创业。例如，2010~2017年，重庆市使用福利彩票公益金资助"梦想学院"，资助的单张"创业绿卡"价值5万~8.6万元，受益人数超过了1000人次。2014~2018年，广东省广州市累计投入福利彩票公益金7000万元资助创投项目530个，直接受益人超过150万人次。2019年江苏省南京市投入福利彩票公益金30万元资助"福彩·慈善杯"青年公益人才成长计划。2011~2019年江苏省宜兴市累计投入福利彩票公益金2000万元资助社会组织公益创投，累计扶持302个项目，110万人次受益。

（二）精神文化类项目及社会效益

此类项目主要资助弘扬中国传统优秀文化和福利彩票文化的社会公益项目。例如，2018年辽宁省辽阳市使用福利彩票公益金资助"公益福彩杯"太极拳交流大会，2019年辽阳市资助了第二届"花儿少年"公益朗诵会。2019年广东省佛山市使用福利彩票公益金资助"福彩圆梦·2019顺德慈善文化荟"慈善文化月活动。2019年浙江省使用福利彩票公益金

---

① 该省对61个项目（终了项目40个，未终了项目21个；青少年校外活动中心项目47个，中小学生研学实践教育基地项目12个，中小学生研学实践教育营地项目2个）实施情况开展绩效评价，经项目实施单位自评、各市交叉检查和省级抽查，终了项目中28个项目评定为"优"、8个项目评定为"良"、4个项目评定为"合格"，21个未终了项目评定为"基本符合要求"。

资助"福彩暖万家·照亮回家路"公益文化进社区活动,为老年人送去文化大餐。2019年浙江省湖州市使用福利彩票公益金资助"福彩有爱 责任担当"公益汇演。2018~2019年,广东省广州市投入福利彩票公益金200万元资助了"街友关怀"义工服务项目,设立15个驻点,共派驻志愿者2.39万人次,劝导2.33万人次。

(三) 特殊对象类项目及社会效益

此类项目主要资助帮扶环卫工人和农民工群体。例如,2015~2019年辽宁省沈阳市使用福利彩票公益金资助环卫工人,仅2019年就捐赠1500套保温饭盒。2007~2020年广东省深圳市累计投入福利彩票公益金3300多万元资助"爱心福彩—资助来深建设者春节返乡"活动,共送出9000张车票,汽车票3000张,火车票6000张;累计受益人数6.3万名。2019年广东省深圳市使用福利彩票公益金资助"爱心福彩·常回家看看"活动,每人最高资助1000元。2019年浙江省使用福利彩票公益金资助"福彩暖万家 生活因你而火热——帮扶外来城市建设者"活动,120名外来城市建设者每人获赠2000元。

(四) 竞赛活动类项目及社会效益

此类项目是主要资助文体娱乐演出和竞赛项目的社会公益项目。例如,2019年广西壮族自治区使用福利彩票公益金资助第十四届南宁国际马拉松比赛和"福彩情·健步走"活动。2019年浙江省使用福利彩票公益金资助"福彩双色球嘉年华公益跑"活动,1200位人士参加。2019年重庆市使用福利彩票公益金资助第二届重庆市志愿服务项目大赛。2019年广东省深圳市使用福利彩票公益金资助"首届深圳福彩公益金项目摄影大赛"。2019年广东省广州市投入福利彩票公益金100万元资助第五届公益慈善项目大赛暨2019网络筹款大赛,受益优秀项目20个。

(五) 新农村建设类项目及社会效益

此类项目主要资助新农村基础设施建设和帮扶项目。例如,2019年山东省济宁市投入福利彩票公益金5.8万元资助新疆喀什地区农村居民安装太阳能灯项目,受益205户,计划受益500户。2019年山东省淄博市投入福利彩票公益金20万元资助农村"福彩响水泉广场"项目。2019年甘肃省投入福利彩票公益金30万元资助社会组织开展农村少数民族困难妇女救助及能力提升示范项目。

（六）社会公德类项目及社会效益

此类项目是主要资助弘扬社会主义精神文明新风尚的社会公益项目。例如，2009~2020年，中央专项彩票公益金法律援助项目共支出12.5亿元，受益人数超过81万人，实施单位覆盖28个省区市。2019年福建省使用福利彩票公益金资助垃圾分类宣传工作，制作了20万份垃圾分类宣传彩页，覆盖800家投注站和16万人居民。2018~2019年，广东省使用福利彩票公益金资助"双千计划"，免费培训2000名养老护理员，累计拨款1400万元，培训194期，受益14869人。2019年浙江省宁波市使用福利彩票公益金资助"福彩春节暖心行动"，向社区居民、环卫工人、快递小哥、地铁工人、孤寡老人赠送350份热腊八粥和特制福袋。

（七）中国红十字总会资助项目及社会效益

在使用彩票公益金的所有单位中，中国红十字总会的彩票公益金社会责任建设工作颇具代表性。2012年以来，中国红十字总会每年都发布彩票公益金绩效评价报告。2014~2018年，中国红十字总会彩票公益金资助的六类项目情况及社会效益如表7-22所示。

表7-22　2014~2018年中国红十字总会彩票公益金使用效果

年份	贫困大病儿童救助	人体器官捐献	干细胞捐献者资料库	生命健康安全教育	人道救援救助	失能老人服务
2014	5398人	报名1.5万人，捐献1499例	新增库容16.67万人份，捐献756例	培训救护师资2180人次，学校安全辅导员740人次	采购及储备4453万元救灾物资	采购15种价值5009万元资助物资
2015	3045人	报名3.13万人，捐献2923例，捐献器官7785个	新增库容17.3万人份	培训救护师资1066人、救护员18.14万人、学校安全辅导员696人、学生安全教育300次、亲子教育600次、应急演练300次、安全体验教室30所；心肺复苏模拟人1594个、脊柱板1121个、除颤仪1454台；编写经济教材12套册	棉被11万床、棉衣6万床、夹克衫7万、帐篷1.6万顶、粮食4745吨、家庭包3万个，69.08万人收益	向208家养老机构资助20万元物资

续表

年份	贫困大病儿童救助	人体器官捐献	干细胞捐献者资料库	生命健康安全教育	人道救援救助	失能老人服务
2016	6660 人	遗体捐赠 1771 例，捐献器官 4080 例	新增库容 14.39 万人份	培训高校救护员 2401 人、学生安全教育 548 次、亲子教育 196 次、应急演练 56 次、宣传 80 次、生命健康安全教育示范基地 11 个	赈济家庭箱 94600 个、服装 73171 件、毛巾被 80358 床、棉被 93493 床、帐篷 4032 顶、折叠床 3175 张、棉衣 3 万件、30 万公斤大米、3 万公斤糖果	向 50 家养老机构资助 1000 万元物资
2017	7440 人	器官捐献 5177 例，遗体捐赠 3204 例	血样采集 15.02 万人份、白血病患者移植 803 例	培训救护员 6 万人次，应急演练 10 万人次，亲子讲座 87729 次；8 所体验教室；89 期师资班，50 所高校安全活动；微电影 22 个，公益讲座 126 期	赈济家庭箱 94600 个，服装 73171 件，毛巾被 80358 床，棉被 63493 床，帐篷 4032 顶，折叠床 3175 张；3 万箱博爱慰问物资	资助 50 家养老机构每家 20 万元物资
2018	5599 人	登记 6 万人、捐献 0.5 万例、捐献器官 1.38 万个	HLA 分型检测 14.17 万人次、新增入库 13 万人份、捐献干细胞 913 例	培训救护员 5.9 万人次、应急演练 9.38 万人次、亲子讲座 7.97 万人次、受益 47.21 万人次	救助物资 3909.97 万元、博爱家庭箱 900 万元、应急响应 29 次、拨付救灾物资 2300 万元	资助 50 家养老机构，受益 10875 人

注：据中国红十字总会历年彩票公益金项目绩效评价报告整理。

2011~2018 年，中国红十字总会每年都接受民间第三方审计评估，并发布年度彩票公益金项目绩效评价报告。统计绩效评价结果可知，历年绩效评估得分都很高（见表 7-23）。概言之，彩票公益金项目绩效显著，彩票公益金社会责任建设取得了很好成效。

表 7-23　　2014~2018 年中国红十字总会彩票公益金绩效评估综合得分

年份	评估得分	贫困大病儿童救助	人体器官捐献	造血干细胞捐献者资料库	生命健康安全教育	人道救援救助	失能老人服务
2014	综合分（100）	93.8	89.9	88.34	86.2	81.1	71.2
	项目投入（20）	18.3	19.75	19.5	17.7	19.5	16.2
	项目过程（25）	23.4	21.7	19.16	20.86	23.8	19.04
	项目产出（30）	29	25.75	27.98	25.74	19.5	20.72
	项目效果（25）	23.1	22.7	21.7	21.9	18.3	15.44
2015	综合分（100）	94.12	92.24	91.25	89.94	89.71	87.55
	项目投入（20）	19.42	19	19.25	18.8	18.58	18.85
	项目过程（25）	22.92	22.48	23	22.58	20.75	21.53
	项目产出（30）	28.82	27.38	25.75	26.63	28.13	25.8
	项目效果（25）	22.96	23.38	23.25	21.93	22.25	21.37
2016	综合分（100）	93.26	88.07	87.67	82.26	81.16	78.68
	项目投入（20）	18.6	17.2	16.6	16.32	16.9	17.7
	项目过程（25）	22.96	20.56	23.24	20.04	21.6	21.38
	项目产出（30）	24.1	22.77	22.34	19.9	16.76	15.4
	项目效果（25）	27.6	27.54	26.5	26	25.9	24.2
2017	综合分（100）	93.86	88.67	82.68	84.5	84.72	83.66
	项目投入（20）	18.66	17.08	16.88	17.1	16.9	16.72
	项目过程（25）	23.48	21.38	19.52	22	22.52	20.18
	项目产出（30）	23.94	22.95	19.68	19.6	20.54	22.2
	项目效果（25）	27.78	27.26	26.6	25.8	24.76	24.56
2018	综合分（100）	92.7	88	89.85	88.3	88.21	93.72
	项目投入（20）	18	19	18	18.3	18	19
	项目过程（25）	23	21	21.49	23	23.51	23.68
	项目产出（30）	23	18	22.36	19	19.7	24.79
	项目效果（25）	28.7	30	28	28	27	26.25

注：本表资料根据中国红十字总会历年彩票公益金项目绩效评价报告整理。每年由民间第三方组织评估。2014~2019 年共有 3 家组织参与评估。

尽管地方政府使用本级留存福利彩票公益金资助的社会公益项目取得了显著成效，但仍存在一些问题。例如，信息披露仍存在不足之处。

1988~2019年各省使用本级留存的福利彩票公益金资助的社会公益项目或活动公示不尽如人意。项目类别数在5类以下的省份数所占比例为22.5%，6~10项的省份数所占比例为25.8%，11~15项的省份数所占比例为25.8%，16项以上的省份数所占比例为25.8%；项目数在10项以下的省份数所占比例合计为48.3%；项目数在15项及15项以上的省份数所占比例合计为32.3%。这表明社会公益类项目披露情况优于扶老、助残、救孤、济困、赈灾类项目披露情况。就具体省份而言，吉林省、宁夏回族自治区、内蒙古自治区、上海市、北京市、湖北省、西藏自治区的项目类别数均在5类以下；天津市、山西省、海南省、安徽省、青海省、江西省的项目类别数均在9类以下。在考察的32种项目类别中，74.2%省份的项目类别数不足50%。这表明各地区福利彩票机构对资助的活动或项目信息披露仍存在不足之处（见表7-24）。

表7-24　　　　1988~2019年各省福利彩票公益金社会公益项目数及占比　　　　单位：%

地区	项目数	占比	地区	项目数	占比
北京	4	12.50	湖北	4	12.50
天津	6	18.75	湖南	20	62.50
河北	11	34.38	广东	18	56.25
山西	6	18.75	广西	18	56.25
内蒙古	2	6.25	海南	6	18.75
辽宁	22	68.75	重庆	23	71.88
吉林	1	3.13	四川	11	34.38
黑龙江	10	31.25	贵州	13	40.63
上海	2	6.25	云南	12	37.50
江苏	15	46.88	西藏	5	15.63
浙江	21	65.63	陕西	11	34.38
安徽	7	21.88	甘肃	15	46.88
福建	22	68.75	青海	7	21.88
江西	8	25.00	宁夏	1	3.13
山东	28	87.50	新疆	13	40.63
河南	10	31.25			

注：显著性水平 $p < 0.05$。

第八章

福利彩票公益金社会责任建设中存在的主要问题和原因

民政部门及福利彩票机构是福利彩票公益金使用管理主体和福利彩票公益金社会责任体系建设主体之一。尽管2013年以来，民政部门和福利彩票发行管理机构积极开展福利彩票公益金社会责任体系建设工作，取得了一些成效。但是，民政部门和福利彩票发行管理机构在福利彩票公益金社会责任体系建设认知、战略决策、社会责任报告编制规划、项目分类标准、项目绩效评价报告与结项报告建设制度、使用新技术监管福利彩票公益金绩效制度等方面仍存在一些亟需深入研究解决的关键问题。而且，彩票公益金监管部门和其他使用管理彩票公益金单位对福利彩票公益金社会责任建设也不够重视，例如，不重视彩票公益金社会责任融入、项目绩效评价、彩票公益金社会责任报告编制、信息披露与社会回应，这些问题也阻碍了彩票公益金社会责任体系建设。

第一节
民政部门社会责任建设中存在的主要问题和原因

2014年是我国福利彩票社会责任建设元年。2014年以来，中国福利彩票发行管理中心和各级各地区福利彩票发行管理机构纷纷开展福利彩票社会责任体系建设工作。代表性工作是编制本级福利彩票社会责任报告，将福利彩票公益金使用管理设置为福利彩票社会责任报告中一个独立板块。然而目前，全国各级各地区民政部门和福利彩票发行管理机构仍未建立健全福利彩票公益金社会责任报告编制发布制度体系。

一、福利彩票机构开展社会责任建设的战略决策不当

中国福利彩票发行管理中心从2013年开始建设福利彩票社会责任体系时存在初始战略决策值得商榷的问题，主要表现在以下三个方面：偏重单环节社会责任建设而忽视全过程社会责任体系建设；偏重福利彩票公益金前期投入而忽视中期管理和后期绩效评价；偏重福利彩票机构社会责任体系建设而忽视福利彩票公益金社会责任体系建设。

（一）对福利彩票公益金社会责任融入发展战略缺乏系统规划

福利彩票公益金社会责任融入是指将社会责任理念融入福利彩票公益金分配、使用、管理、沟通、绩效评价、信息披露、监督机制等各个环节中，要在原则、内容、核心价值观、使命、愿景、战略、议题、目标、方向、行动中体现社会责任理念。

福利彩票发行管理机构编制发布包含福利彩票公益金使用管理内容的年度福利彩票社会责任报告不过是福利彩票社会责任体系建设的部分工作而已。有些福利彩票机构片面地将编制发布年度福利彩票社会责任报告视同福利彩票社会责任体系建设，误将其视为福利彩票公益金社会责任体系建设，未能将社会责任有效融入福利彩票公益金社会责任体系建设全过程。中国福利彩票发行管理中心在2013年开始建设福利彩票社会责任体系时并没有从战略上制定福利彩票公益金社会责任整体可持续发展规划。一个负面影响是，各级各地区福利彩票发行管理机构偏重福利彩票社会责任报告发布，却忽视了社会责任融入。

目前，全国各级各地区福利彩票发行管理机构编制发布的福利彩票社会责任报告中对福利彩票公益金分配使用有相应的披露，可过程管理、绩效评估、项目总结和社会效益等内容体现得不明显。这表明福利彩票发行管理机构并没有将社会责任融入福利彩票公益金分配、使用、管理、沟通、社会回应等全流程之中。有的福利彩票发行管理机构甚至以为，只要公示了福利彩票公益金使用管理情况就是履行了福利彩票公益金全部社会责任。

（二）对福利彩票公益金使用绩效评价缺乏战略性系统规划

福利彩票公益金使用绩效评价是福利彩票公益金社会责任体系建设一个重要环节。绩效评价旨在考察福利彩票公益金实际使用效果如何，根据绩效评价中发现的问题调整社会责任建设方向和重心。长期以来，福利彩票发行管理机构忽视福利彩票公益金使用绩效评价，片面追求福利彩票公益金单向投入①。有的项目对"绩"有一些表述，但是对"效"缺乏评价。在实务工作中，有的福利彩票发行管理机构认为，福利彩票公益金是社会公共资源，资助的项目是社会福利和社会公益事业类项目，无法从经济效益方面加以评价。绩效包括经济绩效、社会绩效、文化绩效三方面内容，经济成本效益评价只是福利彩票公益金使用绩效评价指标之一，归根到底还是福利彩票发行管理机构的绩效评价意识淡漠。这同时也暴露出我国福利彩票公益金使用管理法律法规不健全。目前，各级各地区福利彩票发行管理机构仍未普遍建立并使用福利彩票公益金绩效评价指标体系，这阻碍了福利彩票公益金社会责任建设进程。

（三）福利彩票社会责任建设初始导向确有不当

2014年中国福利彩票发行管理中心首次发布了《2013中国福利彩票社会责任报告》。之后，中国福利彩票发行管理中心鼓励、引导和支持各

---

① 在实践中，有些地区福利彩票机构使用发行费开展公益慈善活动，而非使用福利彩票公益金资助公益慈善项目。

级各地区福利彩票发行管理机构编制本级福利彩票社会责任报告。各级各地区福利彩票发行管理机构纷纷遵照或仿效中国福利彩票发行管理中心的福利彩票社会责任报告框架，编制本级福利彩票社会责任报告。这种趋势一直延续至今。例如，《广西福利彩票2016年度社会责任报告》在编写标准中注明"本书撰写参照中国福利彩票省级社会责任指标体系"；2017～2018年广东省福利彩票社会责任报告在编写标准中注明"本报告撰写参照中国福利彩票省级社会责任指标体系"[①]。其导致的战略性方向偏差是，2014年以来全国各级各地区福利彩票发行管理机构一直在编制福利彩票社会责任报告，而不是福利彩票公益金社会责任报告。如今，各级各地区福利彩票发行管理机构的本级福利彩票社会责任编制工作已经形成路径依赖。在全国范围内扭转这种局面，重新营造编制福利彩票公益金社会责任报告氛围确有难度。如果中国福利彩票发行管理中心从2013年开始编制福利彩票公益金社会责任报告或同时编制福利彩票社会责任报告与福利彩票公益金社会责任报告，并引导各级各地区福利彩票机构仿效其法，目前的福利彩票公益金社会责任体系一定会更加健全，社会公众的质疑或许会更加温和，批评也许会减少很多。

二、福利彩票机构对社会责任报告编制缺乏系统规划

（一）参照世界彩票协会负责任框架编制社会责任报告的依据不当

1. 社会责任建设指导思想不当

2006年世界彩票协会发布了全球首个负责任游戏框架（Responsible Gaming Framework），将负责任游戏分为四个认证等级。2016年2月，中国福利彩票发行管理中心获二级认证资质，2019年7月份获得三级认证资质。2014年以后，中国福利彩票发行管理中心发布的年度福利彩票社会责任报告基本都是按照此框架设定的10个方案要素为核心。有的地区福利彩票发行管理机构效仿中国福利彩票发行管理中心编制的福利彩票社会责任报告框架，编制发布本级福利彩票社会责任报告，导致发展大方向

---

① 《2014年重庆市福利彩票社会责任报告》在编写标准中注明"中国社会科学院《中国企业社会责任报告编写指南》"。2015年6月12日，中国福利彩票发行管理中心举办全国福彩系统首次社会责任培训会议，并同各省研究制定"中国福利彩票省级社会责任指标体系"。培训团队来自于中国社会科学院企业社会责任研究中心。主讲团队并非主要研究政府部门法定责任和社会责任。

出现偏差。之所以定性为"偏差",是因为社会公众更关注福利彩票公益金使用方向、覆盖范围和绩效,而非福利彩票发行管理机构怎样设计游戏、如何市场化运行和内控管理。

2. 世界彩票协会制定的负责任游戏框架并不是针对彩票社会责任设计的框架,也不是针对彩票公益金社会责任设计的框架

世界彩票协会制定的负责任游戏框架主要针对博彩游戏和彩票游戏,博彩和我国的国家彩票含义毕竟不同。而且,世界彩票协会在负责任游戏框架中使用的词汇为"Gaming"(游戏),而非"Lottery"(彩票)。这表明世界彩票协会的负责任游戏框架侧重游戏的设计、投注人成瘾控制等方面,主要目的是保护投注人、未成年人和博彩、彩票市场可持续发展。然而,我国的福利彩票公益金社会责任体系建设目的主要是让社会公众透明地了解每一笔福利彩票公益金去向和使用绩效。由此可知,上述两者在目的、思路、方向等方面均不相同。

3. 世界彩票协会制定的负责任游戏框架针对的是企业行为,不是国家行为

世界彩票协会发布的全球首个负责任游戏框架设定了如下10个方案要素:调查研究(Research)、员工计划(Employee Program)、零售商计划(Retailer Program)、游戏设计(Game Design)、远程游戏渠道(Remote Gaming Channels)、广告和营销传播(Advertising and Marketing Communications)、玩家教育(Player Education)、治疗转诊(Treatment Referral)、利益相关者参与(Stakeholder Engagement)、报告和评估(Reporting and Measurement)。这10个要素针对的是企业行为,不是国家行为[①]。民政部发行福利彩票是国家特许行为,福利彩票发行管理机构是财政供养的事业单位。福利彩票发行虽然采用市场化方式,但它终究不同于市场化行为,仍然不可忽视其所具有的政府行为特征。《国家彩票》在2022年第三期刊发彩票研究文章《彩票理论体系建设是科普的前提》,很好地阐释了彩票不是商品、彩票发行是政府行为不是市场行为等长期以来被人们误读的问题。

综上所述,我国福利彩票发行管理机构编制福利彩票公益金社会责任

---

① 世界彩票协会制定的负责任框架可登录世界彩票协会官网首页阅读 https://www.world-lotteries.org/。

报告和福利彩票社会责任报告均不应依据一个基于完全市场化要素的社会责任框架。

（二）福利彩票机构不重视福利彩票公益金社会责任报告编制规划

1. 未编制发布福利彩票公益金社会责任报告

福利彩票公益金社会责任报告是福利彩票公益金社会责任体系建设的重要组成部分，但不能代替福利彩票公益金社会责任体系。编制发布福利彩票公益金社会责任报告是福利彩票发行管理机构职责之一。然而，在实践中，福利彩票发行管理机构偏重福利彩票社会责任报告编制工作，而非福利彩票公益金社会责任报告编制工作。有些地区的福利彩票发行管理机构以自己不使用福利彩票公益金或很少使用福利彩票公益金为由，推脱责任。

2014年以来，各级各地区福利彩票发行管理机构并未编制发布福利彩票公益金社会责任报告，已经编制发布的福利彩票社会责任报告包含的内容很多，福利彩票公益金使用管理和福利彩票公益金资助项目仅是福利彩票社会责任报告组成部分而已。全国各级各地区福利彩票发行管理机构对福利彩票公益金使用管理的社会回应与社会公众的期望不一致。一个间接佐证是，福利彩票社会责任报告编制发布情况也不尽如人意。截至2020年8月3日，中国福利彩票发行管理中心网站公示的福利彩票社会责任报告合计28份，其中省级23份，国家级5份。在23份省级福利彩票社会责任报告中：2015年度1份，2016年度3份，2016~2017年度1份，2017年度7份，2018年度10份，2016~2018年度1份。5份国家级福利彩票社会责任报告是2013~2017年中国福利彩票社会责任报告。如果不考虑国家福利彩票社会责任报告，按照每个年度31份报告计算，则2015年度的公示率为3.2%，2016年度的公示率为16.1%，2017年度的公示率为29%，2018年度的公示率为35.5%。尽管几年的福利彩票社会责任报告公示率呈增长态势，但最高年度公示率也未超过40%。福利彩票社会责任报告虽不是福利彩票公益金社会责任报告，但它可以反映出我国各级各地区福利彩票发行管理机构对编制发布福利彩票公益金社会责任报告的重视程度并不高。

2. 不够重视福利彩票公益金社会责任融入和绩效评价

福利彩票社会责任报告轻视福利彩票公益金社会责任。福利彩票发行管理机构偏重展示工作业绩，将福利彩票社会责任报告视为"政绩宣传手册""年度工作总结报告"和提升"品牌和形象"工具。主要表现有以下几点：

（1）福利彩票社会责任报告内容多且庞杂，福利彩票公益金和资助项目受重视程度不够。分析 2013~2018 年度中国福利彩票发行管理中心和全国各省份（含深圳市）福利彩票发行管理机构发布的 45 份福利彩票社会责任报告可知，社会责任报告包含的要素主要是领导致辞、卷首语、前言、历史回顾、组织简介和发展历程、彩票游戏介绍、党建工作、彩票发行、渠道建设、内部管理、福彩文化、媒体宣传、中奖与纳税、公益金使用和公益项目开展、附录。福利彩票公益金使用和资助项目开展不过是社会责任报告一部分。在表 8-1 和表 8-2 列出的 253 项指标中，与福利彩票公益金使用和资助项目有关的指标项为 40 项，占比仅为 15.8%。

（2）福利彩票社会责任报告篇幅结构技术设计也未重视福利彩票公益金和公益项目。从福利彩票公益金使用和资助项目指标在该年度社会报告中所占的页码数占比指标方面分析，在表 8-1 统计的福利彩票社会责任报告中，页码数占比在 20% 以下的社会责任报告数为 11 份，页码数占比在 20%~30% 之间的社会责任报告数为 12 份，页码数占比在 30%~40% 之间的社会责任报告数为 7 份，页码数占比在 40%~60% 之间的社会责任报告数为 2 份，页码数占比在 60% 以上的社会责任报告数为 1 份。

表 8-1　全国部分省本级福利彩票公益金社会责任报告构成要素统计

地区或部门/年度	指标1/总页数	指标2/总页数	指标3/总页数	指标4/总页数	指标5/总页数
甘肃 2014	主任致辞 2	组织成长 21	发行 17	公益金 21	内部管理和外部贡献 16
广东 2014	前言 2	运行篇 8	公益金篇 15	携手篇 8	管理篇 4
安徽 2014	领导致辞 1	组织成长与简介 6	发行与公益 10	内外管理 7	公益活动 11
海南 2014	领导发言 6	彩票简介 7	销售和公益金 7	市场开发建设 7	公益活动 12
湖北 2014—2015	前言和简介 10	销售业绩 2	公益成就 11	社会贡献 3	组织管理 3
广西 2014	简介 7	公益金和公益活动 2	责任管理 2	市场销售 7	内部管理 5
湖南 2014	领导致辞 1	简介 4	福彩工作 7	公益金筹集使用 5	公益贡献 3
江西 2014	简介 12	公益金和各种贡献 18	中奖 15	附录 13	后记 1

续表

地区或部门/年度	指标1/总页数	指标2/总页数	指标3/总页数	指标4/总页数	指标5/总页数
辽宁2014	简介8	公益活动9	内部管理5	销售数据5	—
深圳2014	组织简介12	责任福彩8	运行12	管理12	公益项目15
浙江20414	简介7	公益金和项目13	公益活动27	中奖8	大事记3
中福彩2014	领导发言4	福彩理念5	市场运行15	福彩专项11	公益活动23
重庆2014	致辞与简介8	运行15	公益活动13	社会回应10	附录7
浙江2015	简介7	公益金筹集和项目12	福彩建设9	公益品牌8	游戏与派奖5
中福彩2015	领导发言15	阳光品牌13	公益金和项目28	运行13	管件及绩效2
广西2016	卷首语4	简介4	销售7	运行管理8	外部合作3
浙江2016	卷首语4	公益金3	福彩品牌建设11	行业发展11	福彩文化11
中福彩2016	卷首语15	领导发言3	公益金管理使用10	运行发展30	公益项目25
江苏2017	回顾3	公益金管理使用10	党建6	渠道建设1	内部管理1
贵州2017	党建7	助力脱贫3	公益金使用10	文化5	运行10
湖南2017	领导发言3	工作概况7	公益金和项目4	各市工作8	大事记4
辽宁2017	序言6	回顾和大事记3	简介和游戏7	发行19	内管和党建3
广东2017	回顾7	品牌5	安全3	行业发展6	队伍建设4
河北2017	前言3	建设5	管理3	公益活动6	开奖6
浙江2017	报告规范和卷首语2	党建和内控16	公益金和项目16	运行9	创新发展15
浙江2018	报告规范和卷首语4	简介4	销售4	公益金和项目19	党建和管理7
河北2018	卷首2	简介3	党建和管理15	运行14	公益活动10
湖北2018	简介8	党建2	深化改革4	销售和中奖8	运行3
江西2018	致辞简介等6	管理2	渠道4	公益金和项目23	附录和后记17
辽宁2018	卷首等3	简介9	公益金和项目15	党建和管理8	品牌14
宁夏2018	卷首语2	公益15	党建发行管理17	外部品牌8	展望1

续表

地区或部门/年度	指标1/总页数	指标2/总页数	指标3/总页数	指标4/总页数	指标5/总页数
安徽2018	卷首语1	简介5	公益金和项目4	内管5	绿色福彩3
福建2016—18	致辞1	简介和回顾10	使命4	发展营销16	公益金和项目27
广东2018	历史回顾7	党建5	渠道6	品牌3	市场7

注：表中资料由本书根据各部门发布的相应年份福利彩票社会责任报告整理统计。

（3）福利彩票社会责任报告对社会公众期望未给出有效回应。在考察的全部福利彩票社会责任报告中，只有浙江省、江西省和福建省的个别年份福利彩票社会责任报告较为充分地介绍了福利彩票公益金使用管理和资助项目情况。在2014年浙江省福利彩票社会责任报告中，福利彩票公益金使用管理和资助项目指标页码数占比67.8%。在2018年江西省福利彩票社会责任报告中，福利彩票公益金使用管理和资助项目指标页码数占比44.2%。在2016年到2018年福建省福利彩票社会责任报告中，福利彩票公益金使用管理和公益项目指标页码数占比40.9%。页码数虽不是考察各级各地区福利彩票发行管理机构本级留成福利彩票公益金社会责任体系建设的重要指标，但足可以反映出各级各地区福利彩票发行管理机构对福利彩票公益金社会责任体系建设的重视程度。

由此可知，2014年以来，各级各地区福利彩票发行管理机构将福利彩票社会责任报告视为"宣传手册"，主要介绍本单位上一年度取得的各种成绩，较少介绍福利彩票公益金使用管理、资助项目具体种类、危机事件年度发生数、危机事件产生的负面影响、危机事件处理机制、福利彩票公益金资助项目年度宣传次数与效果、社会责任沟通、社会公众对福利彩票公益金公益形象认知等情况。即便是项目成效较好的浙江省、江西省和福建省，在发布的其他年份福利彩票社会责任中也未充分重视福利彩票公益金使用管理资助项目具体种类、危机事件年度发生数、危机事件产生的负面影响、危机事件处理机制、福利彩票公益金资助项目年度宣传次数与效果、社会责任沟通、社会公众对福利彩票公益金公益形象认知等内容。

社会公众更关注福利彩票公益金是如何被依法有效使用管理的，而不是福利彩票发行管理机构如何开展内部管理和市场开发等工作。公正性和透明性是福利彩票公益金社会责任体系建设的重要目标和现实要求。

表8-2 全国部分省本级福利彩票公益金社会责任报告构成要素统计（续表8-1）

地区或部门/年度	指标6/总页数	指标7/总页数	指标8/总页数	指标9/总页数	指标10/总页数
甘肃2014	附录5	—	—		
广东2014	未来篇1	附录4			
安徽2014	市场回馈6	附录17	后记1		
海南2014	行风建设3	创新发展1	福彩文化4	中大奖2	大事记2
湖北2014—2015	廉政建设1	阳光操作11	规范管理7	安全运行1	行业发展与福彩文化3
广西2014	附录24				
湖南2014	附录10				
江西2014	—				
辽宁2014					
深圳2014	索引2	读者反馈1			
浙江2014	后记1				
中福彩2014	展望1	附录9			
重庆2014					
浙江2015	中奖12	大事记2			
中福彩2015	展望1	意见反馈1	索引1		
广西2016	宣传5	员工生活4	公益金和项目7	未来篇1	附录2
浙江2016	附录13				
中福彩2016	关键绩效2	展望1	意见反馈1	索引1	
江苏2017	员工培训2	营销4	公益活动5	福彩文化2	中奖2
贵州2017	中奖13	游戏介绍6	展望1		
湖南2017	影像福彩17	报告说明2	索引11	报告流程11	意见反馈1
辽宁2017	公益金和项目23	报告说明1	索引1	意见反馈1	
广东2017	展望4	公益金和公益故事4	报告说明1	索引1	报告流程和意见反馈2
河北2017	—				
浙江2017	理性购彩3	附录16			
浙江2018	开放发展16	附录19			
河北2018	销量和大奖2	展望6	报告规范1	索引1	报告流程意见反馈后记3
湖北2018	公益金、项目和贡献8	后记和附录16			

续表

地区或部门/年度	指标6/总页数	指标7/总页数	指标8/总页数	指标9/总页数	指标10/总页数
江西 2018	—	—	—	—	—
辽宁 2018	附录 1	大事记 1	索引 1	意见反馈 1	—
宁夏 2018	附件 5	—	—	—	—
安徽 2018	展望 1	后记 3	—	—	—
福建 2016—18	后记和附表 8	—	—	—	—
广东 2018	队伍 1	公益宣传 12	展望 3	—	—

（4）福利彩票社会责任报告发布方式比较单一，渠道狭窄。全国各级各地区福利彩票发行管理机构很少通过出版社发行纸质版福利彩票社会责任报告，主要以电子版形式发布福利彩票社会责任报告，通过赠送方式宣传福利彩票社会责任报告，或者以内刊形式宣传福利彩票社会责任报告[①]。而且，有些省份对福利彩票社会责任报告获取便利性不够重视。例如，有些地区福利彩票发行管理机构不提供可以下载的电子版社会责任报告；2018 年重庆市福利彩票社会责任报告网络版浏览阅读难度大。有些省份的福利彩票发行管理机构宣称，公众可以在机构微信公众号上查阅本级社会责任报告，但实际上却未在微信公众号上发布社会责任报告。有些省份的福利彩票社会责任报告在官网中链接层级低、路径深，很难查阅。有些省份福利彩票发行管理机构官网无搜索功能，难以快速找到福利彩票社会责任报告。这些问题不利于回应社会公众的期望，不利于接受社会公众监督。

（5）使用绩效和项目数不透明。全国各级各地区福利彩票发行管理机构很少发布项目绩效评价报告，虽然部分地区福利彩票发行管理机构依法开展项目绩效评估，但第三方评估机构往往是福利彩票发行管理机构自行选定，绩效评价结果的真实性和权威性备受质疑。

全国各地区福利彩票发行管理机构很少公示资助的年度项目数。统计

---

① 2020 年 2 月 29 日，课题组登录京东商城，输入"彩票社会责任报告"，检索结果为 0。本书整理的 45 份彩票社会责任报告有一部分是课题组核心成员、《国家彩票》杂志社副社长马妍女士与相关省份福利彩票机构协商后获赠，再次感谢马妍女士和相关省份福利彩票机构的奉献和鼎力支持。本书还得到宁夏回族自治区福利彩票发行管理中心马虎成部长大力支持。特此致谢！

2014年到2018年度中国福利彩票发行管理中心公示的福利彩票社会责任报告和2015~2018年各地区本级福利彩票筹集、分配和使用情况公告可知，公示的扶老类项目数28179项、助残类项目数641项、救孤类项目数349项、济困类项目数为1294项、赈灾类项目数3837项、社会公益类项目数5396项。六大类项目数合计39696项。粗略估算，每个省份每一大类项目年度公示项目数平均大约只有40项，如果推算到地级市基本不足4项。然而，在实践中，很多省份仅某一个大类资助的年度子项目就达几百项，甚至上千项。以广西和浙江为例，2015年度广西资助的扶老类项目数2797项；2016年资助的助残类项目数336项，济困类项目408项。2017年和2018年，浙江省资助的扶老类项目数分别为7882项和6376项，助残类项目数分别为112项和191项，救孤类项目数分别为186项和137项，济困类项目数分别为339项和431项，赈灾类项目数分别为1997项和1591项，社会公益类项目数分别为2189项和2480项。

2015年到2018年，各省公示的全部扶老类项目、助残类项目、救孤类项目、济困类项目、赈灾类项目、社会公益类的项目数频次占比最高未超过10%。总体看，项目公示率不高，信息披露工作成效不太显著。

综上所述，全国各级各地区福利彩票发行管理机构还是不太重视福利彩票公益金社会责任报告编制发布工作，不重视福利彩票公益金社会责任体系建设工作，在福利彩票公益金社会责任体系建设工作中存在明显的"形式主义"和"官僚主义"作风。2021年3月份公布的《中国福利彩票责任彩票手册》也未对福利彩票公益金社会责任报告作出什么说明。各地区福利彩票发行管理机构认为，福利彩票公益金由财政部门分配使用，自己没有使用或很少使用福利彩票公益金，故自己没有义务发布福利彩票公益金社会责任报告，这项工作主要应由彩票公益金管理部门——财政部门或者彩票公益金使用单位负责。

三、民政部门轻视福利彩票公益金社会责任建设工作

除了福利彩票机构之外，各级民政部门及其下设单位也不够重视福利彩票公益金社会责任建设工作。2010年以来，无论是民政部还是地方民政部门基本都未发布绩效评估报告，民政部也未在福利彩票公益金分配使用公告中细致明示使用绩效。2013年，民政部政策研究中心曾研发出福利彩票公益金资助的基础设施建设类项目、非基础设施类项目、医疗救助类项目、公益服务类项目绩效评估指标体系,这四套绩效评估指标体系非常健全,可操作性也强①。然而时至今日,民政部和各级各地区民政部门基本不发布单独的绩效评估报告,绩效评估结果的应用更是无从谈及。2010年以来,民政部和各级各地区民政部门每年都在6月底之前发布上一年度彩票公益金使用情况公告,但每份公告几乎没有福利彩票公益金使用绩效评价内容,更无独立章节。以民政部及其直管单位为例,民政部本级彩票公益金每年资助的各类社会福利项目和社会公益项目多达几十种,有的项目使用金额超过了千万元甚至亿元。然而,这些项目依然未细致公告使用绩效。例如,民政部直管事业单位北京社会管理职业学院发布的2017年福利彩票公益金使用情况公告中对实际效果的表述只有124个字,简单而笼统;发布的2018年福利彩票公益金使用情况公告只有164个字,对实际效果和绩效评价只字未提。

四、民政部和福利彩票机构资助项目分类标准不统一

近年来,民政部、中国福利彩票发行管理中心、地方民政部门、地方福利彩票发行管理机构在公示本级年度彩票公益金资助项目信息时遵循的分类标准和方法不统一,甚至是混乱,不利于社会各界开展对比、趋势等理论、政策研究。

(一)民政部和中国福利彩票发行管理中心的二元分类

民政部将每年彩票公益金资助项目分为老年人社会福利项目、残疾人社会福利项目、儿童社会福利项目、社会公益项目4大类。中国福利彩票发行管理中心将每年福利彩票公益金资助项目分为扶老、助残、救孤、济困4大类,这种分类遵循的是福利彩票发行宗旨"扶老、助残、救孤、济困"。民政部和中国福利彩票发行管理中心的分类不同,除了老年人社会福利和残疾人社会福利几近相同之外,儿童社会福利与救孤、济困、社会公益的统计项目范围并不相同。

(二)地方民政部门和地方福利彩票机构的多元分类

地方民政部门和地方福利彩票机构的分类具有多元化特征,标准不统

---

① 具体可参阅民政部政策研究中心. 我国福利彩票公益金使用管理研究[M]. 北京:中国社会出版社,2013:54-70。

一，甚至比较混杂。概括而言，主要有以下 7 种分类：

1. 借鉴中央专项彩票公益金资助项目法分类

这种分类的典型特征是以中央专项彩票公益金资助项目分类法为主，辅助参考中国福利彩票发行管理中心的分类法。例如，2015 年吉林省福利彩票机构将本级福利彩票公益金资助项目分为：乡村学校少年宫、未成年人校外活动保障和能力提升、残疾人事业、文化事业、法律援助、城乡医疗救助、慈善基金、教育事业项目以及扶老、救孤、济困，这种分类与中央专项彩票公益金资助项目分类总体一致①。

2. 执行民政部的分类

这种分类的典型特征是完全采纳民政部的项目分类法。例如，2015 年湖南省福利彩票发行中心将本级福利彩票公益金资助的全部项目分为老年人社会福利项目、残疾人社会福利项目、儿童社会福利项目、社会公益项目 4 大类。

3. 执行中国福利彩票发行管理中心的分类

这种分类的典型特征是完全采纳中国福利彩票发行管理中心资助项目分类法。例如，2015～2016 年，广西将本级福利彩票公益金资助的项目分为扶老、助残、救孤、济困 4 大类②。

4. 根据本地区情况自行分类

这种分类的典型特征是项目类别较多，结合本地区情况进行分类，既不执行民政部的分类，也不执行中国福利彩票发行管理中心的分类。例如，2017 年河北省将本级福利彩票公益金资助的全部项目分为十几大类：养老服务体系建设、基层社会救助工作人员和养老院管理人员业务培训、殡葬服务设施建设、脑瘫儿童救治、假肢装配、糖尿病救治等医疗救助、中国移动爱"心"行动、明天计划、对口支援少数民族和贫困地区帮扶、优抚服务设施建设、满族自治县民政公共服务设施、防灾减灾及救灾能力建设、政府购买服务。2015 年，江苏省福利彩票机构也未依行业主流分

---

① 中央专项彩票公益金资助项目分类主要是：未成年人校外教育、乡村学校少年宫、教育助学和大学生创新创业、医疗救助、养老公共服务项目、扶贫项目、残疾人事业、法律援助、农村贫困母亲"两癌救助"、留守儿童快乐家园项目、地方社会公益事业资金 11 大类。个别年份还资助禁毒关爱工程、文化公益事业、出生缺陷干预救助项目等。

② 列出每一大类下的子项目名称、数量、金额、项目实施进度、项目效益，层次清晰，逻辑顺畅，图文结构合理，可读性强，充分履行了社会责任。广西自治区做法堪称全国地方福利彩票机构资助项目分类范例。

法，将本级福利彩票公益金资助的项目依次分项列出20大类。采取这种分类法的省级、地市、区县福利彩票机构还有很多家。

5. 分类不当

这种分类的典型特征是项目分类基本准确，但存在偏误。有的地方福利彩票发行管理机构将赈灾类项目和针对经济贫困家庭学子大学圆梦项目列入"社会公益"大类中，例如，河南、湖北、宁夏、湖南在2018年采取的分类法。有的地方福利彩票发行管理机构将针对农村留守儿童开展的生活照料、学习帮扶、安全与法制教育等关爱项目列入"助学救孤"项目，例如，江苏省在2018年采取的分类法。2015年，重庆市福利彩票发行中心将本级福利彩票公益金资助的老年人社会福利项目、残疾人社会福利项目、儿童社会福利项目三大类项目合并为"社会福利项目"。

6. 分类简单

这种分类的典型特征是项目分类极为简单，而且逻辑也不严谨；既不执行民政部的分类，也不执行中国福利彩票发行管理中心的分类。例如，2015~2017年，辽宁省福利彩票发行中心将本级福利彩票公益金资助的全部项目分为社会福利项目、教育事业项目、红十字事业项目、残疾人事业项目、城乡医疗救助项目5大类，分法简单粗略。

7. 混乱分类

这种分类的典型特征是项目分类混乱，逻辑不严谨；既不执行民政部的分类，也不执行中国福利彩票发行管理中心的分类。例如，2015年天津市福利彩票发行中心将本级福利彩票公益金资助的全部项目分为3类，其中将"扶老"和"济困"合并为"养老等服务类和困难群众保障"。2017年广东省福利彩票发行中心将本级福利彩票公益金资助的全部项目分为养老服务体系、儿童福利院等其他项目、民政厅本级资助项目、民政厅直属单位其他公益金项目、省民政厅直属单位养老项目5个部分，这种分类逻辑混乱。此外，有的地区将把福利彩票公益金资助的项目和体育彩票公益金资助的项目混排在一起。

综上所述，地方民政部门和地方福利彩票发行管理机构对使用本级福利彩票公益金资助的项目分类具有多样化特征，标准并不统一，甚至混乱，这一方面反映出地方民政部门和福利彩票发行管理机构的项目分类标准体系不够健全，也可以透射出地方民政部门和地方福利彩票发行管理机构可能存在违法违规使用福利彩票公益金问题，未依法依规履行社会责任。

在省、市、区县三级，民政部门和福利彩票发行管理机构都有可以独自使用的福利彩票公益金。从省级层面上分析，省民政厅使用本级专项福利彩票公益金资助各类项目，省级福利彩票发行管理机构使用本级福利彩票公益金资助各类项目，两者的项目分类标准并不统一，地市级和区县级民政部门和福利彩票发行管理机构资助的项目分类标准故难统一。这一问题导致学术界无法对全国各个省份使用本级福利彩票公益金资助的项目开展横向对比分析和纵向趋势分析[①]。

五、项目绩效评价报告和结项报告建设制度不够完善

全国各级各地区民政部门和福利彩票发行管理机构在年度本级福利彩票公益金筹集分配和使用情况公报、年度福利彩票社会责任报告以及相关信息公示中均未披露系统的、多指标的福利彩票公益金资助项目绩效评价内容，更无独立的项目绩效评价报告和结项报告。全国各级各地区民政部门和福利彩票发行管理机构则是偏重福利彩票公益金投入环节，轻视项目绩效评价报告和结项报告编制发布工作，这一点不如中国红十字总会和一些民间互联网募捐信息平台的负责任做法。

在项目绩效评价报告建设方面，中国红十字总会的负责任做法可堪业界范例。2011年以来，中国红十字总会连续发布详细的彩票公益金资助项目年度绩效评价报告。在结项报告建设方面，一些民间互联网募捐信息平台的做法值得借鉴。例如，民政部首批遴选的腾讯乐捐平台在每个众筹项目结项后均编制发布结项报告，公示财务等信息，回应社会关切。结项报告中包括物品金额、金额小计、执行及运费、监管支出、费用合计、受益人签收单、收款收据、领款回执单、发票、银行电子回单等财务类资料扫描件或照片。受益信息和财务信息如此完整的结项报告正是民政部门和福利彩票发行管理机构应重点建设的方向。对比而言，我国福利彩票公益金资助项目绩效评价报告和结项报告制度体系建设仍任重而道远。

六、使用新技术监管福利彩票公益金绩效制度不完善

用新技术监管福利彩票公益金使用管理是网络信息时代的必然方向。目前，我国正大力发展信息数字化基础设施。民政部门、福利彩票发行管理机构、财政部门以及其他使用管理彩票公益金的部门积极主动融入

---

① 地方财政部门有本级专项福利彩票公益金，其资助项目分类标准与民政部门、福利彩票机构分类标准也不相同。

"新基建"战略的速度较慢,对如何使用区块链等新技术监管福利彩票公益金使用管理仍缺乏明晰定位、战略规划以及具体措施。

在向智能合约公益社会转变过程中,如何使用区块链等新技术提高福利彩票公益金使用管理绩效是一个重大的理论与实践问题。然而,民政部门、福利彩票发行管理机构、财政部门以及其他使用管理彩票公益金的部门前摄行为意识弱,对开展监管沙盒2.0试点、构建多中心联盟许可链、健全跨链制度等工作都比较滞后。虽然,中国福利彩票发行管理中心在2019年探索区块链智能合约技术赋能电子开奖的手段和模式,但这种探索并非针对福利彩票公益金使用管理绩效。目前,民政部门、福利彩票发行管理机构、财政部门以及其他使用管理彩票公益金的部门均未制定实施区块链、元宇宙等新基建技术赋能福利彩票公益金使用管理绩效的制度。

第二节
彩票公益金监管部门和其他使用部门社会责任建设问题

财政部门既是福利彩票公益金的监管部门,也是福利彩票公益金的分配和使用管理单位。依据《彩票管理条例》第三十七条规定,财政部门每年需向社会公告上一年本级彩票公益金使用情况,但未规定财政部门可以不公示绩效评价结果和社会责任建设情况。据此可知,财政部门也应在年度公告中介绍彩票公益金使用绩效和社会责任建设。

在国家和地方层面上,依法可使用福利彩票公益金的其他系统和部门包括中央精神文明建设指导委员会办公室、原国务院扶贫开发领导小组办公室、国家机关事务管理局、文化和旅游部、教育部、司法部、国家卫生健康委员会、公安部、应急管理部(国家减灾委)、国家医疗保障局、中国残疾人联合会、中华全国妇女联合会、中国红十字总会、全国社会保障基金理事会[①]。这些系统、部门或下设单位每年都应依法向社会公告上一

[①] 这14家部门使用中央专项彩票公益金。这些部门将彩票公益金以项目方式在全国范围内实施,因此地方受助单位是受益方。

年度彩票公益金使用管理情况,且发布时间不应晚于每年 8 月底。然而,这些系统和部门也不重视彩票公益金社会责任体系建设工作。

一、对社会责任融入和项目绩效评价重视程度不够

上述 14 家部门和单位在使用彩票公益金时并不重视彩票公益金社会责任体系建设,也未系统考虑社会责任战略规划、目标与计划、社会责任建设原则、利益相关方及有效沟通、信息披露法规及要求、社会责任识别、社会责任承诺、绩效评价、行为的社会影响、信任机制等因素。

14 家部门和单位的彩票公益金社会责任体系建设情况可分为三种类型:一是待建型。此类型未建彩票公益金社会责任体系。例如,中央精神文明建设指导委员会办公室、公安部、国家医疗保障局。二是简约型。此类型简单公示彩票公益金使用情况,没有考虑全过程社会责任融入和绩效评价,彩票公益金使用公示内容也比较简单,有些信息呈零星发布状态。例如,原国务院扶贫开发领导小组办公室、国家机关事务管理局、文化和旅游部、教育部、司法部、国家卫生健康委员会、中国残疾人联合会、中华全国妇女联合会、全国社会保障基金理事会。三是规范型。此类型注重彩票公益金社会责任建设工作,且绩效评价引入规范化运行轨道。例如,中国红十字总会。中国红十字总会的彩票公益金社会责任建设工作具有代表性。

2011 年以来,中国红十字总会每年都编制发布彩票公益金项目绩效评价报告,详细介绍捐赠物品和彩票公益金的具体流向、每类项目彩票公益金使用额及成效、绩效评价得分、影响绩效因素、总体评估等内容。

在三种类型中,规范型只有中国红十字总会一个部门。原国务院扶贫开发领导小组办公室和司法部(中国法律援助基金会执行项目)相对好一些。总体上看,除中国红十字总会以外的各个彩票公益金使用管理部门均不够重视彩票公益金社会责任建设。

二、对社会责任报告编制与社会回应重视程度不够

近 10 年来,财政部每年都发布中央集中的彩票公益金分配使用公告。上述 14 家部门和单位使用彩票公益金情况都在财政部年度公告中体现,这些部门和单位不单独编制发布社会责任报告,也很少单独发布年度彩票公益金使用公告。

在 14 个部门中,只有少数几个部门发布彩票公益金使用情况公告,但未发布彩票公益金社会责任公告或报告。中央精神文明建设指导委员会办公室、文化和旅游部、教育部、司法部、应急管理部（国家减灾委）、国家医疗保障局、中国残疾人联合会、中华全国妇女联合会、全国社会保障基金理事会均不发布独立的彩票公益金使用情况公告。国家机关事务管理局、原国务院扶贫开发领导小组办公室和公安部虽发布独立的彩票公益金使用情况公告，但彩票公益金使用情况不详细。例如，国家机关事务管理局只是概要性公告"夕阳红项目"使用彩票公益金情况，《2018年夕阳红项目情况公告》只有183个字，2016~2020年的公告与2018年公告基本相同①。原国务院扶贫开发领导小组办公室从2015年以来连续发布中央专项彩票公益金支持革命老区扶贫项目执行情况公告。中国残疾人联合会、中华全国妇女联合会、全国社会保障基金理事会只是程序性公告了彩票公益金和资助项目，且不完整性地披露彩票公益金年度财政拨款额与支出额、受益人数、支出项目和地区。公告对彩票公益金使用成效仅做了只言片语性地表述。除了中国红十字总会之外，其他彩票公益金使用单位均未编制发布项目绩效评价报告。

  中国红十字总会从2012年开始每年都发布彩票公益金项目绩效评价报告。中国法律援助基金会（司法部委托执行项目单位）虽然不发布年度彩票公益金项目绩效评价报告，却长期披露中央专项彩票公益金法律援助项目、动态和历史业绩，还公告项目招标、第三方评估、典型案例、专题调研动态、资金分配方案、十周年资助工作盘点等内容，社会责任建设工作比较细致，能将临时活动和常态工作结合，回应社会关切。国家卫生健康委员会委托执行项目的中国出生缺陷干预救助基金会近几年连续发布出生缺陷干预救助项目执行情况独立公告。然而，中国红十字总会和中国出生缺陷干预救助基金会这样的负责任单位及典型案例凤毛麟角（见表8-3）。

  综上所述，无论是民政部门及福利彩票发行管理机构，还是其他使用管理彩票公益金的部门和单位，对彩票公益金社会责任体系建设工作仍不够重视。相比而言，民政部门及福利彩票发行管理机构做得更好一些。编

---

① 2018年公告原文如下："夕阳红"救助服务项目，1000万元，由国家机关事务管理局财务管理司负责实施。为身患重病、高龄和失能老年人提供救助服务、康复护理服务、"一键通"紧急呼叫服务等，帮助这些老年人改善生活处境，提高生活质量。经审计署、民政部专项审计和督查，认为该项目预算执行进度好、审核程序严格规范、资金使用合法合规，符合福利彩票"扶老、助残、救孤、济困"发行宗旨和彩票公益金使用基本原则。

制发布福利彩票公益金社会责任报告、资金使用绩效报告、项目执行情况公告和统计公报（内含福利彩票公益金资助各类项目情况）只是福利彩票公益金社会责任体系建设的一部分，并不是福利彩票公益金社会责任体系的全部。编制发布的本级福利彩票社会责任报告、福利彩票公益金使用绩效报告、项目执行情况公告和年度统计公报（内嵌彩票公益金）中披露的信息仍无法获得社会公众的高度认可。

福利彩票公益金使用单位应参考社会责任国家标准编制发布福利彩票公益金社会责任报告，并尽快健全福利彩票公益金社会责任全流程体系，不能将编制发布福利彩票公益金社会责任报告、资金使用绩效报告、项目执行情况公告和统计公报（内嵌）错误理解为福利彩票公益金社会责任体系建设的全部内容。

表 8-3　　2015~2018 年中央 14 个部门彩票公益金项目成效和社会回应情况统计

部门	2015 年	2016 年	2017 年	2018 年
中央精神文明建设指导委员会办公室	无独立公告	无独立公告	无独立公告	无独立公告
原国务院扶贫开发领导小组办公室	贫困革命老区项目，公告（独立），247 个字，有金额、覆盖范围和受益地名单，无其他具体情况	贫困革命老区项目，公告（独立），240 个字，有金额、覆盖范围和受益地名单，无其他具体情况	贫困革命老区项目，公告（独立），234 个字，有金额、覆盖范围和受益地名单，无其他具体情况	
国家机关事务管理局		公告（独立），188 个字，有金额，无具体情况	公告（独立），188 个字，有金额，无具体情况	公告（独立），183 个字，有金额，无具体情况
文化部	无独立公告	无独立公告	无独立公告	无独立公告
教育部	无独立公告	无独立公告	无独立公告	无独立公告
司法部	中国法律援助基金会在项目介绍中内嵌成效，无独立公告	中国法律援助基金会在项目介绍中内嵌成效，无独立公告	中国法律援助基金会在项目介绍中内嵌成效，无独立公告	中国法律援助基金会在项目介绍中内嵌成效，无独立公告
国家卫生健康委员会	中国出生缺陷干预救助基金会出生缺陷干预救助项目执行情况（独立）	中国出生缺陷干预救助基金会出生缺陷干预救助项目执行情况（独立）	中国出生缺陷干预救助基金会出生缺陷干预救助项目执行情况（独立）	中国出生缺陷干预救助基金会出生缺陷干预救助项目执行情况（独立）

续表

部门	2015 年	2016 年	2017 年	2018 年
公安部	无资助	年度项目公示（独立），2016 年、2017 年合计 340 个字，有金额、项目和受益地区，无具体情况	年度项目公示（独立），2016 年、2017 年合计 340 个字，有金额、项目和受益地区，无具体情况	无资助
国家医疗保障局	未组建	未组建	未组建	无独立公告
应急管理部、	未组建	未组建	未组建	新建
中国残疾人联合会	内嵌在年度统计公报中，有受益对象和人数，无其他内容	内嵌在年度统计公报中，有受益对象和人数，无其他内容	内嵌在年度统计公报中，有受益对象和人数，无其他内容	内嵌在年度统计公报中，有受益对象和人数，无其他内容
中华全国妇女联合会	"两癌"救助和留守儿童快乐家园无独立公告	"两癌"救助和留守儿童快乐家园无独立公告	"两癌"救助和留守儿童快乐家园无独立公告	"两癌"救助和留守儿童快乐家园无独立公告
中国红十字总会	项目支出绩效报告（独立）	项目支出绩效报告（独立）	项目支出绩效报告（独立）	项目支出绩效报告（独立）
全国社会保障基金理事会	内嵌在年度报告中，有年度金额和累计额，无其他内容	内嵌在年度报告中，有年度金额和累计额，无其他内容	内嵌在年度报告中，有年度金额和累计额，无其他内容	内嵌在年度报告中，有年度金额和累计额，无其他内容

注：（1）各部门使用彩票公益金情况内嵌在全国彩票公益金筹集分配情况公告中，只有金额和项目。（2）2018 年国务院机构改革，全国社会保障基金理事会的隶属关系，由国务院管理调整为由财政部管理。

第三节
理论研究对福利彩票公益金社会责任建设支持力度不够

福利彩票公益金社会责任基础理论研究的重要价值之一就是科研成果能为福利彩票公益金社会责任体系建设提供有力支撑。从前文分析可知，国内学术界对福利彩票公益金社会责任学理渊源和责任范围等内容的基础理论研究观点与福利彩票发行管理机构内部的政策研究者的观点存在差异，对福利彩票公益金社会责任建设支持力度有限，甚至误导了政策制定和实务工作方向。

一、社会责任学理渊源出现偏误

（一）企业社会责任论学理渊源偏误的主要表现及原因

国内学者和福利彩票发行管理机构将国内外企业社会责任理论作为福利彩票公益金社会责任体系建设直接学理渊源主要原因是未系统明晰以下5个问题：

1. 未准确解释阿奇·卡罗尔的企业社会责任理论

阿奇·卡罗尔（1979）提出的企业社会责任三维模型包括社会问题、社会回应和社会责任。他将经济责任、法律责任、伦理责任、自愿责任构成的社会责任定义成第一维度，将社会问题管理定义成第二维度，将社会回应定义成第三维度。国内学术界主流观点片面强调第一维度，忽略了更为重要的第二维度和第三维度，误导部分学者引用经济责任、法律责任、伦理责任、自愿责任解释福利彩票公益金社会责任结构。

2. 未深入阐释福利彩票公益金法定责任和社会责任

福利彩票公益金法定责任包括刑事责任、民事责任和行政责任，责任主体是政府体系中的福利彩票机构；企业社会责任涉及刑事责任和民事责任，作为责任主体的企业不具有承担行政责任的法定资格。与企业法定责任和社会责任一体化、区分度相比，福利彩票公益金法定责任和社会责任一体化更强，区分度更低。

3. 未准确辨析企业社会责任与福利彩票公益金社会责任的责任顺序

福利彩票公益金首要责任是公益责任，经济责任是次要责任。《彩票管理条例》《彩票公益金管理办法》和福利彩票公益金使用管理办法等规章制度都有明确规定。2015年以后，财政部控制了福利彩票年度发行额增速，充分表明国家并不想把追求发行额度放在首位。企业社会责任的首要责任是经济效益责任，社会责任是次要责任。因此，应该使用阿奇·卡罗尔的四层级企业社会责任金字塔模型诠释福利彩票公益金社会责任，并将经济责任或慈善责任视为首要责任的观点不适于解释福利彩票公益金社会责任顺序。

4. 未系统明确福利彩票社会责任体系构成

福利彩票社会责任体系包括福利彩票发行销售社会责任、福利彩票游戏社会责任、福利彩票分配与公益金使用管理社会责任、福利彩票相关方社会责任，但不应包括福利彩票机构内部管理责任。福利彩票公益金社会责任只是福利彩票社会责任体系组成部分而已。然而，有些研究不作区分，力推企业社会责任体系，模糊使用"福利彩票社会责任"概述五项社会责任。有的福利彩票发行管理机构也未辨析五项社会责任，套用企业社会责任报告结构，将五项社会责任一并收入本级福利彩票社会责任报告，将报告视为"年度工作总结"或"业绩宣传手册"，未突出福利彩票公益金社会责任。在本书分析的国家与省本级社会责任报告中，几乎每份报告都包含领导致辞、机构简介、发展历程、内设部门、组织荣誉、人员招聘与培训等内容，这些"内部事务"不具有"社会性"，也不涉及行政相对方，和福利彩票公益金使用管理无关，不应被纳入"社会责任"范畴。

5. 误将政府行为当成市场主体行为，误将政府管理机构系列的福利彩票机构当成"企业"

综上所述，福利彩票公益金社会责任与企业社会责任不同，直接采用企业社会责任理论解释福利彩票公益金社会责任或套用国内外企业社会责任标准或指南建设福利彩票公益金社会责任体系的做法都不太严谨。

（二）《中国企业社会责任报告指南 3.0/4.0》学理渊源偏误的主要表现及原因

国内学者和福利彩票发行管理机构将 3.0 版本或 4.0 版本作为福利彩票公益金社会责任体系建设直接学理渊源主要原因是未透彻阐释清楚以下 5 个问题：

1. 误将政府行为当成市场主体行为

福利彩票属于国家彩票。发行福利彩票、筹集福利彩票公益金是国务院特许授权的政府行为，更是国家行为，与企业行为根本不同。故福利彩票公益金社会责任不同于企业社会责任。

2. 误将政府管理机构系列的福利彩票发行管理机构当成"企业"

具有事业单位性质的福利彩票机构属于政府管理机构系列。长期以来，福利彩票发行销售工作融入了很多市场经济要素。一些研究者似乎慢慢淡忘了福利彩票机构不是"企业"这一根本事实。

3. 不准确地加大了社会责任在体系中的分量

两个版本设置了责任管理、市场责任、社会责任和环境责任4个一级指标。将责任管理确定为核心责任和重点责任，将市场责任确定为责任基石和体系依托，将社会责任和环境责任确定为两翼支撑责任。由此可见，社会责任只不过是辅助性指标。两个版本对福利彩票社会责任和福利彩票公益金社会责任并无特殊考虑，针对性和适用性不强，而且社会责任一级指标中包含的诸如职工责任等内部责任不符合"社会性"内涵。

4. 未细致斟酌社会责任指标的关联性借鉴价值

在两个版本中，社会责任指标下设的政府责任、员工责任、安全生产、社区责任4个二级指标及47个三级指标中基本都是组织遵守法律法规、内部管理、生产安全等指标，只有社区责任指标下设的与公益、救助、慈善、社区沟通、志愿者服务相关的10多个指标与福利彩票公益金社会责任有些关联，大多数指标与社会责任关联度不高。市场责任中的"股东责任"与环保责任中的绿色环保等指标也不适合福利彩票公益金社会责任。

5. 未充分吸纳实质性指标的精髓

目前，国家与地方福利彩票发行管理机构借鉴了两个版本中的报告规范、高管致辞、企业简介、关键绩效表、展望、报告评价、参考索引、读者意见反馈等流程指标和形式要素，但这些指标主要下设于报告前言和报告后记，并非实质性、核心、关键、公众关切的指标，无法为福利彩票公益金社会责任体系建设提供实质性支撑。

(三)《可持续发展报告指南(G4)》学理渊源偏误的主要表现及原因

国家与地方福利彩票发行管理机构对G4比较认可，但因其未透彻厘清G4的内涵和要义，在实践中存在以下5个主要偏误：

1. 未掌握G4出发点和对"影响"负责的要义

《可持续发展报告指南(G4)》强调，可持续发展报告的出发点是披露组织如何对经济、社会改善或恶化产生影响，而且还特别解释了"影响"的范围与类型。然而，有些地区的福利彩票机构在社会责任建设中没有对"影响"给予足够重视，不知道怎样预测、评估、消除"影响"以及采取何种有效方式对"影响"负责。例如，福利彩票公益金使用管理不透明是否会产生实质性负面影响？采取何种有效方式消除影响？

2. 未充分理解和准确借鉴《可持续发展报告指南（G4）》目的和前摄行为理念

《可持续发展报告指南（G4）》强调，组织应从战略层面识别重要"风险和机遇"，这要求企业、组织应做好前摄准备。然而，有些地区的福利彩票发行管理机构对前摄行为理念、风险识别与应对缺乏有效预案、务实做法。例如，有些地区福利彩票公益金使用管理因缺乏突发事件前摄性风险识别与触发机制而出现违法违规问题。

3. 未细致考证《可持续发展报告指南（G4）》核心议题和主题的适用范围

《可持续发展报告指南（G4）》强调，可持续发展经济维度关注的核心议题和主题关乎经济状况及其对世界经济体系的影响。然而，很多核心议题和主题是福利彩票公益金社会责任无法参照的指标（见表8-4）。

表8-4 《可持续发展报告指南（G4）》规定的核心议题和实践主题

类别	方面
经济	①经济绩效；②市场表现；③间接经济影响；④采购行为
环境	①物料；②能源；③水；④生物多样性；⑤废气排放；⑥污水和废弃物；⑦产品和服务；⑧合规；⑨交通运输；⑩整体情况；⑪供应商环境评估；⑫环境问题申诉机制
社会—劳工实践和体面工作	①雇佣；②劳资关系；③职业健康与安全；④培训与教育；⑤多元化与机会平等；⑥男女同酬；⑦供应商劳工实践评估；⑧劳工问题申诉机制
社会—人权	①投资；②非歧视；③结社自由与集体谈判；④童工；⑤强迫与强制劳动；⑥安保措施；⑦原住民权利；⑧评估；⑨供应商人权评估；⑩人权问题申诉机制
社会—社会	①当地社区；②反腐败；③公共政策；④反竞争行为；⑤合规；⑥供应商社会影响评估；⑦社会影响问题申诉机制
社会—产品责任	①客户健康与安全；②产品及服务标识；③市场推广；④客户隐私；⑤合规

注：本表根据《可持续发展报告指南（G4）》整理。议题"类别"指任何可能的可持续发展主题，"方面"是指南中涵盖的一系列主题。

4. 未厘清《可持续发展报告指南（G4）》提出的社会责任绩效与可持续发展之间的逻辑关系

《可持续发展报告指南（G4）》强调，组织应在更广泛的可持续发展整体背景下展现绩效，包括以行业、地区、全球或社会资源限制和需求为整体背景讨论绩效（例如环境承载力），并非只报告个别绩效及趋势。然而，有些地区的福利彩票发行管理机构未能掌握内涵。例如，在已发布的社会责任报告中未见福利彩票公益金使用管理对地区、国家宏观经济有无负面影响的表述。

5. 轻视了《可持续发展报告指南（G4）》中关于利益相关方的规定

《可持续发展报告指南（G4）》标准强调，组织应重视利益相关方类型识别、利益相关方分组、利益相关方参与频率、利益相关方参与过程文件、利益相关方参与活动结果、利益相关方提出的关键主题及顾虑、组织对利益相关方的回应方式、双方分歧处理方案等事项。一个典型例证是，本书分析的2013~2018年国家与地方福利彩票公益金社会责任报告对此均无细致表述。

（四）GB/T36001—2015《社会责任报告编写指南》学理渊源偏误的主要表现及原因

国家与地方福利彩票机构存在的偏误主要表现在以下三个方面：

1. 《社会责任报告编写指南》对福利彩票公益金社会责任并无特殊考虑

《社会责任报告编写指南》依托项目原名为《企业社会责任报告编写指南》，后在编写过程中修改为《社会责任报告编写指南》，参与单位有中国标准化研究院、国务院国有资产监督管理委员会、原中国银监会、人力资源和社会保障部劳动保障研究所、中华全国总工会、国家认证认可监督管理委员会、中国企业联合会、融智企业社会责任研究所、国家电网、中国石油、中兴通讯、责扬天下公司等12家单位。参与单位既没有福利彩票机构，也没有福利彩票研究机构或福利彩票领域相关企业。因此，该指南对福利彩票公益金社会责任体系建设并无特殊考虑，针对性和适用性不强。

2. 《社会责任报告编写指南》与福利彩票公益金社会责任核心主题关联度不高

《社会责任报告编写指南》设置了社会责任绩效指标，该指标依托《社会责任指南》设定的组织治理、人权、劳工实践、环境、公平运行实践、消费者、社区参与和发展等7项核心主题、31项议题，很多核心主题、议题与福利彩票公益金社会责任关联度较低。例如，劳工实践核心主题下的议题主要针对组织内部劳工劳动保障管理，社会性不强；环境核心主题下的几个议题也不适用于福利彩票公益金社会责任。

3. 《社会责任报告编写指南》强调社会责任理解、融合和沟通

然而，福利彩票发行管理机构却将报告当成业绩宣传手册或年度工作总结，忽视了社会责任全过程融入，仅为编写报告而编写报告，对《社会责任报告编写指南》强调的社会责任绩效评审、项目资助后与受益方沟通等内容均未给予足够重视。

（五）《世界彩票协会负责任游戏框架》学理渊源偏误的主要表现及原因

1. 《负责任游戏框架》主要针对博彩"游戏"或彩票"游戏"，使用的术语为"Responsible Gaming"（负责任游戏），并非负责任"组织"，也并非负责任"彩票"，彩票和游戏不同

其制定的负责任彩票七大原则用词为"The Seven Responsible Gaming Principles"（负责任游戏七项原则）。这些表明《世界彩票协会负责任游戏框架》侧重游戏设计、投注人成瘾控制等方面，主要目的是保护投注人、未成年人和博彩业、公益彩票业可持续发展（见表8-5）。

表8-5 将《世界彩票协会负责任游戏框架》作为学理渊源的偏误及反纠例证

《世界彩票协会负责任游戏框架》部分条款规定内容	学者和彩票机构偏误表现及反纠例证
"负责任游戏"包括原则、框架、报告指南、案例研究、认证的成员、认证的供应商、负责任游戏评奖、负责任游戏独立评估小组、负责任游戏工作组九个部分	主要引入7项原则、10要素和3-4认证等级，未完整介绍负责任游戏框架
负责任游戏框架指南包括：负责任游戏原则；彩票机构需展示对游戏承诺水平，证明负责任游戏原则进入日常运营	忽视了负责任游戏社会责任全过程融入
在"原则"概述中指出：本原则适用游戏和企业社会责任。旨在保护彩票玩家，使其在企业社会责任方面做法正规化	忽视了重心在游戏和企业社会责任
在"序言"中论述到：游戏责任是每个成员持续致力于这一社会责任的关键要素，也是积极应对彩票和包括体育博彩在内的其他游戏形式的社会影响的一部分	忽视了彩票游戏社会责任和社会影响
《负责任游戏框架—报告指南》论述到：编制公开负责任游戏报告或对其负责任游戏项目进行其他类型公开披露	忽视了负责任游戏报告和负责任游戏项目信息披露与社会回应

续表

负责任游戏独立评估小组由企业社会责任领域的国际专家组成。负责任游戏工作组协助企业责任委员会和独立评估小组发展和维护负责任游戏项目	忽视了评估专家来自企业社会责任领域；机构设置偏重游戏和企业社会责任
原则 3 规定：成员将开发负责任游戏相关问题。原则 4 规定：成员将与利益相关者合作，开展研究和促进负责任游戏，并鼓励更好地了解游戏社会影响。原则 5 规定：推广合法和负责任游戏。原则 6 规定：成员使个人对游戏有知情选择。向个人提供关于游戏及其相关风险的准确信息。原则 7 规定：酌情修改与负责任游戏活动和做法，公开报道调查结果	忽视了原则 3-7 都强调游戏及投注人、利益相关方保护
负责游戏框架序言规定，彩票机构对负责任游戏原则的承诺水平	忽视了负责任游戏规定
二级认证规定：机构监管彩票运作；尤其是负责任游戏；思考更广泛企业责任战略及负责任游戏如何适合整体方法	忽视了负责任游戏规定
三级认证规定：分配足够资源支持负责任游戏项目实施。启动内部和外部交流活动开发，使利益相关了解彩票负责任游戏承诺。启动实施支持负责任游戏计划的参与流程。独立评估小组审查负责任游戏计划	忽视了负责任游戏规定
四级认证规定：将负责任游戏计划整合到其日常运营和决策中。整合利益相关者反馈意见，并考虑他们对负责任游戏项目的期望发展。建立有关负责任游戏承诺，行动的正式内部和外部报告机制	忽视了负责任游戏规定

注：本表资料根据《世界彩票协会负责任游戏框架》自行整理。有兴趣读者可登录世界彩票协会网站阅读。网址为：https://www.world-lotteries.org。

2. 国内福利彩票发行管理机构却避开了"游戏"，混淆了责任彩票与负责任游戏的区别

一个典型例证是，2019 年 7 月，中国福利彩票获得世界彩票协会负责任游戏三级认证，认证书上的英文全称为"Level 3 of the WLA Responsible Gaming Framework"（世界彩票协会负责任游戏框架三级认证）。福利彩票发行管理机构却将其翻译成"世界彩票协会责任彩票三级认证"。另一个典型例证是，福利彩票发行管理机构将《世界彩票协会负责任游戏框架》翻译成《世界彩票协会责任彩票框架》，未厘清负责任游戏和责任彩票区别，误将责任彩票标准等同于负责任游戏标准。国家与地方福利彩票发行管理机构明确阐释责任彩票包含 5 层含义：未成年购彩保护、问题彩民防治、从业者和相关利益方诉求与权益、公开公平的市场秩序、社会与环境危害预防。由此可知，游戏及成瘾性控制只是责任彩票的组成部分而已，且 5 层含义均与福利彩票公益金社会责任无关。这表明国家与地方福利彩票发行管理机构存在不准确解读、参照《世界彩票协会负责任游戏框架》的做法，致使福利彩票公益金社会责任体系建设方向出现偏误。

世界彩票协会制定的1~4级负责任游戏认证申请指南均设置了如下10个要素：调查研究、员工计划、零售商计划、游戏设计、远程游戏渠道、广告与营销传播、购彩者教育、问题彩民治疗转诊、利益相关者参与、报告与评估。10个要素具有明显市场化特征，这表明《负责任游戏框架》并非针对福利彩票公益金使用管理而设。

（六）《社会责任指南》（ISO26000—2010）学理渊源偏误的主要表现及原因

2012~2016年，中国标准化研究院牵头制定了GB/T36000—2015《社会责任指南》国家标准。项目组在编制过程中参照了ISO26000：2010《社会责任指南》国际标准。项目组研究后指出，ISO26000：2010《社会责任指南》将"政府"与一般组织加以区分，其定义的"组织"不适用于政府（含事业单位），依据是ISO26000：2010《社会责任指南》标明"组织不包括履行国家主权职能时的政府，如行使立法、执法和司法权力，为实现公共利益而制定公共政策，或代表国家履行国际义务等。"为此，项目组对这个国际标准中的"组织"作出了适合国情的定义（于帆、陈元桥，2015）。

尽管ISO26000：2010《社会责任指南》在引言中注明，其旨在将适用范围扩大到包括企业在内的所有类型的组织，然而分析表3核心主题和议题可知，ISO26000：2010《社会责任指南》仍主要适用于企业。有鉴于此，福利彩票机构使用该指南时仍需严谨论证。

二、社会责任科研成果服务力弱

学术界的福利彩票公益金社会责任科研成果累积量不大，产出高质量成果的能力较弱，科研成果转化率不高，服务福利彩票公益金社会责任体系建设的能力较弱。从社会责任视角研究福利彩票公益金的科研成果极少。福利彩票公益金资助项目过程跟踪研究、绩效评估结果应用和社会责任辨识与融合等科研成果很少。经验、体会、感悟等研究内容较多，科学研究相对较少。有些科研团队误将经验当成科学知识，误将个案研究结论当成科学研究结论。文献下载量和文献被引量总量虽呈现逐年增加趋势，但两者年度增长率波动幅度较大，且长期持续低迷，学术贡献不大。外文文献缺乏，国际传播力较弱。知识产出贡献覆盖面和学术影响力不高，学术声望不太高。

三、社会责任科研方向略有偏差

学术界对福利彩票公益金社会责任概念、内涵、构成、边界、标准、框架体系研究存在较大分歧。福利彩票社会责任、责任福利彩票、福利彩票公益金社会责任、福利彩票发行管理机构社会责任之间的区别与包含关系究竟怎样，学术界尚未给出有说服力的论证。

1. 福利彩票公益金社会责任"独立"性研究不足

将福利彩票公益金使用管理研究等同于福利彩票公益金社会责任研究。将责任福利彩票研究和福利彩票机构社会责任等同于福利彩票公益金社会责任研究。学术界的研究主要侧重游戏成瘾控制、投注者过度投注、未成年人投注保护和福利彩票公益金投入。对福利彩票公益金社会责任应用型政策研究不足。

2. 福利彩票公益金社会责任全流程深度研究不足

对福利彩票公益金项目资助前的需求调查和社会质疑回应不足。对福利彩票公益金社会责任辨识、社会责任沟通、社会责任融入、道德原则与可持续发展等仍缺乏必要研究。

3. 对福利彩票公益金资助项目的社会效应、政治因素、项目的文化遗产价值等研究不足

未针对福利彩票公益金资助项目实施过程中的政府官员理念、上下级机构联动机制、福利彩票公益金资助项目与财政资金支持的公共物品供给竞争等内容开展必要研究。对福利彩票公益金资助项目与文化遗产价值之间的关系缺乏深入研究。

总体看，学术界对福利彩票公益金使用管理透明性、合法合规性、受益方福祉、绩效评估指标、审计监督、社会责任指标及报告编制、利益相关方等主要内容仍缺乏针对性深入研究。

第四节
地方政府本级留成福利彩票公益金社会责任体系不健全

地方政府本级留成福利彩票公益金资助的各类项目社会责任建设成效是反映福利彩票公益金社会责任体系健全程度的重要指标，是反映福利彩票公益形象和美誉度的晴雨表。然而，在资助实践中，项目运行存在不稳定和非连续性等突出问题，项目缺乏可持续发展特征。福利彩票公益金使用管理单位不太注重项目社会责任融入，存在明显的形式主义和官僚主义作风。这些问题在一定程度上影响了福利彩票公益金社会责任体系建设。

一、项目可持续性稳定机制不完善

在考察的 22 种扶老项目类别中，有 15 种项目类别属于波动型，占比 68.2%。只有"给老年人送米面油等生活必需品"一种类别长期稳定发展。在考察的 23 种助残项目类别中，有 18 种项目类别属于波动型，占比 72.3%。只有赠送营养健康食品、资助残疾人教育和助学金三种项目类别累计运行 11 年，其他项目运行年份较少，且缺乏连续性和稳定性。在考察的 26 种救孤项目类别中，有 16 种项目类别属于波动型，占比 61.5%。在考察的 29 种济困项目类别中，有 25 种项目类别属于波动型，占比 86.2%。在考察的 32 种社会公益项目类别中，有 17 种项目类别属于波动型，占比 53.1%。其中，慰问孤寡老人、一线环卫工爱心驿站、慰问老党员、爱心送考和两癌救助等项目更加缺乏连续性和稳定性。

二、项目社会责任融入机制不完善

地方政府本级留成福利彩票公益金资助的扶老、助残、救孤、济困、赈灾、社会公益 6 大类项目社会责任融入机制建设仍存在很多问题。福利彩票公益金使用管理单位偏重资金投入环节的宣传报道，对 6 大类项目后期效果评估与项目报告等社会责任体系建设仍不太重视，更多是将 6 大类项目写成新闻稿，而不是从社会责任建设角度统筹考虑。福利彩票公益金使用管理单位主要通过官方网站报道6大类项目，未能争取更多彩票行业内媒体和彩票行业外媒体参与，社会支持力较弱，导致信息披露渠道比较狭窄，对社会期望回应不足。福利彩票公益金社会责任规划、实施机制、后期沟通、受益方信息、财务信息等都较为缺乏。例如，在扶老类项目中，地方政府福利彩票机构自己开展项目绩效评估的比例是80.4%。在助残类和救孤类项目中，使用"文字+图片+财务款单凭证"总结项目实施情况的比例是0.1%和0.0%，财务信息不透明。在济困类项目中，福利彩票发行管理机构将济困项目报道位置放在官方网站三级链接的比例是95.6%，放在官方网站首页的比例是1.7%，访问路径过长。在社会公益项目中，福利彩票发行管理机构在官方网站披露信息占比95.5%，彩票行业内外媒体参与率低，社会支持力较弱。总体上看，地方政府本级留成福利彩票公益金资助的六大类项目社会融入和社会责任体系建设依旧任重而道远。

第九章

福利彩票公益金社会责任体系建设对策

在所有使用管理彩票公益金的部门和单位中，福利彩票发行管理机构的彩票公益金社会责任体系最完善，尤其是中国福利彩票发行管理中心和省级福利彩票发行管理机构。除了中国红十字总会以外的其余12家部门和单位的彩票公益金社会责任建设工作仍较为迟缓。目前，我国暂不具备同时要求12家部门和单位都建立彩票公益金社会责任体系建设发展战略、计划或指南以及编制发布独立彩票公益金社会责任报告的条件。但这并非不要求这些部门和单位履行逐步建立健全彩票公益金社会责任体系的义务。为此，国家（财政部牵头）应统筹规划，建章立制，要求所有彩票公益金使用管理部门和单位逐步制定彩票公益金社会责任体系建设发展战略、计划或指南、管理体制和监督检查机制，尽快发布完整的彩票公益金使用公告或报告。在使用公告中补全项目绩效评价、社会责任融入、社会责任沟通等内容，增强社会回应，为以后编制发布独立的彩票公益金社会责任报告奠定基础，促进彩票公益金社会责任治理水平快速提高。

第一节
制定福利彩票公益金社会责任发展战略规划

福利彩票公益金社会责任体系建设是一个较为复杂的系统工程。福利彩票公益金覆盖范围广、使用部门和单位多，彩票公益金社会责任体系建设参差不齐，且绝大多数使用管理单位一直未发布彩票公益金社会责任报告。因此，国家需做好顶层设计，统一规划，构建多主体协同发展框架，要求所有使用管理彩票公益金的部门和单位都必须建立健全彩票公益金社会责任体系，并编制发布独立的彩票公益金社会责任报告。

一、国家主导，强制实施

国家需设计一个多主体合作共建的整体发展框架，具体可先由财政部和民政部制定方案，报国务院批准后实施。其他使用彩票公益金部门和项目执行单位可在执行国务院批准后的方案基础上据情微调。目前，民政部门和中国红十字总会已编制发布独立的彩票社会责任报告或彩票公益金项目绩效报告，两者可在现有基础上编制发布独立的彩票公益金社会责任报告，即民政部门可以发布彩票社会责任报告和彩票公益金社会责任报告；中国红十字总会可发布彩票公益金社会责任报告或彩票公益金项目绩效报告。其他仍没有编制发布独立的彩票公益金社会责任报告或彩票公益金项目绩效报告的单位应尽快发布，向社会公告彩票公益金社会责任体系建设情况。对于在年度行业统计公报中明示彩票公益金金额、去向而无使用绩效的单位（例如中国残疾人联合会）以及只用寥寥百字轻描淡写公告彩票公益金数额、去向且无使用绩效评价的单位（例如国家机关事务管理局和北京社会管理职业学院）均应尽快发布独立、详实、完整的彩票公益金社会责任报告或彩票公益金项目绩效报告，向社会公告彩票公益金社会责任体系建设情况。

二、分工履责，协同发展

民政部门是中国福利彩票发行管理中心主管单位，也是福利彩票公益金主要使用管理单位。民政部和中国福利彩票发行管理中心应制定福利彩票公益金社会责任发展战略规划和计划，编制福利彩票公益金社会责任指南，指导地方民政部门和地方福利彩票发行管理机构开展本级福利彩票公益金社会责任体系建设，编制发布本级福利彩票公益金社会责任报告。全国社会保障基金理事会、其他使用管理彩票公益金的部门和单位既可借鉴民政部门制定的彩票公益金社会责任体系建设发展战略、计划或指南，又可以独立制定彩票公益金社会责任体系建设发展战略、计划或指南，开展本系统福利彩票公益金社会责任体系建设，编制发布福利彩票公益金社会责任报告或彩票公益金项目绩效评价报告。财政部门是彩票公益金监管部门和使用单位，与上述彩票公益金使用管理部门和单位不同，其既可在至今仍连续发布的年度全国彩票公益金筹集、分配使用情况公报中细化彩票公益金使用成效，也可单独制定或参照民政部门编制的指南，发布独立的彩票公益金社会责任报告或彩票公益金项目绩效评价报告。

第二节
健全福利彩票公益金社会责任公示制度体系

福利彩票公益金社会责任体系健全与否的主要衡量指标为是否编制发布福利彩票公益金社会责任指南和福利彩票公益金社会责任报告。编制发布后两者是健全彩票公益金使用绩效公告制度的重要指标。

一、规范福利彩票公益金社会责任公告制度体系

（一）编制福利彩票公益金社会责任指南

目前，中国福利彩票发行管理中心虽然制定了中国福利彩票社会责任标准规范和中国福利彩票社会责任省级指标体系，但是并未制定中国福利彩票公益金社会责任指南。福利彩票发行管理机构可从福利彩票公益金社

会责任内涵、社会责任辨识、社会责任发展战略规划、公民人权、福利彩票公益金使用、资金预算与执行、资助项目、项目管理、绩效评价、社会公告、监督检查、社会支持与发展、附录等方面作出系统规划。这部分内容将在后文编制的《福利彩票公益金社会责任指南》中详细论述。

（二）发布福利彩票公益金社会责任报告

1. 重视福利彩票公益金社会责任报告编制发布工作

在彩票公益金社会责任报告编制发布动机方面，应改变把彩票公益金社会责任报告视为业绩宣传手册的想法。在彩票公益金社会责任报告发行方式上，可在保留赠阅方式基础上增加公开出版发行方式。在彩票公益金社会责任报告发布渠道方面，应在官方网站上提供可下载的电子版完整报告。在独立性方面，应将彩票公益金社会责任内容从行业统计公报中分离出来，发布独立的彩票公益金社会责任报告。

2. 完整设计福利彩票社会责任报告指标和内容

具体可参考使用福利彩票公益金社会责任内涵、社会责任辨识、社会责任发展战略规划、公民人权、福利彩票公益金使用、资金预算与执行、资助项目、项目管理、绩效评价、社会公告、监督检查、社会支持与发展、附录等指标和内容。

二、健全福利彩票公益金"三项报告"制度体系

福利彩票公益金使用"三项报告"是指项目执行报告、结项报告和项目绩效评价报告。福利彩票公益金资助项目或活动应有完整的计划、工作框架、活动过程报告、资金使用报告、结项报告和项目绩效评价报告。

（一）项目执行报告

福利彩票公益金资助项目或活动结束后，项目执行方应发布项目执行报告，报告项目背景、工作框架、工作阶段及具体工作、各个项目受益人名称及所在地区和受益人数等具体信息。项目执行报告可以独立发布，也可以放在年度福利彩票公益金社会责任报告中，或在年度彩票公益金使用情况公报中体现。项目执行报告只需报告关键、有效、公众关切、核心的信息，但不应受字数、格式等形式要素限制。

（二）项目结项报告

福利彩票公益金资助项目执行方应通过发布结项报告，向社会公告诸如仓库管理流程、后续工作、受益地区、物品数量和金额、领款回执单等资料扫描件或照片。尤其是受益信息和财务信息应完整，项目结项报告中应包括资助物品金额、金额小计、执行及运费、监管支出、费用合计、受益人签收单、收款收据、领款回执单、发票、银行电子回单等财务类资料扫描件或照片。项目结项报告只需报告关键、有效、公众关切、核心信息，但不应受字数、格式等形式要素限制。

（三）绩效评价报告

福利彩票公益金资助项目执行方应通过发布项目绩效评价报告。绩效评价报告应详细介绍捐赠物品和资金的具体流向、每类项目的使用额及成效、绩效评价得分、影响绩效因素、总体评估等内容。项目执行报告可以独立发布，也可以放在年度福利彩票公益金社会责任报告中，或在年度彩票公益金使用管理情况公报中体现。项目绩效评价报告只需报告关键、有效、公众关切、核心的信息，但不应受字数、格式等形式要素限制。

三、细化资金使用信息披露和项目绩效评价指标

信息披露和绩效评价在各级各地区发布的福利彩票社会责任报告中已有所体现，它们是福利彩票社会责任报告中主要指标。目前，除了中国红十字总会以外，其他所有使用管理彩票公益金的单位设置的信息披露和绩效评价指标仍很简略。彩票公益金使用管理单位可按《彩票公益金管理办法》《民政部彩票公益金使用管理办法》《民政部彩票公益金使用管理信息公开办法》对彩票公益金使用信息披露和绩效评价作出宏观性、原则性规定，细化信息披露和绩效评价指标体系，增强透明度，回应社会期望。对此，彩票公益金使用管理单位可以借鉴中国红十字总会发布的2011年度到2020年度彩票公益金项目绩效评价报告与《2018年河北省中央专项彩票公益金支持地方社会公益金事业发展专项资金绩效评价报告》。

第三节
健全福利彩票公益金社会责任法律法规和新技术监管措施

福利彩票公益金使用管理部门制定福利彩票公益金社会责任发展战略规划、计划、指南以及编制发布福利彩票公益金社会责任报告仍需法律法规保障。随着国家治理战略和区块链等新技术发展，福利彩票公益金社会责任法律法规和技术监管措施也面临着一些新挑战、新问题和新机遇。福利彩票公益金使用管理单位可顺应技术治国大趋势，将区块链等新技术融入福利彩票公益金社会责任法律法规，用新技术辅助法律法规监管工作。积极探索元宇宙监管方式。

一、进一步完善福利彩票公益金社会责任法律法规

目前，福利彩票公益金社会责任体系建设仍处于部门规章调节阶段，立法层级仍需提高。财政部、民政部和中国福利彩票发行管理中心应尽快研究制定福利彩票公益金社会责任体系建设法律法规。财政部、民政部适时建议国务院修改《彩票管理条例》和《彩票管理条例实施细则》。在《彩票管理条例》中，在第四章"彩票资金管理"增设彩票公益金使用管理社会责任建设的条款。《彩票管理条例实施细则》也做对应修改。

二、完善福利彩票公益金社会责任新技术监管措施

影响福利彩票公益金社会责任建设的技术性因素有很多。区块链技术、物联网等新兴网络基础设施的发展对福利彩票公益金社会责任建设具有推动作用。在福利彩票公益金资助项目审批管理、福利彩票公益金分配使用管理、福利彩票公益金审计、信息公示等方面使用智能合约技术跟踪全流程。用"信任机器"监管滥用、挪用福利彩票公益金等违法违规行为。建立高度信任的福利彩票公益金使用管理社会信用机制。

（一）开展监管沙盒2.0试点，规范福利彩票公益金使用秩序

将侧重技术监管的产业沙盒与侧重法规监管的监管沙盒1.0合并升级为重视技术、法规的监管沙盒2.0。财政部综合司、民政部和中国福利彩票发行管理中心可将部分福利彩票公益金使用单位作为监管沙盒2.0试点单位，用新技术监管新技术，在监管沙盒2.0基础上研究制定标准。国家制定相应的引导措施，监管试点单位运行全过程，观察其对福利彩票发行的影响程度。

（二）构建福利彩票公益金社会责任联盟许可链治理体系

监管联盟许可链针对福利彩票公益金分配使用而设，主要由财政、民政、公安、网信办、审计、其他使用管理福利彩票公益金单位及有关部门组成。监管联盟许可链应封闭运行。财政部门使用跨链技术和分片技术构建国家级与地方各级财政联盟许可链，将福利彩票公益金资助项目管理、资金拨付等全流程业务信息和行为纳入联盟许可链，确保福利彩票公益金使用管理流程和使用行为可溯源。将审计部门纳入财政联盟许可链，对福利彩票公益金数据、正在建设的资助项目开展全方位、实时、动态及整合性审计，监督总账和账目流水。研究建设基于联盟许可链的第三方机构负责运行的福利彩票公益金资助项目交叉审计监督协作平台，确保福利彩票公益金使用管理可追溯，过错可追责。研究基于安全合约而非智能合约的福利彩票公益金社会责任使用管理联盟许可链。

（三）开展理论研究和宣讲，建立长期培训机制

福利彩票发行管理机构可与本地区科研院所、企业、民间专业研究机构合作，开展政策理论研究。中国福利彩票发行管理中心应总结我国区块链行业发展经验，梳理典型案例，建立专业人才长期培训机制。组建专业培训团队，面向省市两级福利彩票发行管理机构工作人员和所有使用福利彩票公益金单位开展宣讲。重点培训区块链技术支持下的福利彩票公益金社会责任建设与法规建设联盟许可链、国内外区块链技术支持下的彩票公益金使用管理发展情况以及国家构建新兴技术快速变革趋势下的福利彩票公益金社会责任治理措施等内容。

（四）健全区块链赋能福利彩票公益金使用和审计追踪制度，建立福利彩票公益金项目异常情况网络直报系统

探索建立基于联盟许可链的全国福利彩票公益金项目网络直报系统，研究将目前的区县级到国家级串行审核逐级上报系统改革为常规上报系统和重大事项直报系统。重大事项直报系统设定固定触发额度（例如50万元起），当某个资助额度达到50万元的福利彩票公益金项目出现异常时，重大事项直报系统自动触发，使用单位或相关责任单位直接在系统中填报异常情况，系统中的各级单位都可以及时看到信息，福利彩票公益金使用单位或责任单位以及上级单位可在直报过程中补充审核。重大事项直报系统是一种异步并行直报系统，比串行审核上报系统更快捷。常规上报系统不设固定自动触发额度，其流程和目前的线下串行审核逐级上报制度流程相同，区别是常规上报系统采取网络化报送方式。

（五）完善区块链+福利彩票公益金使用管理社会责任法规

区块链是智能空间的底层基础设施和平台工具，能很好地解决福利彩票公益金使用管理无法智能追踪等问题。可在《彩票管理条例》第四章"彩票资金管理"或在《彩票管理条例实施细则》中增设区块链技术赋能福利彩票公益金使用管理的条款。政府福利彩票发行管理机构应组织社会力量研究区块链的应用场景，探索智能合约在福利彩票公益金分配与使用管理各环节发挥的永久溯源、智能追踪、确权、身份验证等不可替代的作用。

第四节
健全福利彩票公益金资助项目分类标准体系

民政部门、福利彩票发行管理机构、财政部门和其他13家部门是依法可以使用管理福利彩票公益金的4大类部门。在实践中，每类部门都自行设定资助项目的分类标准体系。因此，我国暂时可分类施策，分别建立

适用于民政部门、福利彩票发行管理机构、财政部门、其他部门的四套资助项目分类标准体系。在条件成熟后,可将4套项目分类标准体系统一成一套项目分类标准体系。

一、健全民政部门和福利彩票机构资助的项目分类标准体系

(一)民政部门资助项目分类标准体系

在国家层面上,1987年以来,民政部一直采用老年人社会福利项目、残疾人社会福利项目、儿童社会福利项目、社会公益项目四大类分类法。这种分类法稳定、易接受,今后可以继续延续四大类分类法。在地方层面上,省级、地市级、区县级等三级民政部门应执行或参考民政部的四大类分类法,逐步健全全国统一的资助项目分类标准体系。

(二)福利彩票发行管理机构资助项目分类标准体系

福利彩票发行管理机构的资助项目分类标准最复杂多样。改革方向可以福利彩票发行宗旨"扶老、助残、救孤、济困"为基准分类,将目前"社会公益"分类中的"赈灾"独立出来作为一大类,将"社会公益"独立作为一大类,将全国各级各地区福利彩票机构资助项目统一分为扶老、助残、救孤、济困、赈灾、社会公益六大类。六大类包含的主要子项目和内容如下:

1. 扶老类项目

扶老大类项目包括养老保障、养老福利和养老公共服务,无论是养老机构类项目、社区类项目还是居家类项目,均列入扶老类项目。主要包括以下几类子项目:

(1)养老机构基础设施设备类项目。例如,养老院、敬老院、光荣院基础设施建设与维修改造、设施设备购置、消防安全、厨卫安全及其他设施设备补助;荣军医院、荣军休养院、军队离退休干部服务机构等养老优抚单位基础设施建设补助与设备购置。

(2)社区养老服务类项目。例如,社区内日间照料站、托老所等养老服务机构基础设施建设、设备购置。

(3)居家养老类项目。例如,城乡困难老年人意外伤害综合保险专项补助和智能紧急呼叫系统。

(4)养老公共服务类项目。例如,养老护理员培训、养老信息系统

建设、养老机构床位补贴、高龄老年人补贴。

（5）其他养老类项目。例如，老年人文体活动、外出参观体验、结婚纪念日庆祝、心理疏导和精神慰藉。

2. 助残类项目

助残大类项目覆盖视力残疾、言语残疾、听力残疾、智力残疾、精神残疾、肢体残疾、多重残疾七类残疾人，主要子项目和内容包括：

（1）残疾人社会福利机构设施设备类项目。例如，残疾人社会福利机构基础设施建设与维修改造，消防安全、厨卫安全等设备购置。

（2）康复器具配置类项目。例如，贫困残疾人安装假肢，为伤残军人、残疾老人、福利机构配置康复器具。

（3）残疾人公共服务类项目。例如，残疾人意外伤害保险和社会保险费减免项目。

（4）残疾人帮扶救助类项目。例如，赠送生活必需品、生活费补贴、医疗救助、就业帮扶、节假日义工服务。

（5）残疾人学习教育和技能培训项目。例如，学前教育、福彩助学子和专业技能培训。六是其他助残类项目。例如，残疾人文体活动、外出参观体验、心理疏导和精神慰藉。

3. 救孤类项目

救孤类项目覆盖对象指在儿童福利院集中供养的孤儿和社会分散供养的孤儿。主要子项目包括：

（1）基本生活帮扶类项目。例如，赠送生活必需品、衣物、被褥、生活费补贴、节假日义工服务。

（2）疾病救治与康复类项目。例如，医疗救助、贫困家庭先天性心脏病孤儿救助、优抚对象短期疗养及更换假肢、康复器具配置、明天计划、脑瘫康复训练示范基地建设。

（3）基础设施设备类项目。例如，精神卫生福利服务设施建设、SOS儿童村房屋修缮和添置设备补助、精神卫生机构建设（如安宁医院）。

（4）学习教育类项目。例如，学前教育、学历教育、远程网络教育，外聘人员的薪资、社保、培训、差旅费，教学环境改造，购置辅助教学通用及专用设备。

（5）就业类项目。例如，大龄孤儿就业实训基地项目。六是公共服务类项目。例如，残疾人事业发展，孤儿、弃婴等困境儿童养育、治疗、康复、特殊教育、蓝天计划。七是其他救孤类项目。例如，孤儿涉外收养、孤儿文体活动、外出参观体验、心理疏导和精神慰藉。

4. 济困类项目

济困类项目针对特困和贫困群体，覆盖《社会救助暂行办法》中的 8 类群体。主要子项目包括：贫困教师救助、农村妇女"两癌救助"、低保家庭福彩助学子、城乡医疗救助、临时救助、农村"五保户"危房改造。

5. 赈灾类项目

将目前社会公益大类中的"赈灾"分离出来，设为"赈灾"类项目。主要子项目包括：灾害紧急救助、灾后恢复重建、灾害救助信息系统建设、灾害救助物联网、防灾减灾示范区建设、防灾减灾人才培训、防灾减灾宣传演练、救灾物资储备库建设、自然灾害避灾点建设。

6. 公益类项目

社会公益类项目体系庞大，主要子项目包括：农村儿童中心、城镇地区儿童福利指导中心设施设备购置等非针对孤儿的儿童社会福利体系建设，慈善超市、流浪乞讨人员救助（设施设备、消防安全设施设备、车辆）、烈士纪念设备设施购置与维修、殡葬设备更新改造和火化尾气净化项目、社会组织、社工服务、民政业务综合信息平台（如居民家庭经济状况核对信息平台）、慈善救助、留守儿童照护、未成年人保护中心、社区社会组织公益创投项目、政府购买服务、民政标准化项目、少数民族地区帮扶援建、大学生创新创业大赛、乡村文化娱乐广场、农村图书馆、禁毒关爱。

二、健全财政及其他部门彩票公益金资助项目分类标准体系

（一）财政部门资助项目分类标准体系

在国家层面上，近年来财政部一直采取多元分类法。财政部将公示的中央专项彩票公益金资助项目分为：未成年人校外教育、乡村学校少年宫、教育助学和大学生创新创业、医疗救助、养老公共服务项目、扶贫项目、残疾人事业、法律援助、农村贫困母亲"两癌救助"、留守儿童快乐家园项目、地方社会公益事业资金 11 大类。个别年份还资助禁毒关爱工程、文化公益事业、出生缺陷干预救助项目。这种分类法比较稳定、易接受，今后可以继续延续此种分类法。在地方层面上，省级、地市级、区县级等三级财政部门应执行或参考财政部的分类法，尚未执行或参考财政部

分类法的省级、地市级、区县级等三级财政部门应尽快改革，逐步建立全国统一的资助项目分类标准体系。

（二）其他部门资助项目分类标准体系

除了民政部门和财政部门之外，我国还有 14 个部门依法可以使用管理彩票公益金，财政部负责公示的年度中央专项彩票公益金资助项目使用管理信息中包括 14 个部门的项目使用金额，但无进度跟踪、使用绩效和结项情况说明等内容。在实践中，14 个部门一般是将项目委托给具体的单位执行。例如，教育部将教育助学项目委托给中国教育发展基金会、全国妇联将农村贫困母亲"两癌救助"项目委托给中国妇女发展基金会。故这些执行单位应公示彩票公益金使用管理情况。但因各行业情况不同，14 个部门执行统一的分类标准难度有些大。对此可采取两种思路：

1. 各部门自主确定标准

其他 14 个部门或委托的执行单位可以自行确定资助项目分类标准体系。在这方面可以借鉴 2011 年以来中国红十字总会发布的《年度彩票公益金项目绩效评价报告》，也可以借鉴河北省发布的《2018 年中央专项彩票公益金支持地方社会公益金事业发展专项资金绩效评价报告》。两个报告编制详细，可堪范例。例如，河北省编制发布的绩效评价报告包括了彩票公益金使用重点、覆盖范围、绩效目标（3 个一级指标、6 个二级指标、16 个三级指标）、指标体系（4 个一级指标、11 个二级指标、25 个三级指标）、评价原则、评价方法、指标权重、评价等级（优良中差四个等次）、评价工作过程、评价结论、评价中发现的问题分析、整改建议、评价结果运用等内容。

2. 财政部引导确定标准

财政部制定统一的资助项目分类标准体系或确定基本框架，其他 14 个部门或委托的执行单位在此基础上确定最终的资助项目分类标准体系或框架。尽管各行业情况不同，但其他 14 个部门使用的都是中央专项彩票公益金，财政部可以确定诸如项目名称、项目类别、项目实际使用金额、结余资金管理、项目进度说明、项目效益等共同要素。其他 14 个部门或委托的执行单位可在此基础上增加应设关键指标，根据财政部印发的《财政支出绩效评价管理暂行办法》确定最终的资助项目分类标准体系或框架。

第五节
加大福利彩票公益金科学研究和社会效益宣传力度

开展福利彩票公益金概念与学理渊源等基础理论研究、政策研究与典型案例研究，加大行业媒体宣传力度，引导科研和舆论方向。

一、加大福利彩票公益金社会责任科学研究力度

各级各地区福利彩票发行管理机构可与当地高校福利彩票研究机构或其他公办研究机构、民间研究机构建立战略合作关系，开展福利彩票公益金社会责任学理渊源基础理论研究与相关政策研究。通过举办线上或线下的理论研讨会、政策论证会、项目评审会、经验交流会、福利彩票公益金社会责任指标体系建设会、社会责任报告编写培训会、学术沙龙等多种形式，论证福利彩票公益金社会责任理论基础，厘清福利彩票公益金社会责任体系建设的学理渊源、法定责任和社会责任的区别。提高福利彩票公益金社会责任科研成果转化率和社会服务能力，为我国福利彩票公益金社会责任体系建设提供强有力支撑。

二、加大福利彩票公益金项目社会效益宣传力度

各级各地区福利彩票发行管理机构可在官方网站上开辟专栏，发布相关研究文章，栏目层级可以设置为一级或二级。目前，很多地区的福利彩票发行管理机构都在官方网站首页设置了"责任彩票"一级栏目。设置二级栏目，发表福利彩票社会责任报告、福利彩票社会责任体系、工作目标、责任彩票内涵、责任彩票认证等内容，可在二级栏目下增加关于福利彩票公益金社会责任体系建设的政策文件与解读、理论研究文章、国际前沿、经验借鉴案例等内容。

充分发挥中国福彩网、中国彩工网、中彩网和《公益时报》中华彩票网等彩票行业知名平台以及《中国社会报》等福利彩票领域知名传媒的宣传作用，客观引导舆论方向；同时也可通过人民网彩票频道、新浪彩票频道、网易彩票频道等影响力较大的彩票频道发表研究文章与评论文章,鼓励学术争鸣。中国福利彩票发行管理中心可充分发挥《中国民政》《国家彩票》《中国社会报福彩周刊》等刊物影响力,科学引导学术方向。发挥"两微一端"影响力,推送具有正向引导价值的研究文章与评论文章,营造健康的社会舆论氛围。探索元宇宙+福利彩票公益金使用管理宣传方式。

第十章

福利彩票公益金社会责任指南

福利彩票公益金社会责任报告是福利彩票公益金社会责任体系建设重要组成部分。2011年以来，中国福利彩票发行管理中心和地方福利彩票发行管理机构仅编制发布了本级福利彩票社会责任报告，至今仍未编制发布本级福利彩票公益金社会责任报告。我们通过前文分析可知，本级福利彩票社会责任报告包含的内容较多，福利彩票公益金社会责任仅是其中的一部分内容，并未独立出来。如今，我国亟需编制发布福利彩票公益金社会责任报告。为此，本书特编制一份福利彩票公益金社会责任指南，为各级各地区福利彩票发行管理机构和其他使用福利彩票公益金单位编制发布本级福利彩票公益金社会责任报告提供参考。

第一节
福利彩票公益金社会责任指南编制依据概述

尽管从2014年至今，全国各级各地区福利彩票发行管理机构并未编制发布福利彩票公益金社会责任指南，但是却编制发布了很多份本级福利彩票社会责任报告，积累了不少宝贵经验，这为编制福利彩票公益金社会责任指南奠定了基础。因此，分析福利彩票社会责任报告中的指标、内容以及其所依据的国内外标准规范、指南对编制福利彩票公益金社会责任指南至关重要。福利彩票公益金社会责任报告是福利彩票社会责任体系建设的重要组成部分。由于福利彩票公益金使用管理单位内部的社会责任体系建设的真实情况无法真实知晓，福利彩票公益金社会责任报告便成为评判社会责任体系建设成效的核心指标。截至目前，我国各级各地区福利彩票发行管理机构和福利彩票公益金使用管理单位尚未编制发布本级福利彩票公益金社会责任报告，福利彩票机构已经发布的本级福利彩票社会责任报告包含福利彩票公益金社会责任内容，虽与福利彩票公益金社会责任报告不同，但其编制依据参考了国内外多部社会责任指南或指标体系，对编制福利彩票公益金社会责任报告有一定借鉴价值。故本部分首先梳理2013年以来我国各级各地区福利彩票发行管理机构编制发布的本级福利彩票社会责任报告的参考标准、指南或依据，从中提炼出编制福利彩票公益金社会责任指南可借鉴的标准、指标和建设思想①。

一、国内福利彩票社会责任报告编制依据

从2011年全国首份福利彩票社会责任报告发布至今，我国福利彩票社会责任报告编制依据发展历程可划分为两个阶段。

（一）自行探索阶段的编制依据

2011~2013年是我国福利彩票社会责任建设的初期阶段，各地区福利彩票发行管理机构开展福利彩票社会责任体系建设和编制福利彩票社会责任报告也处于初期阶段，特点是极少数地区自行探索，中国福利彩票发行管理中心并未制定全国统一发展的战略规划。中国福利彩票发行管理中

---

① 全国各级各地区福利彩票机构是福利彩票公益金使用管理主要单位，教育部、中国残疾人联合会、中国红十字总会等其他15个系统也是福利彩票公益金使用单位。由于福利彩票机构是福利彩票发行管理主体，社会对其编制发布福利彩票公益金社会责任报告充满期待，对其他使用彩票公益金单位是否发布社会责任报告的关注度不太高。2013年以来全国发布的福利彩票社会责任报告基本都是福利彩票机构编制的，其他使用福利彩票公益金的单位未发布福利彩票社会责任报告。所以，本书主要分析福利彩票机构编制发布的社会责任报告和社会责任体系建设，但不限于此。其他使用福利彩票公益金的单位也应发布福利彩票社会责任报告，本书编制的福利彩票公益金社会责任指南对其具有同样的借鉴价值。

心制定了中国福利彩票社会责任标准规范，并编制发布了《2013 中国福利彩票社会责任报告》。该报告参照了国内外三个标准规范和指南，在编写标准中明确注释"本书撰写参照《中国福利彩票社会责任标准规范》，中国社会科学院《中国企业社会责任报告编写指南（CASS—CSR3.0）》，全球报告倡议组织可持续发展报告指南（G4）"。同年，浙江省编制发布了《2013 浙江福利彩票社会责任报告》，这份福利彩票社会责任报告并没有注明参照了哪些国内外社会责任报告标准规范和指南。这一时期，我国福利彩票社会责任体系建设和福利彩票社会责任报告编制处于探索初期，各级各地区福利彩票发行管理机构基本都未编制发布本级福利彩票社会责任报告，也不披露本级福利彩票社会责任体系建设情况，故无法全面梳理编制依据。

（二）规范标准且又多元化发展阶段的编制依据

2014 年是我国福利彩票社会责任建设元年。2015 年至今，我国福利彩票社会责任建设进入规范标准且又多元化发展的新阶段。

1. 规范标准特征主要体现

（1）国家福利彩票社会责任建设和社会责任报告编制进入规范标准阶段。中国福利彩票发行管理中心依据 2013 年制定的《中国福利彩票社会责任标准规范》以及其他标准规范继续编制发布本级福利彩票社会责任报告。2014~2015 年，中国福利彩票发行管理中心发布的中国福利彩票社会责任报告参照的标准规范、指南和 2013 年相同。

（2）地方福利彩票社会责任建设和社会责任报告编制也进入规范标准时期。中国福利彩票发行管理中心鼓励、引导和帮助全国各地区福利彩票机构开展社会责任体系建设和社会责任报告编写工作。2015 年 6 月 12 日，中国福利彩票发行管理中心在安徽省合肥市举办了由全国 32 家地方福利彩票发行管理机构参加的全国福利彩票社会责任报告编写培训会①。

---

① 2018 年 7 月中国福利彩票发行管理中心在昆明举办"第二届全国福彩系统社会责任能力提升培训班"，来自全国 32 个省市福彩机构 60 多名学员参加培训。授课主题是"从经济学角度分析彩票的正负面影响""彩票的政府规制""当前国际国内彩票理论研究现状""彩票未来发展的思考""福彩中心如何做公益：新理念与新方式"。这些主题与彩票公益金社会责任没有直接关联，与彩票社会责任关联度也不高。只有中国福利彩票发行管理中心社会责任建设负责人员讲授的彩票社会责任标准和责任彩票三级认证申报符合会议主题。本次会议还为申请世界彩票协会"责任彩票三级认证"作铺垫。

之后，中国福利彩票发行管理中心制定了中国福利彩票社会责任报告省级指标体系，为各地区开展福利彩票社会责任体系建设和编制社会责任报告提供了重要依据。

2. 多元化发展特征主要体现

（1）中国福利彩票发行管理中心编制发布福利彩票社会责任报告的依据具有多元化特征。中国福利彩票发行管理中心编制发布的《2016中国福利彩票社会责任报告》借鉴的标准规范和指南共8个，比2013~2015年增加了5个，在报告参考标准中明确注释"本报告撰写参照《中国福利彩票社会责任标准规范》，中国社会科学院《中国企业社会责任报告编写指南（CASS—CSR3.0）》，全球报告倡议组织（GRI）可持续发展报告指南（G4），国家标准化管理委员会《社会责任指南》（GB/T36000—2015）、《社会责任报告编写指南》（GB/T36001—2015）、《社会责任绩效分类指引》（GB/T36002—2015），国际标准化组织社会责任国际标准ISO26000，联合国可持续发展目标2030（SDGs）。"

（2）地方福利彩票发行管理机构编制发布福利彩票社会责任报告的依据也具有多元化特征。2014年之后，地方各级福利彩票发行管理机构开始编制发布本级福利彩票社会责任报告，但编制依据呈现多元化特征，这种特征一直延续至今。广西壮族自治区（2014年）、辽宁省（2017年）、广东省（2017年）、河北省（2017~2018年）福利彩票社会责任报告依据的标准规范、指南和中国福利彩票社会责任报告参照的标准规范、指南相同。甘肃省（2014年）、广东省（2014年）、湖北省（2018年）福利彩票社会责任报告依据的标准规范、指南是《中国福利彩票社会责任指标体系省级指标》、中国社会科学院《中国企业社会责任报告编写指南（CASS—CSR3.0）》。《2014年深圳市福利彩票社会责任报告》只参照了"G4标准"。《2014年重庆市福利彩票社会责任报告》只参照了《中国企业社会责任报告编写指南（CASS—CSR3.0）》。浙江省（2016~2018年）、辽宁省（2018年）、福建省（2016~2018年）福利彩票社会责任报告只参照了《中国福利彩票社会责任标准规范》。湖北省（2016~2017年）福利彩票社会责任报告参照了《中国福利彩票省级社会责任指标》和中国社会科学院《中国企业社会责任报告编写指南3.0》。广西壮族自治区（2016年）、湖南省（2017年）、广东省（2018年）福利彩票社会责任报告只参照了《中国福利彩票社会责任省级指标体系》。宁夏回族自治区和安徽省发布的福利彩票社会责任报告参照的标准规范和指南相对较多。例如，宁夏回族自治区2018年福利彩票社会责任报告参照了"全球报告倡议组织（GRI）可持续发展报告指南（G4）、《社会责任报告编写指南》（GB/T36001—2015）、中国社会科学院《中国企业社会责任报告编写指南（CASS—CSR3.0）》"。安徽省发布的2018年福利彩票社会责任报告借鉴了"全球报告倡议组织（GRI）可持续发展报告指南（G4）、中国社会科学院《中国企业社会责任报告编写指南（CASS—CSR3.0）》"。与此同时，全国仍有一些地区福利彩票发行管理机构发布的本级福利彩票社会责任报告均未注明参照任何社会责任标准规范、指南。例如，浙江省（2013~2015年）、辽宁省（2014年）、海南省（2014年）、安徽省（2014年）、湖北省（2014年）、湖南省（2014年）、江西省（2014年）、江苏省（2017年）、贵州省（2017年）、河南省（2018年）、江西省（2018年）、云南省（2018年）以及杭州市（2015年）、温州市（2014年）本级福利彩票社会责任报告。上述地区自建标准，这也是地方福利彩票发行管理机构编制发布本级福利彩票社会责任报告的依据具有多元化特征的一种表现。

综上所述，2014年以来全国各级各地区福利彩票发行管理机构编制本级福利彩票社会责任报告时依据的标准、指南既有规范标准特征，又有多元化发展特征。中国福利彩票发行管理中心尊重各地区差异化事实。不过，中国福利彩票发行管理中心参考了多份国内外社会责任标准规范和指南，将企业社会责任指标、社会组织社会责任指标和政府社会责任指标混合使用，其导致的一个突出问题是社会责任理念逻辑混乱。

二、福利彩票公益金社会责任指南编制依据

从前文全国各省福利彩票社会责任报告构成要素统计结果可知，福利彩票公益金社会责任只是福利彩票社会责任报告中的组成部分，在有些地区的福利彩票社会责任报告中，其所占比例还很低。因此，各省福利彩票社会责任报告无法成为编制福利彩票公益金社会责任指南的主要依据。本书提取其中的福利彩票公益金使用部分的指标、内容，将其作为福利彩票公益金社会责任指南的构成要素。

从上述各级各地区福利彩票社会责任报告编制依据发展阶段分析结果可知，福利彩票发行管理机构已发布的福利彩票社会责任报告主要融合了企业社会责任报告、国际行业组织制定的社会责任标准、机关事业单位社会责任报告中的指标。福利彩票公益金社会责任也只是福利彩票社会责任体系的组成部分。因此，各级各地区福利彩票社会责任报告编制依据也无法作为福利彩票公益金社会责任指南编制主要依据。

有鉴于此，本书尝试编制的《福利彩票公益金社会责任指南》主要参考 2013 年中国福利彩票发行管理中心制定的《中国福利彩票社会责任标准规范》、2014 年以来我国地方福利彩票发行管理机构编制发布的本级福利彩票社会责任报告和《社会责任指南》（GB/T36000—2015）国家标准，编制福利彩票公益金社会责任指南。

本指南借鉴《中国福利彩票社会责任标准规范》和地方福利彩票发行管理机构编制发布的福利彩票社会责任报告中的福利彩票公益金使用部分的指标、内容，不借鉴领导致辞、福利彩票游戏介绍、党建工作、福利彩票销售、开奖、技术系统建设、渠道建设、投注站形象化建设、内部管理、职工培训、中奖与纳税、投注站业主就业贡献、职工劳动合同签订率、职工社会保险参保率、职工住房公积金缴纳、工会活动、职工文体活动、职工结构、职工招聘等指标、内容。

本指南借鉴《社会责任指南》（GB/T36000—2015）中的术语、社会责任基本原则、组织治理、人权、社区支持与发展 5 个部分的一些内容，但在使用中根据我国福利彩票公益金社会责任体系建设需要对其作出了修正与重新解释。本指南不参考《世界彩票协会负责任游戏框架》《社会责任指南》（ISO26000—2010）《社会责任标准》（SA8000—2008）《中国企业社会责任报告指南 3.0/4.0》等标准规范体系、指南（见表 10 - 1）。

表 10 - 1　　国内福利彩票社会责任报告参考的国内外标准规范体系和指南简介

标准	标准类型	核心内容	适用
国际认证联盟（IQNet）	质量、管理认证标准	产品质量和服务质量	组织
中国质量认证中心社会责任管理体系（SR10：2015）	管理认证标准	所有者、股东与投资方、环境、社区与社会、政府、竞争者、联盟与协作、产品与服务的提供方、顾客、员工等利益相关方	组织
中国企业社会责任报告编写指南（CASS—CSR3.0/4.0）	管理体系指南	全生命周期管理	企业
中国福利彩票社会责任标准规范	管理体系指南	社会责任报告编制和绩效管理	福彩

续表

标准	标准类型	核心内容	适用
中国福利彩票社会责任省级指标体系	管理体系指南	社会责任报告编制和绩效管理，指标多元，各地有差异	福彩
全球报告倡议组织可持续发展报告指南（G4）	道德规范指南	经济业绩、环境业绩和社会业绩	企业
《社会责任指南》（GB/T36000—2015）	指南框架	组织治理、人权、员工、环境、公平运行实践、消费者、社区	组织
《社会责任报告编写指南》（GB/T36001—2015）	指南释义	编制背景、编制过程、标准适用范围、标准主要内容、重要技术说明	组织
《社会责任绩效分类指引》（GB/T36002—2015）	绩效指标	三级绩效。第一级核心主题7项，第二级议题31项、第三级223项行动	组织
国际标准化组织社会责任国际标准 ISO26000—2010	指南框架	人权、利益相关方、员工、组织治理、环境、公平运行实践、消费者、社区	组织
联合国可持续发展目标2030	道德规范指南	经济、社会、环境领域17项可持续发展目标及169项具体目标，各国到2030年实现经济增长、社会包容与环境美好的三位一体协调发展	组织

注：本表根据各标准规范和指南整理。

第二节
社会责任指南全文

由表 10-1 可知，国内福利彩票社会责任报告参考的国内外社会责任标准规范体系和指南有些乱，这些标准规范体系和指南并无一份是直接针对福利彩票公益金社会责任体系建设和福利彩票公益金社会责任报告编制而研发的标准规范体系、指南。

本书编制的《福利彩票公益金社会责任指南》不采用企业社会责任指标和境外国家、国际组织制定的与福利彩票公益金社会责任无关的标准规范体系和指标。福利彩票公益金社会责任体系和福利彩票社会责任体系不同。福利彩票发行销售采取市场化机制，福利彩票社会责任体系建设和报告编制可以借鉴企业社会责任指标；福利彩票公益金拨付使用是财政行为、政府行为，福利彩票公益金社会责任体系建设和报告编制不适合借鉴企业社会责任指标。福利彩票公益金社会责任指南主要包括范围、规范性引用标准和指南、术语和定义、核心主题和议题等四个部分。其中，核心主题和议题主要包括社会责任建设战略规划、福利彩票公益金分配使用、福利彩票公益金预算与执行、根据发行宗旨设定的资助项目、项目管理、绩效评价、社会公告、监督检查、社会支持与发展、总体评价与问题分析、附录等指标、内容。

本指南框架结构遵循国内外社会责任指南标准的框架结构，将《福利彩票公益金社会责任指南》视为一个独立整体，故本指南结构与本书其他章节的结构不同。

福利彩票公益金社会责任指南

1 范围

本指南主要为福利彩票发行管理机构开展本级福利彩票公益金社会责任体系建设和编制本级福利彩票公益金社会责任报告提供借鉴，旨在帮助福利彩票发行管理机构在遵守法律法规、福利彩票发行宗旨和道德规范的基础上，建立健全本级福利彩票公益金社会责任体系，打造福利彩票公益品牌，促进社会福利事业与社会公益事业健康可持续发展。

本指南适用于包括福利彩票发行管理机构在内的所有使用管理福利彩票公益金的组织。在借鉴本指南时，建议福利彩票公益金使用管理组织充分考虑本级福利彩票公益金收入、支出、资助对象总量与类型结构、物价、财力等实际状况和条件。本指南不适用于认证目的，也不包含要求，仅为福利彩票公益金使用管理组织编制本级福利彩票公益金社会责任报告和开展本级福利彩票公益金社会责任体系建设提供相关建议。

2 规范性引用标准和指南

本指南主要参考《中国福利彩票社会责任标准规范》《中国福利彩票社会责任省级指标体系》和《社会责任指南》（GB/T36000—2015）国家标准。

3 术语和定义

下列术语和定义适用于本指南。

3.1 福利彩票公益金

福利彩票公益金是从福利彩票发行收入中按规定比例提取的，专项用于社会福利和社会公益事业的政府性基金。

注：本概念依据 2012 年 3 月 2 日财政部制定施行的《彩票公益金管理办法》第二条。

3.2 组织

依法分配、使用管理福利彩票公益金的所有单位。

注：依法可以使用福利彩票公益金的单位包括：民政部及其下设机构、地方民政部门及其下设机构、使用中央集中的彩票公益金单位、监管彩票公益金的财政部门、其他使用福利彩票公益金的单位。

3.3 福利彩票机构

各级福利彩票发行管理销售机构。

注：全国各级各地区福利彩票发行销售机构名称不统一。民政部下设的福利彩票发行机构名称为中国福利彩票发行管理中心。省级、市级福利彩票发行销售机构名称为福利彩票发行中心，没有"管理"两个字；有的地市、区县福利彩票发行销售机构名称为分中心、分站、管理站。

3.4 环境

组织运行所处社会环境，包括政府相关部门、福利彩票公益金资助的受益对象和单位、投注站、投注人、社会公众、媒体、企业、社会组织、研究机构、物流企业和金融机构及其相互之间的关系。

3.5 合乎道德的行为

符合特定背景情况下被公认为正确或良好行为准则的行为[①]。

3.6 投注人

投注福利彩票的个体或组织。

3.7 尽职审查

在项目开展或组织决策、具体活动全周期内，为避免和减小实际、潜在负面影响而开展的全面且积极的监督。

3.8 可问责性

组织因其决策和活动受到主管部门、监管部门及受益方问责的状态。

3.9 受益方

受到福利彩票公益金资助的个人、单位或项目、活动。

---

① 郝琴. 社会责任国家标准解读 [M]. 北京：中国经济出版社，2015 (7).

3.10　社会责任

组织通过透明和合乎道德的行为为其决策和活动对社会和环境的影响而担当的责任。这些行为：

——致力于受益方健康和福祉；

——考虑了社会成员的期望，尤其是利益相关方；

——符合适用彩票公益金使用管理法律法规、政策文件，并与福利彩票发行宗旨相一致；

——被融入整个组织并在组织关系中实施。

注1：活动包括用品、服务和过程。

注2：组织关系是指组织在其影响范围内的活动。

3.11　社会责任报告

基于同受益方和社会公众进行社会责任沟通的需要，组织定期或不定期对外公开展示社会责任理念和认识，并系统披露社会责任活动及其绩效信息的专项报告。

3.12　透明

组织真实、诚恳地以清晰、准确、及时和完整的方式，对其影响社会、经济和环境的决策、活动所进行的公开明示。

3.13　绩效评价

运用科学评价方法、量化指标及评价标准，对福利彩票公益金项目预算执行结果及使用绩效开展的综合性评价。

3.14　发行宗旨

福利彩票的发行宗旨是扶老、助残、救孤、济困。

注：本指南增加"赈灾"和"社会公益"。在实践中，发行宗旨主要以项目、活动形式体现。

3.15　扶老项目

福利彩票公益金资助的养老保障、老年人社会福利、养老公共服务项目。

注1：中央集中的彩票公益金主要补助全国社会保障基金。

注2：受益方主要是各种性质的社会福利机构及入住老年人、社区养老服务机构及入住老年人、居家老年人。

3.16　助残项目

福利彩票公益金资助的残疾人基本生活保障、疾病诊疗与康复、康复器具配备、基础设施建设与能力提升及其他服务项目。

3.17 救孤项目

福利彩票公益金资助的孤儿社会福利项目。

注：1. 受益方是儿童福利机构与集中供养孤儿、社会散居供养孤儿及供养家庭、涉外收养孤儿。

2. 孤儿包括未成年孤儿和成年孤儿，以前者为主。

3.18 济困项目

福利彩票公益金资助的特困群体项目。

注：特困群体主要指《社会救助暂行办法》中的八类社会救助贫困群体。

3.19 赈灾项目

福利彩票公益金资助的防灾减灾、灾害救助、后期援建、救灾物资储备、公益宣传、防灾演练、科研工作、人才队伍建设等项目。

3.20 公益项目

福利彩票公益金资助的社会公益项目。

3.21 助学项目

福利彩票公益金资助的经济贫困家庭子女学前教育、学历教育、技能培训、创业项目；家庭经济特困的幼儿教师与学历教育阶段教师资助项目；以及大学生创新创业项目。

3.22 社会责任识别

组织辨识自己应负担的责任是法定责任、约定责任、承诺责任还是其他责任的过程。

3.23 社会责任融入

组织将社会责任融入每项决策、活动、项目任何环节的原则性要求。

3.24 社会期望

社会对组织履行法定义务、承担超越法律义务的行动以及其他不具法律约束力义务但反映社会广泛认同的道德追求、价值观的需求意愿。

4 社会责任建设原则

4.1 依法原则

组织应了解和遵守法律法规，履行告知组织成员遵守法律法规义务，落实相关措施。组织宜：

——遵守国家有关公益、慈善、救助、福利等法律法规；

——遵守福利彩票公益金分配、管理、使用法律法规；

——遵守福利彩票公益金资助项目招投标法律法规；

——确保组织关系和组织活动符合法律法规；

——知晓法律法规规定的义务；

——定期评审其遵守法律法规情况。

4.2 发行宗旨原则

组织应遵循扶老、助残、救孤、济困、赈灾、公益的福利彩票发行宗旨使用管理福利彩票公益金。

4.3 问责原则

组织宜接受财政部门、主管单位、资助对象、审计部门、利益相关方、媒体、社会公众等各方监督，履行社会回应义务。组织宜：

——对社会责任决策、项目、活动产生的正、负面社会影响作出解释；

——对避免不可预见的负面影响重复发生而采取的预防措施作出解释。

4.4 透明原则

组织应以规范、方便查询的渠道、方式，完整、准确、及时、公开社会责任决策、项目、活动以及三者对社会产生的真实、潜在影响。本原则不要求公开机密、专有、违反法律法规、危害组织安全、侵犯个人隐私等信息。组织应披露核心、关键、公众关切、有效的信息。包括：

——保持福利彩票公益金来源、金额、使用透明；

——保持受益方和受助信息透明；

——保持项目与活动的区域、目的透明；

——保持决策、资金预算、项目评审、责任追究、权限透明；

——保持福利彩票公益金使用绩效评估标准、准则、程序透明；

——保持福利彩票公益金使用绩效评估主体透明；

——保持决策、活动对受益方及社会产生的真实、潜在影响透明；

——保持社会责任识别和选择准则、程序透明。

4.5 道德原则

组织应遵循诚实、守信、公平、正直的价值观：

——明确社会责任核心价值观和原则；

——健全内外部利于道德建设的社会责任治理结构；

——实施与社会责任建设规范一致的行为道德标准；
——督促和监督工作人员遵守社会责任行为道德标准；
——杜绝导致不道德行为利益冲突的风险；
——建立社会责任监管机制和措施，确保道德行为；
——建立保护有关人员因检举不道德行为而遭报复的保护机制；
——采纳并实施社会普遍公认的社会责任道德行为标准；

4.6 尊重受益方原则

组织应尊重和考虑受益方法定利益并及时给予回应：
——识别福利彩票公益金资助项目受益方；
——充分保障受益方权益及法定权利，回应其关切；
——认识到某些受益方可能会显著影响社会责任建设工作；
——评估受益方对社会责任建设的影响力和参与力；
——考虑受益方权益与社会期望之间关系；

4.7 尊重人权原则

组织应尊重受益方人权，认可其重要性和普遍性：
——根据《中华人民共和国宪法》保障人权原则、《世界人权宣言》和国际人权公约基本精神，保障受益方人权。
——全面考虑受益方人权，促进政治权、经济权和社会保障权协调发展。
——尊重人权普遍性原则，切实尊重、保障受益方人权。

5 社会责任核心主题及相关议题

5.1 概述

社会责任指南体系由核心主题、议题、相关行动和期望等三部分构成。核心主题包括若干议题，每个议题包括一系列相关行动和期望。核心主题、议题、相关行动和期望具有动态性。本指南建议组织社会责任报告宜考虑11项核心主题、42项议题、334项相关行动和期望。

5.2 社会责任治理

社会责任治理是指组织为实现既定目标制定、实施决策的核心职能系统与决策框架。本指南强调社会责任治理战略规划、管理体制、社会责任融入和尽职审查。

5.2.1 社会责任治理议题1：战略规划

（1）议题描述

组织宜制定系统性的社会责任发展战略规划、明确制定预期可实现的具体目标、细致的指标框架和体系，围绕战略规划动态调整社会责任建设决策、框架、体制、指标和内容，考虑社会责任可持续健康发展。

（2）组织的相关行动和期望

——明确社会责任战略承诺和问责机制；

——培育并营造利于社会责任战略发展的内部环境和社会人文环境；

——平衡战略规划部门和参与人员的权力、责任、义务和能力；

——评估战略规划实施成效，并及时修正，确保战略健康可持续发展；

5.2.2 社会责任治理议题2：管理体制

（1）议题描述

在社会责任战略规划基础上，制定实施具体的施政方略、决定和管理措施，确保社会责任得到切实履行。

（2）组织的相关行动和期望

——建立社会责任绩效评价的经济、非经济性的激励机制；

——合理且有效发挥福利彩票公益金的保障作用；

——与受益方构建起有效相互沟通机制，明确共识，消除分歧和误解；

——引导和鼓励工作人员踏实高效参与社会责任建设工作；

——科学、定期或不定期评价社会责任治理的程序，并及时修正。

5.3 公民人权

在社会责任建设中应尊重受益方人权，不侵犯人权，识别并消除实际或潜在的人权侵害行为。尊重保护受益方人权的法定义务。当面临侵犯人权风险时，强化尽职审查和独立人权影响评估。建立有效申诉机制，避免直接或间接歧视，努力纠正歧视或补救历史问题。

5.3.1 人权议题1：政治权

（1）议题描述

政治权包括受益方人身权、知情权、参与权、表达权、监督权等权利。

（2）相关行动和期望

组织宜保障（但不限）：

——人身权。保障受益方人身权利，例如在资助活动中不得采取侮辱性行为；

——宗教权。保障受益方宗教信仰自由，例如在资助活动中不得因受益方不信仰与信仰宗教、宗教派别而采取歧视性做法；

——知情权。保障受益方知情权，例如在资助前发布拟资助项目公告，以切实保证受益方知情权；

——参与权。扩大受益方参与，例如在资助活动中允许资助对象参与项目绩效评价；

——表达权。保障受益方言论自由和表达权，例如在资助活动中保障受益方利益诉求表达权、公平申诉权、听证权；

——监督权。保障受益方民主监督权，例如在资助活动中允许受益方监督项目执行。

5.3.2 人权议题2：社会保障权

(1) 议题描述

依法尊重和保护受益方的社会保障权利。这些权利包括基本生活保障、医疗保障、健康保障、受教育保障、住房保障等权利。

(2) 组织的相关行动和期望

——尽可能为受益方的基本生活、养老、医疗、健康、受教育、文化、环境、住房、就业、出行等提供资助；

——与政府相关部门及公益、慈善、救助类社会组织合作共建社会保障体系，综合保障受益方；

——研发、积累和创新能实现社会保障权利的有效方法和技术措施；

——向受益方资助用品或服务时应考虑当地经济增长、人均收入和消费水平等因素，坚持低水平、广覆盖、可持续的社会保障建设原则。

5.4 资金预算

5.4.1 预算申报和预算执行议题1：预算申报

(1) 议题描述

福利彩票公益金资助项目应符合法律法规、政策、发行宗旨及相关使用原则。组织应制定明确目标、实施计划，高效使用资金。

(2) 相关行动和期望

组织宜明确：

——预算金额和预算申报程序；

——申报项目符合法律法规、国家政策、福利彩票发行宗旨及相关使用分配原则；

——申报项目在组织法定职能范围内；

——申报项目具有明确目标和实施计划；

——项目经费测算符合国家标准或行业标准。

5.4.2　预算申报和预算执行议题2：预算执行

（1）议题描述

严格执行福利彩票公益金预算管理，切实将资金用于资助项目、活动和受益方，提高其使用绩效。

（2）组织的相关行动和期望

——严格执行预算，严禁擅自调整、虚报套取、截留、挤占、挪用资金、违规分包或转包等情况；

——对因项目变更、终止而调整预算的程序作出明确解释；

——明确项目单位领导责任制及负责情况；

——明确内部审计制度和预算执行日常监管及政府有关部门督查情况；

——预算执行，明确结转结余资金处理办法；

——明确政府采购、资金使用效益以及使用福利彩票公益金形成的各类资产登记管理情况。

5.5　资助项目

福利彩票公益金使用管理应遵循法律法规、国家政策、福利彩票发行宗旨及相关使用分配原则。科学规划资金用途，主要资助孤老残幼、特困人群和其他社会公益项目。

5.5.1　资助项目议题1：使用总额和资金分配

（1）议题描述

组织使用的本级当年留存的福利彩票公益金、上一年结转的福利彩票公益金、上级补助的福利彩票公益金合计总额及历年累计额；各渠道福利彩票公益金结构总额及历年累计额；福利彩票公益金使用特点；各类资助项目、具体使用额及历年累计额。

（2）组织的相关行动和期望

——明确年度使用的福利彩票公益金总额与各渠道福利彩票公益金结构、历年累计额；

——明确福利彩票公益金使用特点；

——明确各类资助项目及具体使用额、历年累计额。

5.5.2 资助项目议题2：扶老

（1）议题描述

本议题主要描述中央专项彩票公益金使用管理单位和民政部门使用管理彩票公益金资助扶老项目的年度资金总额和最低使用比例等情况。财政部拨入全国社会保障基金资金情况由财政部负责，财政拨入全国社会保障基金资金投资收益情况由全国社会保障基金负责，由于两者相对较为特殊，本议题的相关行动和期望不包括两者。

（2）相关行动和期望

组织宜明确：

——福利彩票公益金使用方向和覆盖范围；

——福利彩票公益金用于扶老项目的最低比例和使用金额

——福利彩票公益金使用顺序和资助重点，项目空间结构优化，地区平衡发展；

——资助生活照顾与服务、基础设施、节假日慰问、心理疏导、精神慰藉、文体活动和竞赛等项目情况，成效及历年累计额；

——中央专项彩票公益金补助地方扶老项目倾斜激励数额；

——基础设施建设类项目长期方便使用，是否改变用途；

——非基础设施服务类项目的服务质量；

——信息披露率、及时明晰、规范细致；

——项目是否侵害老年人权益及评估；

——引入新技术和新设备发展扶老项目；

——法规制度建设；

——典型案例、精彩故事和图片；

——社会关注与评论、媒体报道。

5.5.3 资助项目议题3：助残

（1）议题描述

本议题主要描述中央专项彩票公益金使用管理单位和民政部门使用管理彩票公益金资助的助残项目的年度资金总额和使用比例等情况，以及基础设施建设类项目、教育助学和技能培训类项目、就业扶持类项目、出行交通设备类项目、居家改造类项目等各类项目的资金使用额、成效。

（2）相关行动和期望

组织宜明确：

——彩票公益金使用方向和覆盖范围；

——用于助残项目的最低比例和金额；

——彩票公益金使用顺序和资助重点，项目结构优化，地区平衡发展

——彩票公益金资助教育助学、生活照顾与服务、辅助器具与康复训练、疾病筛查，与诊疗、精神慰藉、心理疏导、文体活动和竞赛等项目情况；

——基础设施建设类项目长期方便使用，是否改变用途；

——非基础设施服务类项目的服务质量；

——信息披露率、及时明晰、规范细致；

——项目是否侵害残疾人权益及评估；

——引入新技术和新设备发展助残项目；

——法规制度建设。

5.5.4 资助项目议题4：救孤

（1）议题描述

本议题主要描述中央专项彩票公益金使用管理单位和民政部门使用管理彩票公益金资助救孤项目的年度资金总额及资助生活照顾与服务、教育教学、疾病健康诊疗、节假日慰问、基础设施、文体娱乐活动、外出游学体验等项目金额、成效。

（2）相关行动和期望

组织宜明确：

——彩票公益金使用方向和覆盖范围；

——用于救孤项目的彩票公益金数额和比例；

——彩票公益金使用顺序和资助重点，项目结构优化，地区平衡发展；

——彩票公益金资助"明天计划"项目情况；

——彩票公益金资助生活照顾与服务、教育教学、疾病健康诊疗、节假日慰问、基础设施、文体娱乐活动、外出游学体验等项目情况；

——基础设施建设类项目长期方便使用，是否改变用途；

——非基础设施服务类项目的服务质量；

——信息披露率、及时明晰、规范细致；

——项目是否侵害孤残儿童权益及评估；

——引入新技术和新设备发展救孤项目；

——法规制度建设。

5.5.5 资助项目议题5：济困

（1）议题描述

本议题主要描述中央专项彩票公益金使用管理单位和民政部门使用管理彩票公益金资助济困项目的年度资金总额及资助生活照顾与服务、疾病救治、救济救难、节假日慰问、脱贫帮扶、创业与技能培训、社会体验等项目金额、成效。

（2）相关行动和期望

组织宜明确：

——彩票公益金使用方向和覆盖范围；

——用于济困项目彩票公益金数额和比例；

——彩票公益金使用顺序和资助重点，项目结构优化，地区平衡发展；

——彩票公益金资助生活照顾与服务、疾病救治、救济救难、节假日慰问、脱贫帮扶、创业与技能培训、社会体验等项目情况；

——基础设施建设类项目长期方便使用，是否改变用途；

——非基础设施服务类项目的服务质量；

——信息披露率、及时明晰、规范细致；

——项目是否侵害贫困群体权益及评估；

——引入新技术和新设备发展济困项目；

——法规制度建设。

5.5.6 资助项目议题6：赈灾

（1）议题描述

本议题主要描述中央专项彩票公益金使用管理单位和民政部门使用管理彩票公益金资助赈灾项目的年度资金总额及赈灾彩票公益金下拨、赈灾彩票公益金捐赠、专项赈灾彩票发行与食品、药品、生活用品等救援救助物资采购、运输、存储、分发使用、剩余情况。

（2）相关行动和期望

组织宜明确：

——彩票公益金使用金额和比例；

——彩票公益金使用顺序和资助重点，项目结构优化，地区平衡发展；

——彩票公益金资助食品、药品、生活用品等救援救助物资采购、运输、存储、分发使用、剩余情况；

——赈灾彩票公益金下拨；

——赈灾彩票公益金捐赠；

——专项赈灾彩票发行；

——赈灾成效和社会反响；

——信息披露率、及时明晰、规范细致；

——项目是否侵害救助方权益及评估；

——引入新技术和新设备发展赈灾项目；

——法规制度建设。

5.5.7 资助项目议题7：公益

（1）议题描述

本议题主要描述中央专项彩票公益金使用管理单位和民政部门使用管理彩票公益金资助社会公益项目的年度资金总额及最高比例，以及资助未成年人校外教育、教育助学和大学生"双创"、文化公益事业、精神病人福利机构建设、婴幼儿营养补助、乡村学校少年宫、留守儿童快乐家园、出生缺陷干预救助、禁毒关爱工程与创业创投、精神文化、特殊对象、竞赛活动、新农村建设、社会公德等项目金额、成效。

（2）相关行动和期望

组织宜明确：

——彩票公益金使用金额、比例、资助顺序和重点、项目空间结构优化、地区平衡发展的情况；

——彩票公益金资助未成年人校外教育的情况；

——彩票公益金资助教育助学和大学生创新创业竞赛的情况；

——彩票公益金资助文化公益事业的情况；

——彩票公益金资助精神病人福利机构建设的情况；

——彩票公益金资助婴幼儿营养补助的情况；

——彩票公益金资助乡村学校少年宫的情况；

——彩票公益金资助留守儿童快乐家园的情况；

——彩票公益金资助出生缺陷干预救助的情况；

——彩票公益金资助禁毒关爱工程的情况；

——彩票公益金资助创业创投、精神文化、特殊对象、竞赛活动、新农村建设、社会公德的情况；

——项目实际成效和社会反响；

——信息披露率、及时明晰、规范细致；

——项目是否侵害资助方权益及评估；

——引入新技术和新设备发展公益项目；

——法规制度建设。

5.5.8 资助项目议题8：助学

（1）议题描述

本议题主要描述中央专项彩票公益金使用管理单位和民政部门使用管理彩票公益金资助教育助学项目的年度资金总额及资助大学圆梦、基础设施、学习用品、生活照顾、勤工俭学、才艺技能培训、精神文化与体验等项目金额、成效。

（2）相关行动和期望

组织宜明确：

——彩票公益金使用金额、比例、资助顺序和重点、项目空间结构优化、地区平衡发展的情况；

——彩票公益金资助大学圆梦、基础设施、学习用品、生活照顾、勤工俭学、才艺技能培训、精神文化与体验的情况；

——项目实际成效和社会反响；

——信息披露率、及时明晰、规范细致；

——项目是否侵害资助方权益及评估；

——引入新技术和新设备发展助学项目；

——法规制度建设。

5.6 项目管理

5.6.1 项目管理议题1：招标投标

（1）议题描述

本议题主要描述福利彩票公益金资助项目的招标和投标与招标项目信息发布渠道、招标过程、投标规定和要求、评标单位和人员资质、招标结果信息发布渠道。

(2) 相关行动和期望

组织宜明确：

——招标项目范围合法合规性；

——采购项目、单位和代理机构信息。采购项目名称、品名、采购单位、行政区划、公告时间、招标文件售价、开标时间和地点、预算金额、代理采购机构信息；

——招标项目信息发布渠道公开透明，内容完整性和准确性；

——招标过程依法公正、公平、透明；

——投标规定和要求、程序、标书材料、截止日期、废标；

——评标单位和人员构成、资质，程序；

——招标结果信息发布渠道公开透明，公布方式和载体，内容完整性；

——责任追究机制。

5.6.2 项目管理议题2：自我督查

(1) 议题描述

福利彩票公益金使用管理单位应建立自我督查机制，对督查形式、主要督查内容、督查职责、第三方审计、督查结果运用等作出规定；实行分级负责制，明确分配、管理、督查方，及时整改。

(2) 相关行动和期望

组织宜明确：

——督查机制。定期或不定期对项目实施过程进行督导和检查；

——督查形式。审计、实地检查、约谈、查阅档案资料、函询等；

——主要督查内容。预算执行情况、资金使用合法合规性、项目完成情况、项目目标是否发生偏离、信息公开、宣传情况等；

——委托第三方机构审计。合同签订与双方权利、义务、责任；

——问题与反馈整改、向上级主管部门报送情况；

——自我督查结果按有关规定公开情况；

——批评教育、通报批评、配合审计机构和督查、项目进度、制度健全程度、实际执行与目标偏差程度等情况；

——提供虚假材料；虚报、套取、挤占、挪用福利彩票公益金惩罚办法及其他违法违规行为；

——督查人员徇私舞弊、违规操作等行为的追究责任机制及执行情况。

5.7 绩效评价

5.7.1 绩效评价议题1：评价制度规范

（1）议题描述

组织宜建立项目资金使用绩效评价制度。将随机抽查、检查结果作为调节项目资金、预算安排的重要因素。绩效评价办法应客观和公正。

（2）相关行动和期望

组织宜明确：

——由民间第三方机构开展绩效评价；

——建立随机抽选机制；

——选择审计对象方法的客观、公正；

——审计结果使用情况。

5.7.2 绩效评价议题2：绩效评价报告

（1）议题描述

组织宜制定民间第三方绩效评价机构评价、报告编写制度。评价所有实施项目的投入、产出、效果等情况，建立评价报告分析制度，总结问题，总结原因，提出对策建议。

（2）相关行动和期望

组织宜明确：

——绩效评价范围；

——各项目执行情况。项目主要目标、预算额、决算额、预决算差额及原因、实际支出、受益人数、项目累计受益人数、项目累计使用额、物品数、物品总额、项目方式、资助效果、受益人满意度、宣传；

——绩效评价结论（百分制）。项目投入、项目过程、项目产出、项目效果、项目得分、项目总评（优、良、中、合格、不合格）；

——绩效评价分析。决策指标分析、管理指标分析、产出指标分析、效果指标分析。

5.8 社会公告

5.8.1 社会公告议题1：宣传标识

（1）议题描述

组织应依法在设施设备、项目、活动中明显位置标识福利彩票公益金资助的字样，弘扬福利彩票公益形象。

（2）相关行动和期望

组织宜明确：

——资助的基础设施、设备、社会福利服务项目及其他社会公益活动，应使用显著方式标明福利彩票公益金资助标识；

——资助的基本建设设施、设备或社会公益项目、活动，应以显著方式标明"彩票公益金资助—中国福利彩票"标识；

——资助的培训类项目，应在培训通知、课件及现场等显著位置标注或悬挂"彩票公益金资助—中国福利彩票"标识；

——资助的服务类项目，应在服务过程中通过小旗或佩戴胸牌等形式向受助对象展示"彩票公益金资助—中国福利彩票"标识；

——资助的其他社会公益项目、活动，应选择合适方式设立资助标识。

5.8.2　社会公告议题2：信息披露

（1）议题描述

组织应依法披露福利彩票公益金使用管理信息，回应社会期望。通过宣传公告等方式弘扬福利彩票公益形象。明确信息披露主体、披露内容、披露方式、督查。

（2）相关行动和期望

组织宜明确：

——民政部门和地方财政部门是否在每年6月底前，向社会公告上一年度本级彩票公益金的分配使用；

——财政部是否在每年8月底前，向社会公告上一年度全国彩票公益金的分配和使用；

——完善信息公开制度；

——通过单位网站、政府官网或其他媒介等渠道披露信息；

——公开项目基本情况、进度、项目进展、成效绩效评估、督查及审计结果、接受投诉等信息；

——及时向政府主管部门上报信息披露工作。

5.9　监督检查

5.9.1　监督检查议题1：审计制度

（1）议题描述

组织应完善福利彩票公益金使用管理审计制度，建立内部审计和外部审计结合制度。引入民间第三方审计制度。定期和不定期审计，依法公示审计结果。

（2）相关行动和期望

组织宜明确：

——完善使用管理内部审计制度；

——审计范围覆盖面；

——审计内容选取及精准度；

——确定审计对象方法的客观、公正；

——审计结果使用情况；

——审计问题整改；

——制度建设。

5.9.2　监督检查议题2：使用督查

（1）议题描述

组织应建立资金使用内外部督查制度，定期或不定期开展督查工作。督查结果作为调整项目资金的重要因素。

（2）相关行动和期望

组织宜明确：

——建立使用督查制度。定期、不定期开展督查；

——督查内容。项目立项、预算申请、资金拨付和使用、政府采购、购买服务、资金使用绩效、信息公开和宣传情况等；

——督查方式。第三方审计机构财务审计、实地查验档案资料、约谈单位负责人、访谈、电话抽查等；

——建立随机抽选检查机制；

——选择督查对象办法的客观性、公正性；

——督查结果使用情况。

5.9.3　监督检查议题3：责任追究

（1）议题描述

组织应建立健全资金使用管理责任追究制度。将福利彩票公益金使用管理情况纳入年度财务制度执行情况考核范围。对福利彩票公益金使用管理中出现违法违规问题的，应追究相关人员责任。

（2）相关行动和期望

组织宜禁止：

——未建立福利彩票公益金项目管理制度；

——违规利用福利彩票公益金进行采购、用于行政经费、发放津补贴或用于因公出国（境）费、公务接待费、公务用车购置及运行费；

——违规分包或转包；

——利用福利彩票公益金开展营利活动；

——未执行使用计划和预算执行，拖缴、拖欠、截留、挤占、挤占、挪用彩票公益金，改变福利彩票公益金使用范围；

——违法违规行为处理；

——其他违法违纪行为。

5.10 社会支持及发展

5.10.1 社会支持及发展议题1：比赛与事件

（1）议题描述

组织可通过比赛、宣传等活动、形式，吸引社会公众参与，宣传福利彩票公益金资助的项目、活动，营造健康的公益、慈善、救助社会人文环境。

（2）相关行动和期望

组织宜开展：

——公益故事征文；

——演讲比赛；

——公益作品比赛；

——工艺品比赛；

——摄影比赛；

——大学生创新创业竞赛；

——健身比赛；

——楷模人物评选；

——事件回眸；

——画册设计；

——户外宣传。

5.10.2 社会支持及发展议题2：合作共建

（1）议题描述

组织可通过多方合作共建等活动、形式，吸引社会公众参与，宣传福利彩票公益金资助的项目。

（2）相关行动和期望

组织宜吸纳：

——志愿者；

——合作方；

——协助方；

——社会组织；

——相关媒体。

5.11 总体评估与问题分析

5.11.1 总体评估与问题分析议题1：概述

（1）议题描述

组织应总结评估福利彩票公益金社会责任全部议题中的所有相关行动和期望的执行情况以及组织社会责任建设内外环境变化。

（2）相关行动和期望

组织宜明确：

——议题中的所有相关行动和期望的执行情况；

——福利彩票公益金社会责任识别；

——社会责任边界厘定与理论解析；

——社会责任建设原则贯彻落实；

——社会责任文化培育；

——工作人员社会责任意识转变；

——社会责任社会氛围营造；

——所有核心主题和议题设置的合理性。

5.11.2 总体评估与问题分析议题2：社会责任治理

（1）议题描述

组织应总结评估社会责任治理战略规划、管理体制、社会责任融入、尽职审查设置的合理性以及战略规划、管理体制两个议题下的所有相关行动和期望的落实情况。

（2）相关行动和期望

组织宜明确：

——社会责任战略承诺和问责机制落实情况；

——培育社会责任战略发展内部环境和社会人文环境情况；

——平衡战略规划部门和参与人员的权力、责任、义务和能力；

——战略规划实施成效,及时修正,社会责任战略健康可持续发展情况;

——社会责任绩效评价的经济、非经济性的激励机制建设情况;

——福利彩票公益金保障作用发挥情况;

——与受益方有效沟通,明确共识,消除分歧和误解等情况;

引导和鼓励工作人员踏实高效参与社会责任建设工作情况;

——科学、定期或不定期评价社会责任治理程序,并及时修正等情况。

5.11.3　总体评估与问题分析议题3:公民人权

(1) 议题描述

组织应总体评估在社会责任建设中尊重受益方人权,建立申诉机制,避免歧视,纠正歧视以及政治权、社会保障权两个议题下的所有相关行动和期望的落实情况。

(2) 相关行动和期望

组织宜:

——保障受益方人身权利;

——保障受益方宗教信仰自由;

——保障受益方知情权;

——保障受益方参与权;

——保障受益方言论自由和表达权;

——保障受益方民主监督权;

——保障受益方基本生活、养老、医疗、健康、受教育、文化、环境、住房、就业、出行等权利;

——与其他社会组织合作共建社会保障体系;

——明确社会保障权利有效方法和技术措施创新;

——明确资助用品或服务时综合因素考量。

5.11.4　总体评估与问题分析议题4:资金预算

(1) 议题描述

组织应总体评估福利彩票公益金资助项目符合合法合规合则、目标实现、计划实施、资金效率以及预算申报、预算执行两个议题下的所有相关行动和期望的落实情况。

(2) 相关行动和期望

组织宜明确:

——预算金额和预算申报程序；

——申报项目是否符合法律法规、国家政策、福利彩票发行宗旨及相关使用分配原则；

——申报项目是否在组织法定职能范围内；

——申报项目目标和实施计划达成；

——项目经费测算是否符合国家标准或行业标准；

——执行预算中是否存在擅自调整、虚报套取、截留、挤占、挪用资金、违规分包或转包等情况；

——项目变更、终止而调整预算的程序是否作出明确解释；

——项目单位领导责任制及负责情况；

——内部审计制度和预算执行日常监管以及政府有关部门督查情况；

——预算执行和结转结余资金处理；

——政府采购、资金使用效益以及使用福利彩票公益金形成的各类资产登记管理情况。

5.11.5 总体评估与问题分析议题5：资助项目

（1）议题描述

组织应总体评估福利彩票公益金资助孤老残幼、特困人群和其他社会公益项目以及使用总额与资金分配、扶老、助残、救孤、济困、赈灾、公益、助学等议题下的所有相关行动和期望的落实情况。

（2）相关行动和期望

组织宜明确：

——福利彩票公益金总额、各渠道彩票公益金结构、各类资助项目及具体使用额以及三者历年累计额、资金使用特点；

——福利彩票公益金扶老、助残、救孤、济困、赈灾、公益、助学使用方向和覆盖范围；

——福利彩票公益金用于扶老、助残、救孤、济困、赈灾、公益、助学项目的比例和使用金额；

——福利彩票公益金扶老、助残、救孤、济困、赈灾、公益、助学使用顺序和资助重点，项目空间结构优化，地区平衡发展；

——资助扶老、助残、救孤、济困、赈灾、公益、助学项目的具体情况，成效及历年资金累计额；

——基础设施建设类项目长期方便使用，是否改变用途；

——非基础设施服务类项目的服务质量；

——信息披露率、及时明晰、规范细致；

——项目是否侵害受益方权益及评估；

——引入新技术和新设备发展扶老、助残、救孤、济困、赈灾、公益、助学项目；

——法规制度建设；

——典型案例、精彩故事和图片；

——社会关注与评论。

5.11.6　总体评估与问题分析议题6：项目管理

（1）议题描述

组织应总体评估项目招投标与招标项目信息发布规范性以及招标投标和自我督查两个议题下的所有相关行动和期望的落实情况。

（2）相关行动和期望

组织宜明确：

——招标合法合规性；

——投标合法合规性；

——评标合规性、公正性；

——责任追究机制；

——督查机制；

——委托第三方机构审计；

——问题与反馈整改、向上级主管部门报送情况；

——自我督查结果按有关规定公开情况。

5.11.7　总体评估与问题分析议题7：绩效评价

（1）议题描述

组织应总体评估项目资金使用管理绩效评价制度、抽查方式、绩效评价办法、报告编写制度、项目效果以及评价制度规范和绩效评价报告两个议题下的所有相关行动和期望的落实情况。

（2）相关行动和期望

组织宜明确：

——绩效评价主体选择；

——抽选机制建立；

——选择审计对象的方法；

——审计结果使用情况；

——绩效评价范围；

——各项目执行情况；

——绩效评价结论；

——绩效评价分析。

5.11.8　总体评估与问题分析议题8：社会公告

（1）议题描述

组织应总体评估宣传标识建设、信息披露、公告方式以及宣传标识和信息披露两个议题下的所有相关行动和期望的落实情况。

（2）相关行动和期望

组织宜明确：

——基础设施设备类、培训类、服务类、社会公益项目的宣传标识设置；

——民政部门和财政部门向社会公告上一年度彩票公益金分配使用的截止时间合法性；

——信息公开制度健全性；

——信息披露渠道规范性；

——项目信息公开完整性；

——向政府主管部门上报信息披露工作。

5.11.9　总体评估与问题分析议题9：监督检查

（1）议题描述

组织应总体评估资金第三方审计、内外部督查、资金使用责任追究制度以及审计制度、使用督查和责任追究三个议题下所有相关行动和期望的落实情况。

（2）相关行动和期望

组织宜明确：

——内部审计制度、督查制度健全性；

——审计、督查范围覆盖面；

——审计督查、内容选取及精准度；

——确定审计、督查对象方法的客观、公正；

——审计、督查结果使用情况；

——审计、督查问题整改；

——审计、督查方式、随机抽选检查机制；

——违法违规行为及责任追究；

——审计、督查制度建设。

5.11.10　总体评估与问题分析议题10：社会支持与发展

（1）议题描述

组织应总体评估宣传活动、社会公众参与、多方合作以及比赛与事件、合作共建两个议题下的所有相关行动和期望的落实情况。

（2）相关行动和期望

组织宜明确：

——公益故事征文、演讲、公益作品、户外宣传等才华类活动与比赛

——工艺品、摄影、画册设计等技能类活动与比赛

——大学生创新创业竞赛

——文体活动娱乐类活动与比赛

——楷模人物评选

——事件回眸

——志愿者、合作方、协助方及社会组织、相关媒体参与

5.11.11　总体评估与问题分析议题11：附录

（1）议题描述

组织应总体评估除上述全部核心主题之外、需补充说明事项及报告说明、指标索引、历年数据、编制依据、信息反馈、感谢语等多个议题下的所有相关行动和期望的落实情况。

（2）相关行动和期望

组织宜明确：

——报告承诺、报告范围、发布周期、编写标准、编制流程、报告称谓、数据、报告获取、延伸阅读等情况说明；

——报告规范性；

——历年扶老、助残、救孤、济困、赈灾、公益、助学项目使用的资金数据完整性、连续性；

——精彩活动和典型项目图片集锦、故事集锦；

——信息反馈及问题设置、反馈方式；

——项目优化调整、编制与传播、社会监督、党风廉政建设；

——报告编制规划、招投标；

——组织发展历程、组织法定职能、成绩和荣誉；

——社会支持组织和个人；

——感谢话语、编写总结、其他说明。

5.12 附录

5.12.1 附录议题1：报告说明

（1）议题描述

本议题主要描述社会责任报告承诺、报告范围、发布周期、编写标准、编制流程、报告称谓、数据、报告获取、延伸阅读等情况。议题1－3为关键指标，即必选项；4－8宜选指标，即应选项；9－11可选指标，即可以不选。

（2）相关行动和期望

组织宜明确：

——报告承诺。中国、×××省（市、区）福利彩票发行中心承诺本书内容不存在任何虚假记载、误导性陈述或重大遗漏，并对其内容真实性、准确性和完整性负责；

——报告范围。20××年×月×日至20××年×月×日，部分超出此范围；

——发布周期。中国、××省（市、区）福利彩票公益金社会责任报告为年度报告，本书为第×份报告；

——编写标准。中国福利彩票公益金社会责任报告、各省福利彩票公益金社会责任报告、《社会责任指南》国家标准、其他标准《××》……其各项指标在本书中的披露情况可参见报告附录中的指标索引；

——编制流程；

——报告称谓说明。报告中"中国、××省（市、区）福利彩票发行管理中心"以"中国、××省（市、区）福彩"表示；

——数据说明。报告中的数据来源中国、××省（市、区）福彩相关统计报告和正式文件，中国、××省（市、区）福彩保证本书中相关数据的真实性和客观性；

——报告获取和延伸阅读。通信地址×××、邮编×××、官网×××（官网二维码）、微信订阅号、官方抖音号。报告格式为WORD、PDF，图片为jpg、bmp、tif、gif。为方便公众方便获取或阅读，报告设置在"××"一级栏目下的"××"栏目内，允许下载、复制、转发、编辑。

责任部门××××，责任人×××，联系电话××××××。

5.12.2 附录议题2：指标索引

（1）议题描述

本议题主要描述核心主题、议题、相关行动和期望以及与上述三者对应的章节、页码。

（2）组织的相关行动和期望

——列出由板块和目录构成的报告目录；

——列出参考的标准规范及页码；

——列出与篇章对应的具体页码。

5.12.3 附录议题3：历年累计额与各类项目历年累计额

（1）议题描述

本议题主要描述组织从首次使用福利彩票公益金起到本书编写截止日期上一年的彩票公益金历年数据，包括中央专项彩票公益金和本级福利彩票公益金，可以使用图、表展示。助学类项目数据既可以单列，也可以在助残、救孤、济困、公益类项目中体现。其他类项目为兜底项。

（2）相关行动和期望

组织宜明确：

——历年福利彩票公益金使用额；

——历年扶老类项目福利彩票公益金支出额；

——历年助残类项目福利彩票公益金支出额；

——历年救孤类项目福利彩票公益金支出额；

——历年济困类项目福利彩票公益金支出额；

——历年赈灾类项目福利彩票公益金支出额；

——历年公益类项目福利彩票公益金支出额；

——历年助学类项目福利彩票公益金支出额；

——历年其他类项目福利彩票公益金支出额。

5.12.4 附录议题4：精彩集锦

（1）议题描述

本议题主要描述资助项目、活动中具有代表性、感染力的文字故事、图片。

（2）组织的相关行动和期望

——编辑精彩活动和典型项目图片集锦；

——编写精彩活动和典型项目故事集锦。

5.12.5　附录议题5：往期报告

（1）议题描述

本书是中国、××省（市、区）福利彩票发行中心发布的第几份社会责任报告。监管单位、其他管理使用福利彩票公益金单位可借鉴改写。

（2）相关行动和期望

组织宜明确：

——本书的份期；

——按照年份（含月份）列出第一份报告到本书上一期报告的份期。

5.12.6　附录议题6：信息反馈表

（1）议题描述

本议题主要描述读者对社会责任报告的评价、意见和建议。各地区名称可不同，有的地区名称为意见反馈表、调查问卷、读者反馈。问题应简洁、易理解；反馈方式应便捷、通畅。

（2）相关行动和期望

组织宜明确：

——致读者说明信（可含电话、地址和邮编等信息）；

——选择性问题、开放性问题及填写说明（李克特量表为好）；

——选择性问题的题数控制在五道题以内。包括总体印象、报告信息质量、结构安排、版式设计、报告可读性；

——开放性问题的题数控制在5～10道题之间。包括报告不足、需要完善哪些信息、还需要披露哪些信息、建议；

——提供电话和网上反馈方式。包括负责部门办公固定电话、负责人办公移动电话、电子邮箱、微信。

5.12.7　附录议题7：未来展望

（1）议题描述

本议题主要描述组织对社会责任建设未来发展前景的展望、描述、设想、规划意图等内容。

（2）相关行动和期望

组织宜明确：

——福利彩票公益金使用；

——资助项目优化调整计划；

——报告编制与传播计划；

——社会监督计划；

——党风廉政建设；

——其他。

5.12.8 附录议题8：大事记

（1）议题描述

本议题主要描述社会责任报告期内福利彩票公益金使用、重要资助项目和活动，以×月×日形式记载。

（2）相关行动和期望

组织宜明确：

——报告编制规划；

——报告编制招投标；

——报告编制调研与进度；

——报告编制培训和会议；

——报告发布与宣传。

5.12.9 附录议题9：组织简介

（1）议题描述

本议题主要描述组织历史发展、福利彩票公益金使用历程、资助项目发展历程、历史成绩与荣誉、组织职能、内设机构及职能、历任领导、人才队伍等内容。

（2）相关行动和期望

组织宜明确：

——组织历任领导；

——组织发展历程；

——组织法定职能；

——内设机构及职能；

——组织成绩和荣誉。

5.12.10 附录议题10：特别鸣谢

本议题主要描述组织感谢对社会责任建设作出贡献的单位和个人。

（1）议题描述

（2）相关行动和期望

组织宜明确：

——支持媒体；

——报告编写单位；

——报告协作单位；

——其他单位和个人。

5.12.11　附录议题11：后记

（1）议题描述

本议题主要回顾社会责任建设过程以及组织需要补充说明的其他事项。

（2）相关行动和期望

组织宜明确：

——感谢话语；

——报告份期；

——编写总结；

——其他说明。

本项目编制的《福利彩票公益金社会责任指南》可作为国家标准基础框架。

参 考 文 献

一、专著类

[1]（美）彼得·德鲁克．管理：任务、责任和实践［M］．余向华等译．北京：华夏出版社，2008．

[2] 陈元桥．社会责任系列国家标准理解与实施［M］．北京：中国质检出版社，2016．

[3] 范琦．福利彩票收入的经济分析：财政学视角［M］．北京：中国财政经济出版社，2009．

[4] 高铁梅．计量经济学分析方法与建模——EViews 应用及实例［M］．北京：清华大学出版社，2010．

[5] 郝琴．社会责任国家标准解读［M］．北京：中国经济出版社，2015．

[6] 胡穗华等．彩票社会责任创新研究［A］．苏国京．中国彩票社会责任体系的构建——2016 彩票社会责任国际论坛论文集［C］．大连：东北财经大学出版社，2016．

[7] 胡穗华等．彩票社会责任创新研究［A］．何云．基于金字塔模型的彩票社会责任研究——2016 彩票社会责任国际论坛论文集［C］．大连：东北财经大学出版社，2016．

[8] 胡穗华等．彩票社会责任创新研究［A］．王静一．中国彩票社会责任履行和提升途径的研究——2016 彩票社会责任国际论坛论文集［C］．大连：东北财经大学出版社，2016．

[9] 靳尔刚，王柏泉．国外彩票概要［M］．中国社会出版社，2003．

[10] 李丽，吴晶．社会责任与 ISO26000 国际标准解读［M］．北

京：中国标准出版社，2013.

[11] 吕林. SA8000：2014 社会责任管理体系认证实战 [M]. 北京：中华工商联合出版社，2018.

[12] 民政部政策研究中心. 我国福利彩票公益金使用管理研究 [M]. 北京：中国社会出版社，2013.

[13] 马福云. 彩票利益相关方的社会责任 [M]. 北京：中国财政经济出版社，2015.

[14] （美）Stephen P. Robbins. Management [M]. 黄卫伟等译. 北京：中国人民大学出版社，1997.

[15] 孙敬水. 计量经济学学习指导与 EViews 应用指南 [M]. 北京：清华大学出版社，2010.

[16] （美）Stephen P. Robbins. 管理学（第 11 版）[M]. 李原译. 北京：中国人民大学出版社，2012.

[17] 孙回回. 福利公平下的彩票供需及公益金管理研究 [M]. 北京：经济科学出版社，2014.

[18] 王海燕. 中国社会福利事业发展与挑战：以福利彩票为范例的研究 [M]. 北京：中国社会科学出版社，2015.

[19] 王治坤，宋宗合. 中国福利彩票公益发展蓝皮书 [M]. 北京：中国社会出版社，2018.

[20] 薛薇. 统计分析方法及应用 [M]. 北京：电子工业出版社，2010.

[21] 钟宏武等. 中国企业社会责任报告编写指南（CASS—CSR1.0）[M]. 北京：经济管理出版社，2009.

[22] 钟宏武等. 中国企业社会责任报告编写指南（CASS—CSR2.0）[M]. 北京：经济管理出版社，2011.

[23] 钟宏武等. 中国企业社会责任报告编写指南：一般框架（CASS—CSR3.0）[M]. 北京：经济管理出版社，2016.

[24] 钟宏武等. 中国企业社会责任报告指南基础框架（CASS—CSR4.0）[M]. 北京：经济管理出版社，2018.

[25] 何辉等. 中国福利彩票发展报告蓝皮书 2020 [M]. 北京：社会科学文献出版社，2020.

[26] 何辉等. 中国福利彩票发展报告蓝皮书 2021 [M]. 北京：社

会科学文献出版社，2021.

二、期刊类

［27］陈又星，蔡丽婷. 中国情境下负责任彩票体系构建及实施路径选择［J］. 经济师，2015（11）：56－59.

［28］曹婉娥. 福利彩票公益金审计重点——以 G 市福利彩票公益金专项审计为例［J］. 中外企业家，2017（11）：44.

［29］冯百鸣. 正义性——福利彩票的价值所在［J］. 中国民政，2015（11）：46－48＋57.

［30］国务院办公厅. 关于推进养老服务发展的意见［J］. 中国民政，2019（10）：5.

［31］湖南省财政厅. 加强彩票监督管理　服务公益事业发展［J］. 中国财政，2019（3）：22－23.

［32］胡永志. 福利彩票公益金推进养老事业发展探析［J］. 党政干部学刊，2020（5）：69－74.

［33］李伟阳. 企业社会责任概念探究［J］，经济管理，2008：21－22.

［34］李彦龙. 企业社会责任的基本内涵、理论基础和责任边界［J］. 学术交流，2011（2）：64－69.

［35］刘五书. 彩票业发展中的社会责任［J］. 经济研究参考，2014（65）：20－22.

［36］刘迎霜. 论我国彩票公益金法律监管的完善［J］. 人大法律评论，2017（3）：184－197.

［37］刘伟. 企业社会责任：一个亟待公共管理研究关注的领域［J］. 中国行政管理，2019（11）：145－151.

［38］李悦. 浅析彩票的社会责任［J］. 经济研究导刊，2019（32）：170－171.

［39］刘含琦. 福利彩票公益金使用问题研究［J］. 辽宁行政学院学报，2020（3）：40－44.

［40］沈小钰. 浅谈新形势下福利彩票的社会责任［J］. 中国民政，2018（1）：36－38.

［41］邵祥东. 公益众筹特征识别与决策参考——"空间—制度"耦

合嵌入视角［J］. 公共管理学报, 2018（3）：142 - 153.

［42］邵祥东, 朱春霞. 彩票公益金"项目制"改革与财政精准监管［J］. 地方财政研究, 2018（8）：89 - 96.

［43］宋怀琴. 彩票行业财务管理存在的问题及对策［J］. 中国市场, 2019（15）：65 - 66.

［44］邵祥东. 福利彩票公益金养老保障项目空间结构与演化趋势［J］. 沈阳师范大学学报, 2020（3）.

［45］王运莲. 福利彩票公益金绩效审计探讨［J］. 时代经贸, 2019（5）：12 - 13.

［46］夏艳玲. 福彩公益金的使用与监督研究——以广西福彩公益金中养老服务项目为例［J］. 财政监督, 2017（14）：73 - 76.

［47］张晓红. 我国彩票公益金管理的财政视角分析［J］. 地方财政研究, 2007（10）：44 - 48 + 43.

［48］张晓红. 基于社会公平视角下彩票公益金优先发展养老事业的探讨［J］. 财政监督, 2013（35）：66 - 68.

［49］朱静. 关于我国彩票业实施社会责任会计的思考［J］. 中国乡镇企业会计, 2014（3）：122 - 123.

［50］于帆, 陈元桥. GB/T36000—2015《社会责任指南》国家标准解读［J］. 标准科学, 2015（10）：6 - 10.

［51］赵璐. 彩票公益金绩效审计评价指标体系构建［J］. 财会通讯, 2016（25）：75 - 77.

［52］周建华, 樊重俊, 袁光辉, 杨云鹏. 福利彩票社会责任体系建设框架设计［J］. 社会福利（理论版）, 2017（5）：37 - 40.

［53］殷浩栋. 交易成本视角下小型基础设施减贫机制——基于彩票公益金扶贫项目的分析［J］. 贵州社会科学, 2018（2）：139 - 147.

［54］杨翠迎, 鲁於, 杨慧. 我国养老服务发展中的财政政策困境及改进建议——来自上海市的实践与探索［J］. 陕西师范大学学报（哲学社会科学版）, 2018, 47（5）：15 - 24.

［55］余恩海. 企业社会责任与法定责任［J］. 经济师, 2019（11）：11 - 13.

三、报纸类

［56］张华．基层彩票公益金的使用管理亟待规范［N］．中国审计报，2019-09-25（002）．

四、网络类

［57］北京市．关于加快推进养老服务发展的实施方案（征求意见稿）［EB/OL］．人民网．http：//bj.people.com.cn/n2/2019/1130/c82840-33592164.html．2019-11-30/2020-01-03．

［58］国际标准化组织．ISO 26000：2010《社会责任指南》［EB/OL］．http：//www.doc88.com/p-2823754179865.html，2014-06-06/2020-06-20．

［59］国家标准化管理委员会．社会责任指南［EB/OL］．https：//wenku.baidu.com/view/cc3e2bedcf2f0066f5335a8102d276a200296020.html#，2018-04-03/2020-06-20．

［60］国家标准化管理委员会．社会责任报告编写指南［EB/OL］．http：//c.gb688.cn/bzgk/gb/showGb?type=online&hcno=611424A1732-4900421D07602A5D1030E，2015-06-02/2020-06-20．

［61］全球报告倡议组织．GRI-G4可持续发展报告指南之一报告原则与标准披露（中文）［EB/OL］．https：//www.doc88.com/p-9913625572596.html，2014-11-18/2020-06-20．

［62］全球报告倡议组织．GRI-G4可持续发展报告指南之二实施手册（中文）［EB/OL］．https：//www.doc88.com/p-9913625572596.html，2014-11-18/2020-06-20．

［63］社会责任国际标准化组织．SA8000—2008社会责任国际认证标准（中文）［EB/OL］．https：//wenku.baidu.com/view/bea7a5d7844769eae109-ed55.html，2016-02-23/2020-02-04．

［64］中共中央　国务院．国家积极应对人口老龄化中长期规划［EB/OL］．中央政府门户网站．http：//www.gov.cn/zhengce/2019-11/21/content_5454347.htm．2019-11-21/2020-01-03．

五、外文类

[65]（美国）Archie B. Carroll. The Pyramid of Corporate Social Responsibility: Toward the Moral Management of Organizational Stakeholders' [J]. *Business Horizons*. 1991, 34 (4): 39 – 48.

[66] Bowen H R. *Rationality, Legitimacy, Responsibility: Search for New Directions in Business and Society* [M]. Epstein D M, Votaw D. Goodyear Publishing Company, Inc, 1978.

[67]（英国）Brookfield. The People's Centenary: a perspective from the Heritage Lottery Fund [J]. *Cultural Trends*. May2018, Vol. 27 Issue 2, pp. 119 – 124.6.

[68]（美）Davis, K. Can Business Afford to Ignore Corporate Social Responsibilities? [J]. *California Management Review*, 1960 (2): 70 – 76.

[69] European Commission. A renewed EU strategy 2011—2014 for Corporate Social Responsibility [EB/OL]. Researcgate, https://www.researchgate.net/about, 2011 – 10 – 25/2020 – 02 – 03.

[70] Kate Clark. The Cultural Value of Heritage: Evidence from the Heritage Lottery Fund [J]. *Studies in Culture & Art*, 2010, vol3, (5): 27 – 51.

[71] Milton Friedman. The Social Responsibility of Business Is to Increase Its Profits [J]. *New York Times Magazine*, September 13, 1970.

[72] Oliver Sheldon. *The Social Responsibility of Managemeng, The Philosophy of Management* [M]. London: Sir Isaac Pitman and Sons Ltd. 1924.

[73] The World Lottery Association. The WLA Responsible Gaming Framework [EB/OL]. https://www.world-lotteries.org/services/responsible-gaming/principles, 2019 – 10 – 25/2020 – 06 – 20.